suhrkamp taschenbuch 4797

W0188697

Es sind die Themen unserer Zeit: Klimawandel, Migration, Terrorismus, Atomwaffen, rassistische Gewalt. Es sind die Themen, die Barack Obama in acht Jahren als US-Präsident wie kein anderer Staatsmann verfolgt hat. In seinen Reden zieht er unaufgeregt und konzentriert Lehren aus einer fehlgeleiteten Politik der Vergangenheit und richtet den Blick auf die Zukunft.

Barack Obama ist aber nicht nur ein scharfsinniger Politiker, er ist einer der Menschen, die sich nicht scheuen, Mitgefühl zu zeigen, Verzweiflung und Trauer. Unvergessen seine Rede beim Begräbnis von Nelson Mandela oder seine spontane Äußerung zu dem Attentat in Orlando. Auf seinen Reden gründet sich sein Vermächtnis, Ideale auch angesichts einer schwierigen Realität nicht zu verraten.

Ergänzt wird diese Auswahl seiner wichtigsten Reden um die schon jetzt legendäre Rede seiner Frau Michelle Obama vom 13. Oktober 2016 anlässlich der frauenfeindlichen Äußerungen Donald Trumps während des Präsidentschaftswahlkampfs.

Barack Obama, geboren am 4. August 1961 in Honolulu auf Hawaii, ist der 44. Präsident der USA und Friedensnobelpreisträger. Er ist der erste Afroamerikaner, der in das höchste Regierungsamt der USA gewählt wurde.

Birgit Schmitz, geboren 1971, studierte Geschichte, Germanistik und Soziologie in Köln. Sie arbeitet seit 15 Jahren im Verlagswesen.

Barack Obama

Worte müssen etwas bedeuten

Seine großen Reden
Herausgegeben von Birgit Schmitz

Suhrkamp

3. Auflage 2017

Erste Auflage 2017
Originalausgabe
suhrkamp taschenbuch 4797
© dieser Zusammenstellung: Suhrkamp Verlag Berlin 2017
© Alle Reden by US-Botschaft Berlin/Amerika Dienst
der folgenden Übersetzungen:
© *Das Wagnis der Hoffnung*; *Yes, We Can*; *Ein vollkommener Bund*;
Newtown, du bist nicht allein; Michelle Obama, *Wenn die anderen ihre schlechtes-*
te Seite zeigen, zeigen wir unsere beste by Birgit Schmitz
Suhrkamp Taschenbuch Verlag
Umschlaggestaltung: Rothfos & Gabler, Hamburg
Umschlagabbildung: Al Drago / NYT / Redux / laif
Druck und Bindung: CPI – Ebner & Spiegel, Ulm
Printed in Germany
ISBN 978-3-518-46797-8

Inhalt

Das Wagnis der Hoffnung

Grundsatzrede beim Nominierungsparteitag
der Demokratischen Partei
Boston, 27. Juli 2004

... Der heutige Abend ist eine besondere Ehre für mich, denn seien wir ehrlich: Es war ziemlich unwahrscheinlich, dass ich einmal auf dieser Bühne stehen würde. Mein Vater war ein Austauschstudent, geboren und aufgewachsen in einem kleinen Dorf in Kenia. Er hütete Ziegen und ging in einer Wellblechhüte zur Schule. Sein Vater – mein Großvater – war Koch und Hausdiener bei den Briten.

Aber mein Großvater hatte große Träume für seinen Sohn. Durch harte Arbeit und Beharrlichkeit erhielt mein Vater ein Stipendium, um an einem magischen Ort zu studieren: Amerika, das als Leuchtturm für Freiheit und Chancen schon vielen Menschen zuvor den Weg hierher gewiesen hat.

Während er hier studierte, lernte mein Vater meine Mutter kennen. Sie war in einer Stadt am anderen Ende der Welt geboren worden, in Kansas. Ihr Vater arbeitete während der Great Depression auf Ölfeldern und Farmen. Am Tag nach Pearl Harbor meldete sich mein Großvater zum Militär, kam zu Pattons Armee und marschierte mit ihr quer durch Europa. Zu Hause zog meine Großmutter derweil das Baby auf und ging in einer Flugzeugfabrik des Militärs zur Arbeit. Nach dem Krieg ermöglichte es ihnen der »G. I. Bill« zu studieren, mit Hilfe eines F. H. A.-Kredits kauften sie sich ein Haus und zogen später auf der Suche nach Arbeit nach Westen – bis nach Hawaii. Und auch sie hatten große Träume für ihre Tochter. Ein gemeinsamer Traum, geboren auf zwei Kontinenten.

Meine Eltern teilten nicht nur eine unwahrscheinliche Liebe, sie teilten auch den beständigen Glauben an die Möglichkeiten dieser Nation. So gaben sie mir einen afrikanischen Namen, Barack, oder »Gesegnet«, im Glauben daran, dass in einem toleranten Amerika ein Name kein Hindernis für Erfolg sein würde. Sie stellten sich vor, dass ich auf die besten Schulen des Landes gehen würde, obwohl sie nicht reich waren, weil man im großzügigen Amerika nicht reich sein muss, um seine Ziele zu erreichen. Sie beide sind inzwischen verstorben. Aber ich weiß, dass sie in dieser Nacht mit großem Stolz auf mich herunterschauen.

Sie stehen hier mit mir, und ich stehe hier heute, dankbar für die Vielfalt meines Erbes und mir darüber bewusst, dass die Träume meiner Eltern in meinen beiden kostbaren Töchtern weiterleben. Ich stehe hier in dem Wissen, dass meine Geschichte ein Teil der größeren amerikanischen Geschichte ist, dass ich jenen etwas schulde, die vor mir kamen, und dass in keinem anderen Land auf dieser Erde meine Geschichte überhaupt möglich gewesen wäre.

Heute Abend haben wir uns hier versammelt, um die Großartigkeit unserer Nation zu unterstreichen – nicht wegen der Höhe unserer Wolkenkratzer oder der Macht unseres Militärs oder der Größe unserer Wirtschaft. Unser Stolz basiert auf der sehr einfachen Annahme, zusammengefasst in einer Erklärung, die vor über 200 Jahren gemacht wurde:

»Folgende Wahrheiten erachten wir als selbstverständlich: dass alle Menschen gleich geschaffen sind; dass sie von ihrem Schöpfer mit gewissen unveräußerlichen Rechten ausgestattet sind; dass dazu Leben, Freiheit und das Streben nach Glück gehören.«

Das ist das wahre Genie Amerikas, der Glaube – der Glaube an einfache Träume, das Bestehen darauf, dass kleine Wunder möglich sind; dass wir unsere Kinder abends zudecken und wissen, dass sie Nahrung und Kleidung haben und ihnen kein Schaden droht; dass wir sagen können, was wir denken, schreiben, was wir denken, ohne ein plötzliches Klopfen an der Tür zu hören; dass wir eine Idee haben und unser eigenes Geschäft eröffnen können, ohne Schmiergeld zu bezahlen; dass wir ohne Furcht vor Strafe an einem politischen Prozess teilnehmen können und dass unsere Stimmen zählen werden – jedenfalls meistens.

Dieses Jahr, bei dieser Wahl, sind wir dazu aufgerufen, uns noch einmal unserer Werte und Verpflichtungen zu versichern, sie gegen die harte Realität zu verteidigen und so dem Vermächtnis unserer Vorfahren und dem Versprechen für zukünftige Generationen gerecht zu werden.

Heute sage ich Ihnen, amerikanische Mitbürger, Demokraten, Republikaner und Unabhängige: Wir müssen mehr tun – mehr tun für die Arbeiter, die ich in Galesburg, Illinois, getroffen haben, die ihre Jobs bei Maytag verloren haben, weil man diese nach Mexiko verlegt hat, und nun konkurrieren sie mit ihren eigenen Kindern um Jobs für sieben Dollar die Stunde. Wir müssen mehr für den Vater tun, den ich getroffen habe und der seine Arbeit verloren hat, der seine Tränen kaum zurückhalten konnte, weil er nun nicht mehr krankenversichert ist und nicht weiß, wie er die 4 500 Dollar für die Medikamente seines Sohnes aufbringen soll. Mehr tun auch für die junge Frau aus East St. Louis und viele Tausende andere wie sie, die gute Schulnoten, den Elan und Willen haben, aber nicht das Geld, um aufs College zu gehen.

Verstehen Sie mich nicht falsch, die Menschen, die ich treffe – in kleinen und großen Städten, in Restaurants und Büros –, erwarten nicht, dass die Regierung all ihre Probleme löst. Sie wissen, dass sie selber hart arbeiten müssen, um voranzukommen, und sie wollen das auch. ... Doch sie ahnen, dass ein paar geringfügige Veränderungen bezüglich der Prioritäten sicherstellen können, dass jedes Kind in Amerika eine faire Chance hat und die Türen für alle offen bleiben ...

Auch jetzt, in diesem Moment, wo wir hier sprechen, gibt es jene, die sich darauf vorbereiten, uns zu spalten ... Ich sage Ihnen heute Abend: Es gibt nicht ein liberales Amerika und ein konservatives Amerika – es gibt die Vereinigten Staaten von Amerika. Es gibt nicht ein schwarzes Amerika und ein weißes Amerika und nicht ein Amerika der Hispanics und eines der Asiaten – es gibt nur die Vereinigten Staaten von Amerika.

Die Experten möchten unser Land in rote und blaue Staaten zerteilen, rote Staaten für die Republikaner, blaue Staaten für die Demokraten. Aber für die habe ich Neuigkeiten. Wir beten zu einem Ehrfurcht gebietenden Gott in den blauen Staaten, und in den roten Staaten mögen wir keine Geheimdienstler, die unsere Bibliotheken durchsuchen. Wir trainieren die Little League in den blauen Staaten, und ja, wir haben einige schwule Freunde in den roten Staaten. Es gab Patrioten, die gegen den Krieg im Irak waren, und es gab Patrioten, die den Krieg im Irak unterstützt haben. Wir sind alle ein Volk, wir alle schwören Treue auf die Fahne, wir alle verteidigen die Vereinigten Staaten von Amerika.

Am Ende geht es bei dieser Wahl genau darum. Wirken wir mit an einer Politik des Zynismus, oder beteiligen wir uns an einer Politik der Hoffnung? ...

Ich spreche nicht von blindem Optimismus – es ist schon

willentliche Dummheit, zu glauben, dass Arbeitslosigkeit einfach dadurch verschwindet, dass wir nicht darüber nachdenken, oder die Krise des Gesundheitssystems gelöst wird, indem wir sie ignorieren. Das ist nicht, worüber ich spreche. Ich spreche über etwas viel Substanzielleres. Es ist die Hoffnung der Sklaven, die um ein Feuer sitzend Freiheitslieder singen; die Hoffnung der Einwanderer, die sich zu fernen Küsten aufmachen; die Hoffnung eines jungen Marineleutnants, der mutig im Mekong-Delta patrouilliert; die Hoffnung des Sohns eines Stahlarbeiters, der allen Widrigkeiten die Stirn bietet; die Hoffnung eines mageren Kindes mit einem lustigen Namen darauf, dass es auch für dieses Kind in Amerika einen Platz gibt.

Hoffnung angesichts von Schwierigkeiten. Hoffnung angesichts von Unsicherheit. Das Wagnis der Hoffnung eingehen. ...

Yes, We Can

Rede nach den Vorwahlen in New Hampshire
Nashua, 8. Januar 2008

... Sie wissen, vor wenigen Wochen hatte sich niemand vorgestellt, was wir heute Abend in New Hampshire erreicht haben. Niemand konnte sich das vorstellen.

Die meiste Zeit lagen wir im Wahlkampf hinten. Wir wussten immer, dass ein steiler Weg vor uns liegen würde. Aber
ihr seid in sagenhafter Zahl gekommen und habt euch für
den Wandel ausgesprochen. Mit euren Stimmen und eurer
Wahl habt ihr klargemacht, dass in diesem Moment, bei dieser Wahl, in Amerika etwas geschieht.

Es geschieht dort, wo Männer und Frauen in Des Moines
und Davenport, in Lebanon und Concord ihr Haus verlassen
und sich im Januarschnee in eine Warteschlange einreihen,
die sich rund um den Block erstreckt, weil sie daran glauben,
was dieses Land alles sein kann.

Es geschieht dort, wo Amerikaner, die jungen und die
junggebliebenen, die sich vorher niemals an Politik beteiligt
hatten, in so hoher Zahl erschienen sind, wie wir es niemals
zuvor erlebt haben, weil sie tief in ihrem Herzen wussten,
dass es dieses Mal anders sein muss. Es geschieht dort, wo
Leute abstimmen – und nicht einfach für die Partei, der sie
angehören, sondern für die Hoffnungen, die wir alle gemeinsam haben.

Und ob wir nun reich oder arm, schwarz oder weiß, Hispanics oder Asiaten sind, ob wir aus Iowa oder New Hampshire, Nevada oder South Carolina stammen, wir sind bereit, dieses Land in eine grundlegend neue Richtung zu führen.

Das ist es, was gerade in Amerika geschieht, ein Wandel geschieht in Amerika.

Ihr alle, die ihr heute Abend hier seid, die ihr so viel Herzblut und Arbeit in diesen Wahlkampf gesteckt habt, ihr könnt die neue Mehrheit sein, die diese Nation aus der langen politischen Dunkelheit führt.

Demokraten, Unabhängige und Republikaner, sie alle sind müde von der Spaltung und dem Gezerre, die Washington verdunkeln, sie wissen, dass wir nicht immer einer Meinung sein können. Sie verstehen, wenn wir unsere Stimme erheben, um das Geld und den Einfluss herauszufordern, die uns im Weg stehen. Sie verstehen, dass wir uns auch selbst herausfordern, etwas Besseres zu erreichen, und sie wissen, dass es kein Problem gibt, das nicht gelöst werden kann; dass es kein Schicksal gibt, das wir nicht meistern können. Unsere neue amerikanische Mehrheit kann die Schande einer Gesundheitsversorgung, die man sich nicht leisten kann, die nicht vorhanden ist, beenden. Wir können Ärzte und Patienten, Arbeiter und Unternehmen, Demokraten und Republikaner an einen Tisch bringen, und wir können der Pharma- und der Versicherungsindustrie sagen, dass sie nicht jeden Platz an diesem Tisch kaufen können, nicht dieses Mal, nicht jetzt.

Unsere neue Mehrheit kann die Steuervergünstigungen für Unternehmen streichen, die Arbeitsplätze nach Übersee schaffen. Arbeitende Amerikaner verdienen es, dass durch Steuererleichterungen für die Mittelklasse etwas zurück in ihre Taschen fließt.

Wir können damit aufhören, unsere Kinder in Schulen zu

schicken, auf deren Gängen die Scham vorherrscht, und beginnen, sie auf den Weg des Erfolgs zu bringen.

Wir können aufhören, darüber zu reden, wie großartig Lehrer sind, und anfangen, sie für ihre Großartigkeit zu belohnen, indem wir ihnen mehr Gehalt zahlen und sie mehr unterstützen. Wir können das mit unserer neuen Mehrheit tun.

Wir können uns den Einfallsreichtum von Landwirten und Wissenschaftlern, Bürgern und Unternehmern zunutze machen, um diese Nation von der Tyrannei des Öls zu befreien und unseren Planeten zu retten, bevor es kein Zurück mehr gibt.

Und wenn ich Präsident der Vereinigten Staaten bin, werden wir den Krieg im Irak beenden und unsere Truppen nach Hause bringen. Wir werden in Afghanistan den Kampf gegen Al-Qaida beenden. Wir werden uns um die Kriegsveteranen kümmern. Wir werden unser moralisches Ansehen auf dieser Welt wiederherstellen. Und wir werden niemals mehr den 11. September dazu nutzen, um Wählerstimmen zu mobilisieren, weil das keine Taktik ist, um eine Wahl zu gewinnen. Es ist vielmehr eine Herausforderung, die Amerika und die Welt einen sollte, um gegen die verbreiteten Bedrohungen des 21. Jahrhunderts anzukämpfen: Terrorismus und Atomwaffen, Klimawandel und Armut, Völkermord und Krankheiten. ...

Man hat uns aufgefordert, eine Pause einzulegen, um zu überprüfen, ob das alles überhaupt realistisch ist. Man hat uns davor gewarnt, den Menschen dieser Nation falsche Hoffnungen zu machen. Aber in der unwahrscheinlichen Geschichte Amerikas war es niemals falsch, Hoffnung zu haben.

Wann immer man uns vor unüberwindbare Hindernisse gestellt hat, wann immer man uns gesagt hat, dass wir noch nicht so weit sind oder dass wir es nicht versuchen sollten oder dass wir es nicht können, haben Generationen von Amerikanern darauf mit einer simplen Überzeugung, die die Haltung der Menschen zusammenfasst, geantwortet:

Yes, we can.
Yes, we can.
Yes, we can.

Es war ein Glaubensbekenntnis, aufgeschrieben in den Gründungsdokumenten, die das Schicksal der Nation bestimmten: Yes, we can.

Es wurde geflüstert von Sklaven und von Sklavenbefreiern, als sie sich den Weg zur Freiheit durch die dunkelste Nacht bahnten: Yes, we can.

Es wurde gesungen von den Einwanderern, als sie sich von fernen Küsten auf den Weg machten, und von den Pionieren, die westwärts einer erbarmungslosen Wildnis entgegenzogen: Yes, we can.

Es war der Ruf der Arbeiter, die sich organisierten, der Frauen, die das Wahlrecht erstritten, eines Präsidenten, der als New Frontier den Mond wählte, und eines Königs, der uns auf den Berggipfel führte und uns den Weg ins Gelobte Land wies:

Yes, we can – für Gerechtigkeit und Gleichheit.
Yes, we can – für Chancen und Wachstum.
Yes, we can – diese Nation heilen.
Yes, we can – diese Welt reparieren.
Yes, we can.

... Wir werden uns daran erinnern, dass in Amerika etwas geschieht, dass wir nicht so gespalten sind, wie unsere Politiker uns glauben machen wollen, dass wir ein Volk sind, dass wir eine Nation sind. Zusammen werden wir ein neues großes Kapitel der amerikanischen Geschichte aufschlagen, mit drei Worten, die von Küste zu Küste erschallen werden, from sea to shining sea: Yes, we can.

Ein vollkommener Bund

Rede über Rassismus in Amerika
Philadelphia, 18. März 2008

... »Wir, das Volk, von der Absicht geleitet, unseren Bund zu vervollkommnen ...« Vor 221 Jahren hat sich eine Gruppe von Männern in einem Saal – den es auf der gegenüberliegenden Straßenseite immer noch gibt – versammelt und mit diesen einfachen Worten Amerikas unwahrscheinliches Experiment in Sachen Demokratie begonnen. Bauern und Gelehrte, Staatsmänner und Patrioten, die den Ozean überquert hatten, um Tyrannei und Verfolgung zu entkommen, ließen schließlich ihre Unabhängigkeitserklärung auf dem Konvent in Philadelphia, der das ganz Frühjahr 1787 dauerte, Wirklichkeit werden.

Das Dokument, das sie verabschiedeten, war zwar unterschrieben, aber nicht abgeschlossen. Es war befleckt von der Erbsünde dieser Nation: der Sklaverei. Eine Frage, die die Kolonien spaltete und auch den Konvent zum Stillstand brachte, bis die Gründerväter schließlich beschlossen, den Sklavenhandel weitere 20 Jahre zu erlauben und eine Lösung einer zukünftigen Generation zu überlassen. Dabei enthielt die Verfassung bereits die Antwort auf die Frage der Sklaverei – eine Verfassung, in deren Mittelpunkt das Ideal der Gleichheit aller Bürger und Bürgerinnen vor dem Gesetz stand; eine Verfassung, die ihrem Volk Freiheit und Gerechtigkeit versprach und einen Bund, der sich mit der Zeit vervollkommnen sollte.

Doch die Worte auf dem Pergament reichten nicht aus, um die Sklaven von ihren Fesseln zu befreien oder Männern und Frauen unabhängig von ihrer Hautfarbe und Religion die vollen Bürgerrechte der Vereinigten Staaten zu verschaffen.

Es bedurfte vieler Amerikaner, die in jeder Generation bereit waren, durch Protest und Kampf auf den Straßen und in den Gerichtssälen, durch Bürgerkrieg und zivilen Ungehorsam und immer unter großem Risiko die Lücke zwischen den Versprechen unserer Ideale und der Realität ihrer Zeit zu schließen.

Es war eine der Aufgaben, die wir uns zu Beginn des aktuellen Wahlkampfes stellten: den langen Marsch derer fortzusetzen, die sich vor uns aufgemacht haben; den Marsch in ein gerechteres, gleicheres, freieres, sozialeres und wohlhabenderes Amerika. Ich habe mich entschieden, zu diesem historischen Zeitpunkt für das Präsidentenamt zu kandidieren, weil ich zutiefst davon überzeugt bin, dass wir den Herausforderungen unserer Zeit nicht begegnen können, wenn wir es nicht gemeinsam tun. Unser Bund wird dann vollkommen sein, wenn wir begreifen, dass unsere Geschichten unterschiedlich sein mögen, wir aber dieselben Hoffnungen teilen; dass wir vielleicht verschieden aussehen und unterschiedlicher Herkunft sind, aber das Gleiche wollen: eine bessere Zukunft für unsere Kinder und Enkel ...

Doch die Äußerungen, die jetzt diesen Sturm entfesselt haben, waren nicht bloß kontrovers. Sie lassen sich nicht abtun als der Versuch eines Kirchenvertreters [Pastor Jeremiah Wright, dessen Kirche Obama in Chicago besuchte und der u. a. die US-Regierung für Aids und den 11. September verantwortlich machte], sich gegen offensichtliche Ungerechtigkeit aufzulehnen. Im Gegenteil, sie sind der Ausdruck einer völlig verzerrten Sicht auf dieses Land; einer Sicht, die den weißen

Rassismus für endemisch hält und Amerikas Mängel höher veranschlagt als alles, was wir an Amerika schätzen; einer Sicht, der zufolge die Konflikte im Nahen und Mittleren Osten primär auf das Verhalten treuer Verbündeter wie Israel zurückzuführen sind und nicht etwa aus den perversen, hasserfüllten Ideologien des radikalen Islams hervorgehen.

Insofern waren Pastor Wrights Bemerkungen nicht nur falsch, sondern stiften Uneinigkeit in einer Zeit, wo Einigkeit nötig ist; sie waren aufgeladen mit rassischen Vorurteilen in einer Zeit, in der wir zusammenfinden müssen, um eine Reihe großer Probleme zu lösen – zwei Kriege, die Terrorismusgefahr, eine wankende Volkswirtschaft, die chronische Krise im Gesundheitswesen und einen Klimawandel mit womöglich verheerenden Folgen; lauter Probleme, die weder nur Schwarze noch Weiße, weder nur Asiaten noch Hispanics betreffen, sondern Probleme, die uns alle angehen. ...

Ich glaube nicht, dass dieses Land es sich in diesem Moment leisten kann, die Rassenfrage zu ignorieren. ...

Um die gegenwärtige Situation zu verstehen, ist es notwendig, uns daran zu erinnern, wie wir zu diesem Punkt gelangt sind. William Faulkner schrieb einmal: »Das Vergangene ist nicht tot; es ist nicht einmal vergangen.« An dieser Stelle muss nicht noch einmal die Geschichte rassischen Unrechts in diesem Lande wiedergegeben werden. Aber wir sollten nicht vergessen, dass viele der Gegensätze, die es heute zwischen der afroamerikanischen Gemeinde und der übrigen amerikanischen Gesellschaft gibt, auf die Ungleichheiten zurückzuführen sind, die frühere Generationen erleiden mussten: das brutale Erbe der Sklaverei und eine gesetzlich verankerte Rassendiskriminierung.

Schulen nur für Schwarze waren und sind schlechtere Schulen, und selbst über 50 Jahre nach Brown versus Board of Education [der Entscheidung des Obersten Gerichtshofs von 1954, die gesetzliche Rassentrennung aufzuheben] haben wir dieses Problem immer noch nicht gelöst. Die schlechtere Ausbildung, die man dort damals wie heute erhält, erklärt die fortwährende Diskrepanz zwischen den Lernerfolgen schwarzer und weißer Schüler und Studenten.

Gesetzlich abgesicherte Diskriminierung – als Schwarze daran gehindert wurden, Eigentum zu erwerben, und dies oft mit Gewalt; afroamerikanische Firmeninhaber keine Kredite erhielten; schwarze Hausbesitzer keine Hypotheken bei der Federal Housing Administration aufnehmen durften; Schwarze keine Gewerkschaftsmitglieder werden durften, keine Polizisten oder Feuerwehrleute – führte dazu, dass schwarze Familien nicht in der Lage waren, ein Vermögen zu erwirtschaften, das an die nächste Generation vererbt werden konnte. Diese Geschichte hilft, das Wohlstands- und Einkommensgefälle zwischen Schwarz und Weiß zu erklären sowie das Fortbestehen von Armenvierteln, die es bis heute in so vielen städtischen und ländlichen Gemeinden gibt.

Das Fehlen wirtschaftlicher Erfolgschancen für schwarze Männer sowie Scham und Frustration darüber, die eigene Familie nicht ernähren zu können, trugen zur Zerrüttung vieler schwarzer Familien bei – ein Problem, das durch Sozialhilfeleistungen möglicherweise noch verschlimmert wurde. Auch das Fehlen einer öffentlichen Infrastruktur in so vielen schwarzen Stadtvierteln – Kinderspielplätze, Polizeistreifen, regelmäßige Müllabfuhr und Bauaufsicht – hat dazu beigetragen, dass ein Teufelskreis aus Gewalttätigkeit, Passivität und Vernachlässigung entstand, den wir bis heute nicht durchbrechen konnten. ...

Bemerkenswert ist nicht, wie viele angesichts der Diskriminierungen scheiterten, sondern vielmehr, wie viele Männer und Frauen diese Schwierigkeiten überwanden; wie viele es geschafft haben, Wege aus der Ausweglosigkeit zu finden – für diejenigen, die wie ich nach ihnen kommen würden.

Wenn es auch vielen mit Zähnen und Klauen gelang, sich wenigstens ein Stück vom American Dream zu erkämpfen – andere haben es nicht geschafft: Viele sind der Diskriminierung letztlich auf die eine oder andere Weise erlegen. Das Erbe dieser Niederlage lastet auf nachfolgenden Generationen, auf jenen jungen Männern und zunehmend auch jungen Frauen, die wir an Straßenecken herumlungern sehen oder die in unseren Gefängnissen dahinsiechen, ohne Hoffnung und Zukunftsaussichten. Selbst bei jenen Schwarzen, die es geschafft haben, prägt die Rassen- und Rassismusfrage von Grund auf ihre Sicht auf die Welt. Für die Männer und Frauen dieser Generation, der Pastor Wright angehört, sind weder die Erinnerungen an Demütigung, Zweifel und Angst noch der Zorn und die Bitterkeit jener Jahre einfach verschwunden.

Dieser Zorn wird vielleicht nicht öffentlich geäußert, in Gegenwart weißer Mitarbeiter oder Freunde. Aber beim Friseur oder am Küchentisch kommt er zu Wort. Manchmal wird dieser Zorn von Politikern ausgenutzt, die Rassenunterschiede hochspielen, um Stimmen zu gewinnen oder von eigenen Fehlleistungen abzulenken. Und manchmal äußert er sich am Sonntagmorgen in der Kirche, auf der Kanzel und in den Bankreihen. Dass so viele Leute überrascht sind, diesem Zorn in einigen der Predigten von Pastor Wright zu begegnen, erinnert uns an einen alten Allgemeinplatz: Am Sonntagmorgen findet man die von der Rassentrennung am meisten geprägte Stunde im amerikanischen Leben. Dieser Zorn ist nicht immer produktiv; oft lenkt er von der Lösung echter Probleme ab. Er hält uns davon ab, zu erkennen, welchen Anteil wir selbst an unserer Situation haben, und er hält die afroamerikanische Gemeinde davon ab, die Bündnisse zu schmieden, die es für einen echten Wandel braucht. Aber der Zorn ist real; er ist stark; und wenn man versucht, ihn einfach wegzuwünschen, ihn verdammt, ohne zu begreifen, woraus er erwächst, führt das nur dazu, die tiefe Kluft der Missverständnisse zwischen den Rassen noch zu vertiefen.

In Teilen der weißen Gemeinden gibt es eine ähnliche Wut. Viele weiße Amerikaner aus der Arbeiterklasse und der Mittelschicht haben nicht das Gefühl, aufgrund ihrer Hautfarbe besonders bevorzugt zu sein. Ihre Erfahrungen sind Erfahrungen von Einwanderern. Aus ihrer Sicht ist ihnen nie etwas geschenkt worden, sie haben alle bei null angefangen. Ihr Leben lang haben sie hart gearbeitet, nur um immer wieder zu erleben, wie ihre Arbeitsplätze ins Ausland verlegt werden oder nach all den Arbeitsjahren ihre Renten gekürzt wurden. Sie haben Angst vor der Zukunft und spüren, wie ihre Träume platzen. In einem Zeitalter stagnierender Löhne und globaler Konkurrenz scheinen sich Chancen in ein Nullsummenspiel verwandelt zu haben: Deine Träume gehen auf meine Kosten. Wenn man ihnen dann sagt, sie sollen ihre Kinder mit dem Bus in die Schule am anderen Ende der Stadt schicken; wenn sie hören, dass ein Afroamerikaner bevorzugt wird und einen guten Job oder einen Studienplatz in einem guten College bekommt, zum Ausgleich für Unrecht, das sie selbst gar nicht begangen haben; wenn man ihnen sagt, ihre Angst vor der Kriminalität im Viertel beruhe auf Vorurteilen, dann staut sich mit der Zeit Verbitterung auf.

Genau wie der Zorn innerhalb der schwarzen Gemeinde werden auch diese Ressentiments in einer zivilisierten Runde nicht offen geäußert. Aber seit mindestens einer Generation haben sie die politische Landschaft entscheidend mitgestaltet. Verärgerung über die Sozialhilfepolitik und den Affirmative Action halfen dabei, die Reagan-Koalition zu schmieden. Die Angst vor Kriminalität wird von Politikern gewohnheitsmäßig zu Wahlkampfzwecken genutzt. Manche Talkshow-Moderatoren und konservative Kommentatoren haben ihre Karriere darauf aufgebaut, indem sie unberechtigte Rassismusvorwürfe entlarvten und gleichzeitig berechtigte Kritik an rassenbedingter Ungerechtigkeit und Ungleichbehandlung als Political Correctness oder umgekehrten Rassismus abtaten.

Ebenso wie der schwarze Zorn sich oft als kontraproduktiv erwies, haben auch diese weißen Ressentiments davon abgelenkt, wer Schuld am Niedergang der Mittelschicht hat: eine Unternehmenskultur, in der Insidergeschäfte um sich greifen, fragwürdige Buchhaltungspraktiken, kurzfristige Gier; ein Washington, das von Lobbyisten und Partikularinteressen beherrscht ist; eine Wirtschaftspolitik, welche die wenigen gegenüber der Mehrheit begünstigt. Jetzt die weißen Ressentiments zu verdammen, sie irregeleitet oder gar rassistisch zu nennen, ohne anzuerkennen, dass sie aus berechtigten Sorgen erwachsen sind, vertieft ebenfalls die Spaltung zwischen den Rassen und blockiert den Pfad zur Verständigung.

Genau an diesem Punkt stehen wir jetzt. Seit Jahren stecken wir in einem »Patt« zwischen den Rassen fest. Anders als einige meiner Kritiker, schwarze wie weiße, behaupten, war ich nie so naiv zu glauben, wir könnten unsere Rassengegensätze im Zuge eines einzigen Wahlkampfes oder durch einen einzigen Kandidaten überwinden – zumal wenn die Kandidatur so wenig perfekt ist wie meine.

Aber ich stehe zu meiner festen Überzeugung – einer Überzeugung, die in meinem Glauben an Gott und in meinem Glauben an das amerikanische Volk wurzelt: Wenn wir zusammenarbeiten, können wir über einige unserer alten Wunden aus der Rassenspaltung hinwegkommen, und letztlich haben wir keine andere Wahl – keine andere Wahl, wenn wir dem Weg zu einem vollkommeneren Bund weiter folgen.

Dieser Weg bedeutet für die afroamerikanische Gemeinde, die Bürde der Vergangenheit auf sich zu nehmen, ohne ein Opfer der Vergangenheit zu sein. Er bedeutet weiter, darauf zu bestehen, dass Gerechtigkeit auf jeden Aspekt des amerikanischen Lebens angewandt wird. Aber er bedeutet auch, dass wir unsere spezifischen Sorgen – bessere Gesundheitsversorgung, bessere Schulen und bessere Jobs – mit den weiter reichenden Bestrebungen aller Amerikaner in Einklang bringen: mit denen der weißen Frau, die versucht, die »gläserne Decke« zu durchbrechen; mit denen eines weißen Mannes, der seine Arbeit verloren hat; eines Einwanderers, der seine Familie zu ernähren versucht. Und er bedeutet, dass wir die volle Verantwortung für unser Leben übernehmen. Indem wir mehr von Vätern verlangen, mit unseren Kindern mehr Zeit verbringen, ihnen vorlesen und ihnen vermitteln, dass sie, wenn sie selbst Schwierigkeiten und Diskriminierungen erleben, niemals verzweifeln oder dem Zynismus verfallen dürfen. Sie müssen stets an der Zuversicht festhalten, dass sie ihr Schicksal selbst bestimmen können.

Paradoxerweise entspricht das der uramerikanischen – und, in der Tat, konservativen – Idee der Selbsthilfe, die in den Predigten von Pastor Wright so häufig zum Ausdruck kommt. Allerdings sieht mein früherer Pastor häufig nicht, dass der eingeschlagene Weg der Selbsthilfeprogramme voraussetzt, dass man auch an die Wandlungsfähigkeit einer Gesellschaft glaubt.

Der grundlegende Fehler in Pastor Wrights Predigten besteht nicht darin, dass er den Rassismus in unserer Gesellschaft angesprochen hat. Der Fehler besteht darin, dass er so sprach, als ob unsere Gesellschaft statisch wäre, als hätte es keinen Fortschritt gegeben, als wäre dieses Land – ein Land, das es einem seiner eigenen Gemeindemitglieder ermöglicht hat, sich um das höchste Amt im Staate zu bewerben und eine Koalition aus Weiß und Schwarz zu schmieden, aus Hispanics und Asiaten, Reich und Arm, Jung und Alt – als wäre dieses Land dennoch unwiderruflich einer tragischen Vergangenheit verhaftet. Was wir aber wissen und was wir gesehen haben: Amerika kann sich wandeln.

Das ist das wahre Genie dieser Nation. Was wir schon erreicht haben, gibt uns Hoffnung – das Wagnis der Hoffnung – für all das, was wir morgen erreichen können und müssen.

Der Weg hin zu einem vollkommeneren Bund bedeutet für die weiße Gemeinde anzuerkennen, dass die Schmerzen der afroamerikanischen Gemeinde nicht nur in den Köpfen der Schwarzen existieren; dass das Erbe der Diskriminierung gegenwärtig ist – bis heute gibt es Fälle von Diskriminierung, wenn auch weniger offen –, dass diese Dinge real sind und offen angesprochen werden müssen. Nicht nur in Worten, sondern in Taten – durch Investitionen in unsere Schulen und unsere Gemeinden; durch konsequente Anwendung unserer Bürgerrechtsgesetze und eine faire Strafjustiz; dass dieser Generation Aufstiegsmöglichkeiten eröffnet werden, die es für frühere Generationen nicht gab. Es erfordert, dass alle Amerikaner begreifen: Deine Träume müssen nicht auf Kosten meiner Träume gehen. Investitionen ins Gesundheitswesen, das Sozialsystem und in die Bildung für schwarze, braune und weiße Kinder kommen letztlich ganz Amerika zugute.

Letzten Endes geht es also um nicht mehr und nicht weniger als um das, was alle großen Weltreligionen fordern: dass wir andere so behandeln, wie wir selbst von ihnen behandelt werden möchten. Lasst uns unseres Bruders Hüter sein, wie die Heilige Schrift lehrt. Seien wir die Hüter unserer Schwester. Lasst uns uns aufeinander verlassen und dafür sorgen, dass dieser Geist auch die Politik erfüllt. ...

Hier fangen wir an. Hier wird unser Bund stärker. Und wie im Laufe der 221 Jahre, seitdem einige Patrioten in Philadelphia jenes Dokument unterzeichneten, so viele Generationen erfahren haben: Hier beginnt der Weg der Vervollkommnung.

Jetzt ist unsere Zeit

Rede über die Zusammenarbeit zwischen
Europa und Amerika
Berlin, 24. Juli 2008

... Ich weiß, dass ich nicht so aussehe wie die Amerikaner, die vor mir in dieser großartigen Stadt Reden gehalten haben. Eigentlich war es unwahrscheinlich, dass ich jemals hierher reisen würde. Meine Mutter wurde zwar im Herzen Amerikas geboren, aber mein Vater wuchs als Ziegenhirte in Kenia auf. Sein Vater – mein Großvater – war Koch und Hausdiener bei den Briten.

Mitten im Kalten Krieg wurde mein Vater – wie so viele andere in den vergessenen Winkeln der Welt – von einer Sehnsucht ergriffen und träumte von Freiheit und Entwicklungsmöglichkeiten, wie sie nur der Westen versprach. Und so schrieb er einen Brief nach dem anderen an Universitäten in ganz Amerika, bis eines Tages jemand sein Gebet für ein besseres Leben erhörte.

Darum bin ich heute hier. Und Sie sind hier, weil auch Sie diese Sehnsucht kennen. Diese Stadt verkörpert den Traum von der Freiheit besser als alle anderen Städte. Und Sie alle wissen, dass wir nur deshalb heute Abend hier versammelt sind, weil Männer und Frauen unserer beiden Nationen für dieses bessere Leben gemeinsam gearbeitet, gekämpft und sich aufgeopfert haben.

Genau genommen begann unsere Partnerschaft im Sommer vor 60 Jahren, an dem Tag, als das erste amerikanische Flugzeug in Tempelhof landete.

An diesem Tag lag ein Großteil dieses Kontinents noch in Trümmern. Der Schutt dieser Stadt war noch nicht zu einer Mauer geworden. Der Schatten der Sowjets legte sich auf Osteuropa, während im Westen Amerika, Großbritannien und Frankreich ihre Verluste zählten und überlegten, wie die Welt wiederhergestellt werden könnte.

Hier, an diesem Ort, trafen die beiden Seiten aufeinander. Am 24. Juni 1948 entschieden sich die Kommunisten, den Westteil der Stadt zu blockieren. In dem Versuch, die letzte Flamme der Freiheit in Berlin zu ersticken, schnitten sie mehr als zwei Millionen Deutsche von Nahrung und sonstiger Versorgung ab.

Unsere Streitkräfte waren nicht stark genug, um gegen die viel größere Sowjetarmee aufzumarschieren. Ein Rückzug hätte den Kommunisten jedoch den Weg nach Europa geöffnet. Wo der letzte Krieg geendet hatte, hätte leicht ein neuer Weltkrieg entstehen können. Nur Berlin stand damals im Weg. In dieser Situation entstand die Luftbrücke, die mit der größten und unwahrscheinlichsten Rettungsaktion der Geschichte den Menschen dieser Stadt Nahrung und Hoffnung brachte. Alles sprach gegen einen Erfolg. Im Winter lag dichter Nebel über der Stadt, und viele Flugzeuge mussten umkehren, ohne die dringend benötigten Vorräte entladen zu können. Durch die Straßen, in denen wir jetzt stehen, liefen hungernde Familien, die keinen Schutz vor der Kälte hatten.

Aber auch in den dunkelsten Stunden ließen die Menschen in Berlin die Flamme der Hoffnung nicht erlöschen. Das Volk von Berlin weigerte sich aufzugeben. Und an einem Herbsttag kamen Hunderttausende Berliner hier in den Tiergarten und hörten dem Bürgermeister der Stadt zu, als er die Welt beschwor, die Freiheit nicht aufzugeben: »Es gibt nur eine Möglichkeit für uns alle«, sagte er, »gemeinsam so lange zusammenzustehen, bis dieser Kampf gewonnen ist. ... Das Volk von Berlin hat gesprochen. Wir haben unsere Pflicht getan, und wir werden unsere Pflicht weiter tun. Völker der Welt: Tut auch ihr eure Pflicht ... Völker der Welt, schaut auf Berlin!«

Schaut auf Berlin, wo Deutsche und Amerikaner lernten, zusammenzuarbeiten und einander zu trauen – weniger als drei Jahre nachdem sie einander auf dem Schlachtfeld gegenübergestanden hatten.

Schaut auf Berlin, wo die Entschlossenheit eines Volkes auf die Großzügigkeit des Marshallplans traf und das Wirtschaftswunder ermöglichte, wo der Sieg über eine Tyrannei die NATO, die großartigste Allianz, die je zur Verteidigung unserer gemeinsamen Sicherheit geschaffen wurde, entstehen ließ.

Schaut auf Berlin, wo die Einschusslöcher in den Gebäuden, den dunklen Steinen und in den Säulen nahe dem Brandenburger Tor uns immer daran erinnern, unsere gemeinsame Menschlichkeit nie mehr zu vergessen.

Völker der Welt – schaut auf Berlin, wo eine Mauer gefallen ist und ein Kontinent vereinigt wurde und wo die Geschichte uns den Nachweis geliefert hat, dass für eine Welt, die zusammenhält, keine Herausforderung zu groß ist.

60 Jahre nach der Luftbrücke sind wir wieder gefordert. Die Geschichte hat uns an einen neuen Scheideweg geführt – mit neuen Perspektiven und neuen Risiken. Als das deutsche Volk diese Mauer niederriss – eine Mauer, die Ost und West, Freiheit und Tyrannei, Angst und Hoffnung trennte –, stürzten auf der ganzen Welt Mauern ein. Von Kiew bis

Kapstadt wurden Gefangenenlager geschlossen und Türen zur Demokratie geöffnet. Auch Märkte öffneten sich, und die Verbreitung von Informationen und Technologien beseitigte Hindernisse auf dem Weg zu Entwicklung und Wohlstand. Während uns das 20. Jahrhundert lehrte, dass wir ein gemeinsames Schicksal teilen, müssen wir im 21. Jahrhundert erkennen, dass die Welt so verflochten ist wie nie zuvor in der Geschichte der Menschheit.

Der Fall der Berliner Mauer weckte neue Hoffnungen. Aber die große Nähe ließ auch neue Gefahren entstehen – Gefahren, die weder innerhalb der Grenzen eines einzelnen Landes eingedämmt noch durch die Weite eines Ozeans begrenzt werden können. Die Terroristen des 11. Septembers verschworen sich in Hamburg und trainierten in Kandahar und Karatschi, bevor sie auf amerikanischem Boden Tausende von Menschen aus allen Teilen der Welt töteten.

Während ich hier stehe, lassen die Abgase der Autos in Boston und der Fabriken in Peking die Eiskappe der Arktis schmelzen, überflutet der Atlantik weite Küstengebiete und leiden Farmen von Kansas bis Kenia unter Trockenheit.

Das schlecht gesicherte nukleare Material aus der früheren Sowjetunion oder geheime Baupläne eines Naturwissenschaftlers aus Pakistan könnten den Bau einer Bombe ermöglichen, die in Paris explodiert. Aus den Mohnfeldern in Afghanistan wird das Heroin für Berlin gewonnen. Armut und Gewalt in Somalia zeugen die Terroristen von morgen. Der Völkermord in Darfur belastet unser aller Gewissen.

In dieser neuen Welt haben sich gefährliche Strömungen viel schneller ausgebreitet als unsere Anstrengungen, sie einzudämmen. Deshalb können wir es uns nicht leisten, gespalten zu sein. Keine Nation – gleichgültig wie groß und mächtig sie auch sei – kann diese Herausforderungen allein bewältigen. Niemand von uns kann die Bedrohungen leugnen oder sich der Verantwortung entziehen, ihnen zu begegnen. Weil die sowjetischen Panzer und eine schreckliche Mauer verschwunden sind, lässt man sich leicht täuschen und vergisst diese Wahrheiten. Und wenn wir ehrlich miteinander sind, müssen wir eingestehen, dass wir manchmal auf beiden Seiten des Atlantiks auseinandergedriftet sind und unser gemeinsames Schicksal vergessen haben.

In Europa herrscht die Meinung vor, Amerika sei eher Teil des Problems, als dass es hilft, Fehlentwicklungen zu korrigieren. In Amerika gibt es Stimmen, welche die Bedeutung der Rolle Europas für unsere Sicherheit und Zukunft verspotten oder bestreiten. Beide Ansichten entsprechen nicht der Wahrheit: Die Europäer tragen nämlich heute neue Belastungen und haben mehr Verantwortung in Krisenregionen der Welt übernommen. Und die amerikanischen Basen, die im letzten Jahrhundert gebaut wurden, helfen noch immer, diesen Kontinent sicherer zu machen; auch unser Land bringt also nach wie vor große Opfer für die Freiheit auf dieser Welt.

Ja, es hat Differenzen zwischen Amerika und Europa gegeben. Es besteht kaum Zweifel daran, dass es auch in Zukunft Differenzen geben wird. Aber die Belastungen für alle Weltbürger ketten uns weiter aneinander. Ein Führungswechsel in Washington wird diese Last nicht von uns nehmen. Das neue Jahrhundert fordert von Amerikanern und Europäern, mehr zu tun – nicht weniger. Partnerschaft und Kooperation zwischen den Nationen sind unverzichtbar und stellen die einzige Möglichkeit dar, unser aller Sicherheit zu garantieren und gemeinsam zu mehr Menschlichkeit zu finden.

Deshalb besteht die größte Gefahr darin, uns durch neue Mauern voneinander trennen zu lassen. Es darf keine Mauern zwischen den alten Verbündeten auf beiden Seiten des Atlantiks geben. Die Mauern zwischen den reichen und den armen Ländern müssen fallen. Die Mauern zwischen »Rassen« und Stämmen, Einheimischen und Einwanderern, Christen, Muslimen und Juden müssen fallen. All diese Mauern müssen wir jetzt niederreißen.

Wir wissen, dass viele Mauern bereits gefallen sind. Nach konfliktreichen Jahrhunderten haben die Völker Europas eine vielversprechende Union des Wohlstands geformt. Hier, am Fuße einer Säule, die einen Sieg im Krieg markiert, treffen wir uns im Zentrum eines Europas des Friedens. Nicht nur in Berlin ist die Mauer gefallen, Mauern sind auch in Belfast gefallen, wo Protestanten und Katholiken jetzt friedlich zusammenleben, auf dem Balkan, wo die Atlantische Allianz Kriege beendet und brutale Kriegsverbrecher vor Gericht gebracht hat, und in Südafrika, wo mutige Menschen die Apartheid überwunden haben.

Die Geschichte lehrt uns also, dass Mauern niedergerissen werden können, aber diese Aufgabe ist niemals leicht. Wahre Partnerschaft und wirklicher Fortschritt erfordern konstante Arbeit und ständige Opfer. Dazu müssen die Belastungen, die Entwicklung und Diplomatie, Fortschritt und Frieden uns aufbürden, gemeinsam getragen werden. Verbündete müssen aufeinander hören, voneinander lernen und vor allem einander vertrauen.

Deshalb kann sich Amerika nicht nur mit sich selbst beschäftigen. Deshalb kann sich auch Europa nicht nur mit sich selbst beschäftigen. Amerika hat keinen besseren Partner als Europa. Jetzt ist es Zeit, in der Welt neue Brücken zu bauen, die genauso stark sind wie diejenige, die uns über den Atlantik verbindet. Jetzt ist es Zeit, sich zusammenzuschließen, durch beständige Kooperation, starke Institutionen, gemeinsame Opfer und ein globales Bündnis für den Fortschritt, um den Herausforderungen des 21. Jahrhunderts entgegenblicken zu können. Ein ebensolcher Geist hat die Flugzeuge der Luftbrücke in den Himmel abheben und die Menschen sich dort versammeln lassen, wo wir heute stehen. Und heute müssen unsere beiden Nationen – alle Nationen – diesen Geist wiederfinden.

Jetzt ist die Zeit gekommen, den Terror zu besiegen und den Keim des Extremismus zu ersticken. Die Bedrohung ist real, und wir dürfen nicht vor unserer Verantwortung, sie zu bekämpfen, zurückschrecken. Wenn es uns mit der NATO gelungen ist, ein Bündnis zu schaffen, das der Sowjetunion widerstehen konnte, dann können wir uns auch zu einer neuen und globalen Partnerschaft zusammentun, um die Netzwerke zu zerschlagen, die in Madrid und Amman, in London und Bali, in Washington und New York Anschläge verübt haben. Wenn wir die Schlacht der Ideen gegen die Kommunisten gewinnen konnten, können wir uns auch mit der Mehrheit der Muslime verbünden, die den Extremismus ablehnt, der Hass statt Hoffnung erzeugt.

Jetzt ist die Zeit gekommen, mit neuer Entschlossenheit die Terroristen aufzuspüren, die unsere Sicherheit in Afghanistan bedrohen, und die Rauschgifthändler, die Drogen in Ihren Straßen verkaufen. Niemand führt gern Krieg. Ich sehe die großen Schwierigkeiten in Afghanistan. Aber mein Land und Ihres haben die Verpflichtung, die erste Mission der NATO außerhalb von Europas Grenzen zum Erfolg zu führen. Für das afghanische Volk und für unsere gemeinsame Sicherheit müssen wir diese Arbeit vollenden. Amerika schafft das nicht allein. Das afghanische Volk braucht unsere Truppen und Ihre Truppen, unsere Unterstützung und Ihre Unterstützung, um die Taliban und Al-Qaida zu zerschlagen, um seine Wirtschaft zu entwickeln und das Land wieder aufzubauen. Es steht zu viel auf dem Spiel, als dass wir uns jetzt zurückziehen könnten.

Jetzt ist die Zeit gekommen, erneut nach einer Welt ohne Atomwaffen zu streben. Die beiden Supermächte, die sich an der Mauer in dieser Stadt gegenüberstanden, waren oft kurz davor, alles zu zerstören, was wir aufgebaut haben und lieben. Nach dem Fall der Mauer können wir nun nicht tatenlos der weiteren Verbreitung der tödlichen Atomwaffen zusehen. Es ist Zeit, den heimlichen Handel mit Nuklearmaterial zu unterbinden, die Verbreitung der Atomwaffen zu stoppen und die Arsenale aus einer früheren Epoche zu verkleinern. Jetzt ist die Zeit gekommen, Frieden zu schaffen in einer Welt ohne Atomwaffen.

Jetzt ist die Zeit gekommen, in der jedes Land in Europa die Chance haben muss, sein eigenes Morgen frei von den Schatten des Gestern zu wählen. Wir brauchen in diesem Jahrhundert eine starke Europäische Union, die den Wohlstand und die Sicherheit dieses Kontinents garantiert und gleichzeitig seinen Nachbarn die Hand reicht. In diesem Jahrhundert – in dieser aus allen anderen Städten herausragenden Stadt – müssen wir die Mentalität des Kalten Krieges der Vergangenheit überwinden und, wo es möglich ist, mit Russland zusammenarbeiten, aber auch unsere Werte verteidigen, wenn es nötig ist; wir sollten nach einer Partnerschaft streben, die den ganzen Kontinent einschließt.

Jetzt ist die Zeit gekommen, auf den Reichtum zu setzen, den offene Märkte geschaffen haben, und ihren Ertrag gerechter zu verteilen. Handel war eine Grundvoraussetzung unseres Wachstums und der globalen Entwicklung. Aber wir werden dieses Wachstum nicht aufrechterhalten können, wenn es nur wenige und nicht möglichst viele begünstigt.

Gemeinsam müssen wir ein Handelssystem schaffen, das tatsächlich die Arbeit belohnt, die den Wohlstand erschafft – mit sinnvollen Schutzvorkehrungen für unsere Bürger und unseren Planeten. Jetzt ist die Zeit gekommen für einen Handel, der frei und fair für alle ist.

Jetzt ist die Zeit gekommen für eine Antwort auf den Ruf nach einem Neubeginn im Mittleren Osten. Mein Land muss gemeinsam mit Ihrem Land und mit ganz Europa an den Iran die klare Botschaft richten, dass er seine atomaren Ambitionen aufzugeben hat. Wir müssen die Libanesen unterstützen, die einen blutigen Kampf um die Demokratie geführt haben, und die Israelis und Palästinenser, die auf der Suche nach einem sicheren und anhaltenden Frieden sind. Und trotz unserer Meinungsverschiedenheiten in der Vergangenheit ist jetzt für die Welt die Zeit gekommen, die Millionen Iraker zu unterstützen, die sich ein neues Leben aufbauen wollen – selbst dann, wenn wir der irakischen Regierung die Verantwortung wieder übertragen und endlich diesen Krieg beenden.

Jetzt ist die Zeit gekommen, um gemeinsam etwas zur Rettung dieses Planeten zu tun. Lassen Sie uns beschließen, dass wir unseren Kindern keine Welt hinterlassen, in der die Meeresspiegel steigen, Hungersnöte ausbrechen und schreckliche Stürme unsere Länder verwüsten. Lassen Sie uns dafür eintreten, dass sich alle Nationen – auch meine eigene – mit der gleichen Zielstrebigkeit wie Ihre Nation verpflichten, den Ausstoß von Kohlendioxid in die Atmosphäre zu verringern. Jetzt ist die Zeit gekommen, unseren Kindern ihre Zukunft zurückzugeben. Jetzt ist die Zeit gekommen, in der wir zusammenhalten müssen.

Und jetzt ist die Zeit gekommen, in der wir denen neue Hoffnung geben müssen, die in einer globalisierten Welt zurückgeblieben sind. Wir müssen uns daran erinnern, dass der Kalte Krieg, der in dieser Stadt geboren wurde, nicht um Land und Besitztümer geführt wurde. Vor 60 Jahren haben die Flugzeuge über Berlin keine Bomben abgeworfen, sondern Nahrung, Kohlen und Süßigkeiten für dankbare Kinder. Durch ihr solidarisches Verhalten haben die Piloten damals mehr als nur einen militärischen Sieg errungen. Sie haben die Herzen und Köpfe der Menschen erobert, die Liebe, die Ergebenheit und das Vertrauen – nicht nur der Menschen dieser Stadt, sondern aller Menschen, die von ihren Taten hörten.

Jetzt schaut die Welt auf uns und wird sich daran erinnern, wofür wir uns in diesem Moment hier entscheiden. Werden wir unsere Hand den Menschen in den vergessenen Winkeln dieser Welt entgegenstrecken, die sich nach einem Leben in Würde sehnen, das ihnen Entwicklungsmöglichkeiten, Sicherheit und Gerechtigkeit gewährt? Werden wir die Kinder in Bangladesch aus ihrer Armut befreien, die Flüchtlinge aus dem Tschad aufnehmen und die Geißel Aids besiegen? Werden wir für die Menschenrechte des Dissidenten in Myanmar, des Bloggers im Iran oder des Wählers in Simbabwe eintreten? Werden wir der Forderung »Nie wieder!« in Darfur Nachdruck verleihen? Werden wir endlich einsehen, dass es kein besseres Beispiel für die Welt gibt als dasjenige, das unsere eigene Nation vorlebt? Werden wir die Folter ächten und uns für die Einhaltung des Rechts verbürgen? Werden wir Einwanderer aus den verschiedensten Ländern willkommen heißen und nicht diejenigen diskriminieren, die anders aussehen als wir und anders beten als wir, und werden wir das Versprechen von Gleichheit und Entwicklungsmöglichkeiten für all unsere Völker einhalten? Bürger von Berlin – alle Menschen auf dieser Welt – jetzt ist unsere Zeit. Das ist unser Moment.

Ich weiß, dass mein Land nicht vollkommen ist. Zuweilen haben wir uns schwer damit getan, unser Versprechen der Freiheit und Gleichheit aller Menschen zu halten. Wir haben so manchen Fehler gemacht, und es gab Zeiten, in denen unser Handeln in der Welt nicht unseren guten Absichten entsprach.

Ich weiß aber auch, wie sehr ich Amerika liebe. Ich weiß, dass wir uns seit mehr als zwei Jahrhunderten – mit hohen Kosten und vielen Opfern – darum bemüht haben, eine vollkommenere Union zu werden und gemeinsam mit anderen Nationen eine bessere Welt zu schaffen. Wir fühlten uns nie einem bestimmten Volk oder Königreich verpflichtet – in unserem Land werden schließlich alle Sprachen gesprochen; alle Kulturen haben Spuren in der unsrigen hinterlassen; jede Meinung wird auf unseren öffentlichen Plätzen vertreten.

Was uns immer geeint hat, was unsere Menschen immer angetrieben hat, was meinen Vater nach Amerika gelockt hat, ist eine Reihe von Idealen, nach denen sich alle Menschen sehnen: dass wir ohne Angst nach unseren Vorstellungen leben können, dass wir frei unsere Meinung äußern und uns mit wem auch immer versammeln können und beten können, wie es uns beliebt.

Dies sind die Sehnsüchte, die die Schicksale aller Nationen in dieser Stadt vereint haben. Diese Sehnsüchte sind stärker als alles, was uns auseinandertreibt. Wegen dieser Sehnsüchte ist die Luftbrücke entstanden. Wegen dieser Sehnsüchte wurden alle freien Menschen auf der ganzen Welt zu Bürgern Berlins. Weil wir an die Erfüllung dieser Sehnsüchte glauben, muss eine neue Generation – unsere Generation – die Welt verändern.

Bürger Berlins, Bürger der Welt, wir stehen vor einer

großen Herausforderung. Der vor uns liegende Weg ist lang. Aber ich bin zu Ihnen gekommen, um zu sagen, dass wir die Erben eines Freiheitskampfes sind. Wir sind Menschen mit einer unwahrscheinlichen Hoffnung. Bauen wir auf unserer gemeinsamen Geschichte auf, erinnern wir uns an unser gemeinsames Schicksal, und kämpfen auch weiterhin gemeinsam für Gerechtigkeit und Frieden auf dieser Erde.

Unsere Geschichten sind einzigartig, unser Schicksal aber ist ein gemeinsames

Rede zum Wahlsieg bei den Präsidentschaftswahlen 2008
Chicago, 4. November 2008

Wenn es da draußen jemanden gibt, der noch daran zwei-felt, dass die Vereinigten Staaten ein Ort sind, an dem alles möglich ist, der sich noch immer fragt, ob der Traum unse-rer Gründerväter heute noch lebendig ist, der noch immer die Kraft unserer Demokratie in Frage stellt, der hat heute Abend eine Antwort bekommen.

Es ist die Antwort, gegeben von den Schlangen wartender Menschen vor Schulen und Kirchen, deren Ausmaß diese Nation noch nie erlebt hat, von Menschen, die drei oder vier Stunden warteten, viele zum ersten Mal in ihrem Leben, weil sie glaubten, dass es dieses Mal anders sein muss, dass ihre Stimmen diesen Unterschied ausmachen können.

Es ist die Antwort, die von Jungen und Alten, Reichen und Armen, Demokraten und Republikanern, Schwarzen, Weißen, Hispanics, Asiaten, amerikanischen Ureinwohnern, Homosexuellen, Heterosexuellen, Behinderten und Nichtbe-hinderten gegeben wird. Von Amerikanern, die der Welt eine Botschaft geschickt haben, dass wir nämlich niemals nur eine Ansammlung von Individuen oder eine Anhäufung roter und blauer Staaten waren.

Wir waren immer die Vereinigten Staaten von Amerika und wir werden es auch immer sein.

Es ist die Antwort, die diejenigen, denen so lange von so vielen gesagt wurde, dass sie misstrauisch und ängstlich und zweifelnd sein sollten, angesichts dessen, was wir erreichen können, dazu gebracht hat, ihre Hände erneut an den Bogen der Geschichte zu legen und ihn noch einmal hin zur Hoffnung auf eine bessere Zeit zu spannen.

Es hat lange gedauert, aber – aufgrund dessen, was wir an diesem Tag, bei dieser Wahl, in diesem entscheidenden Moment getan haben – heute Abend ist der Wandel in den Vereinigten Staaten angekommen. ...

Während wir heute Abend hier stehen, wissen wir, dass mutige Amerikaner in der Wüste des Iraks und in den Bergen Afghanistans aufwachen, um ihr Leben für uns zu riskieren.

Es gibt Mütter und Väter, die noch wach liegen, wenn die Kinder schon eingeschlafen sind, und sich fragen, wie sie die Hypothek abbezahlen oder ihre Arztrechnung begleichen oder genug für die College-Ausbildung ihres Kindes sparen sollen.

Neue Energien müssen genutzt, neue Arbeitsplätze geschaffen, neue Schulen gebaut, Bedrohungen müssen angegangen und Bündnisse müssen erneuert werden.

Der vor uns liegende Weg wird lang sein. Unser Anstieg wird steil sein. Wir kommen vielleicht nicht in einem Jahr oder einer Amtszeit dorthin. Aber, Amerika, ich war noch nie so hoffnungsvoll wie heute Abend, dass wir dorthin kommen werden.

Ich verspreche, dass wir als Nation dorthin gelangen werden.

Es wird Rückschläge und Fehlstarts geben. Es gibt viele, die nicht mit jeder Entscheidung oder politischen Strategie einverstanden sein werden, die ich als Präsident fälle. Wir wissen, dass die Regierung nicht jedes Problem lösen kann.

Ich werde hinsichtlich der vor uns liegenden Herausforderungen aber immer ehrlich euch gegenüber sein. Ich werde euch zuhören, insbesondere wenn wir unterschiedlicher Meinung sind. Vor allem werde ich euch bitten, euch an der Arbeit, der Erneuerung dieser Nation, zu beteiligen, wie das in den Vereinigten Staaten seit 221 Jahren geschieht – Block um Block, Stein um Stein, Handgriff um Handgriff.

Was vor 21 Monaten im tiefsten Winter begann, kann nicht in dieser Herbstnacht enden.

Der Sieg allein ist noch nicht der Wandel, den wir anstreben. Er bietet uns lediglich die Chance, diesen Wandel herbeizuführen. Und das kann nicht geschehen, indem wir zu dem zurückkehren, wie die Dinge einmal waren.

Es kann nicht ohne euch geschehen, ohne einen neuen Geist des Dienens, einen neuen Geist der Aufopferung.

Lasst uns daher einen neuen Geist des Patriotismus, der Verantwortung entwickeln, bei dem jeder beschließt, sich zu beteiligen, intensiver daran zu arbeiten und sich nicht nur um sich selbst, sondern auch um den anderen zu kümmern.

Lasst uns daran denken, dass, wenn uns diese Finanzkrise überhaupt etwas gelehrt hat, es keine blühende Wall Street geben kann, während die Main Street leidet.

In diesem Land steigen wir auf oder fallen wir als eine Nation, als ein Volk. Lasst uns der Versuchung widerstehen, in die gleiche Voreingenommenheit, Kleinlichkeit und Unreife zu verfallen, die unsere Politik so lange vergiftet haben.

Lasst uns daran denken, dass es ein Mann aus diesem Bundesstaat war, der als Erster das Banner der Republikanischen Partei ins Weiße Haus trug, einer Partei, die auf den Werten der Eigenständigkeit, individuellen Freiheit und nationalen Einheit gegründet wurde.

Das sind unser aller Werte. Während die Demokratische Partei heute Abend einen großen Sieg errungen hat, sind wir doch voller Bescheidenheit und Entschlossenheit, um die Gräben zu überwinden, die unseren Fortschritt aufgehalten haben.

Wie Lincoln einer weitaus gespalteneren Nation als der unseren sagte: Wir sind keine Feinde, sondern Freunde. Auch wenn die Leidenschaft die Bande der Zuneigung strapaziert hat, darf sie sie nicht zerreißen.

Denjenigen Amerikanern, deren Unterstützung ich noch verdienen muss, möchte ich sagen: Ich habe heute vielleicht nicht eure Stimme erhalten, aber ich höre euren Ruf. Ich brauche eure Hilfe. Und ich werde auch euer Präsident sein.

All denjenigen, die heute Abend aus dem Ausland zusehen, in Parlamenten und Palästen, denen, die sich in den vergessenen Winkeln der Erde um ein Radio versammelt haben, möchte ich sagen, dass unsere Geschichten einzigartig sind, unser Schicksal aber ein gemeinsames ist und der Beginn einer neuen amerikanischen Führungsrolle bevorsteht.

All jenen, die diese Welt zerstören wollen, sage ich: Wir werden euch besiegen. Jenen, die nach Frieden und Sicherheit streben, sage ich: Wir unterstützen euch. All jenen, die sich gefragt haben, ob das Leuchtfeuer der Vereinigten Staaten noch immer so hell scheint, sage ich: Heute Abend haben wir erneut gezeigt, dass die wahre Stärke unserer Nation nicht von der Macht unserer Waffen oder dem Ausmaß unseres Wohlstandes herrührt, sondern von der fortdauernden Kraft unserer Ideale: Demokratie, Freiheit, Chancen und unbeirrbare Hoffnung.

Das ist der wahre Geist der Vereinigten Staaten: dass sich Amerika ändern kann. Unser Bund kann vervollkommnet werden. Das was wir bereits erreicht haben, gibt uns Hoffnung für das, was wir morgen noch erreichen können und müssen.

Bei dieser Wahl gab es viele Premieren und viele Geschichten, die noch in Generationen erzählt werden. Aber eine Geschichte, an die ich heute Abend ganz besonders denke, ist die einer Frau, die ihre Stimme in Atlanta abgab. Sie ist wie die vieler anderer, die in Warteschlangen anstanden, um ihrer Stimme bei dieser Wahl Gehör zu verschaffen, mit einer Ausnahme: Ann Nixon Cooper ist 106 Jahre alt.

Sie wurde nur eine Generation nach der Sklaverei geboren, in einer Zeit, in der es keine Autos auf den Straßen oder Flugzeuge gab, in der jemand wie sie aus zwei Gründen nicht wählen durfte: weil sie eine Frau ist und aufgrund ihrer Hautfarbe.

Heute Abend denke ich an alles, was sie in ihrem Jahrhundert in den Vereinigten Staaten gesehen hat – den Kummer und die Hoffnung, den Kampf und den Fortschritt, die Zeiten, in denen uns gesagt wurde, dass wir das nicht schaffen, und die Menschen, die am amerikanischen Glauben festhielten: Ja, wir schaffen das.

In einer Zeit, in der die Stimmen der Frauen zum Schweigen gebracht wurden und ihre Hoffnungen unbeachtet blieben, erlebte sie, wie sie aufstanden, ihre Meinung sagten und das Wahlrecht einforderten. Ja, wir schaffen das.

Als es Hoffnungslosigkeit im »Dust Bowl« und Depression überall im Land gab, erlebte sie, wie eine Nation ihre Ängste mithilfe des New Deal überwand, mit neuen Arbeitsplätzen und einem neuen Sinn für gemeinsame Ziele. Ja, wir schaffen das.

Als die Bomben auf unseren Hafen fielen und Tyrannei die Welt bedrohte, erlebte sie, wie sich eine Generation zur Größe erhob und eine Demokratie gerettet wurde. Ja, wir schaffen das.

Sie war da für die Busse in Montgomery, die Wasserschläuche in Birmingham, eine Brücke in Selma und einen Prediger aus Atlanta, der einem Volk sagte »We Shall Overcome«. Ja, wir schaffen das.

Ein Mann landete auf dem Mond, eine Mauer fiel in Berlin, eine Welt rückte zusammen durch unsere eigene Wissenschaft und Vorstellungskraft.

In diesem Jahr, bei diesen Wahlen, berührte sie mit ihrem Finger einen Bildschirm und gab ihre Stimme ab, weil sie nach 106 Jahren in den Vereinigten Staaten, in den besten Zeiten aber auch in den dunkelsten Stunden, weiß, wie sich Amerika verändern kann.

Ja, wir schaffen das.

Amerika, wir sind so weit gekommen. Wir haben so viel erlebt. Es gibt aber noch so viel zu tun. So lasst uns heute Abend fragen, wenn unsere Kinder das nächste Jahrhundert erleben sollten, wenn meine Töchter das Glück haben sollten, so lange zu leben wie Ann Nixon Cooper, welchen Wandel würden sie dann erleben? Welchen Fortschritt werden wir dann gemacht haben?

Dies ist unsere Chance, auf diesen Ruf zu antworten. Dies ist unser Augenblick.

Dies ist unsere Zeit, um unser Volk wieder in Arbeit zu bringen und Türen für Chancen für unsere Kinder zu öffnen, den Wohlstand wiederherzustellen und die Sache des Friedens zu fördern, den amerikanischen Traum zurückzugewinnen und die grundlegende Wahrheit zu bekräftigen, dass wir aus vielen als eins hervorgegangen sind, dass wir hoffen, solange wir atmen. Wenn wir Misstrauen und Zweifel begegnen, und denjenigen, die uns sagen, dass wir es nicht schaffen, antworten wir mit dem zeitlosen Glauben, der den Geist eines Volkes zusammenfasst: Ja, wir schaffen das.

Wir haben uns heute hier zusammengefunden, weil wir uns für Hoffnung anstelle von Angst entschieden haben

Amtsantrittsrede 2009
Washington, 20. Januar 2009

... 44 Amerikaner haben jetzt den präsidialen Eid geleistet. Die Worte werden in Zeiten sich vermehrenden Wohlstands und in stillen Friedenszeiten gesprochen. Immer wieder wird der Eid aber auch inmitten von aufziehenden Wolken und tobenden Stürmen geleistet. In diesen Zeiten haben die Vereinigten Staaten weitergemacht, nicht einfach aufgrund der Fähigkeiten oder der Vision derer, die hohe Ämter bekleiden, sondern weil Wir, das Volk, den Idealen unserer Vorväter und den Buchstaben unserer Gründungsschriften treu geblieben sind.

So ist es gewesen. So muss es auch bei dieser Generation von Amerikanern sein.

Dass wir uns inmitten einer Krise befinden, haben wir nun begriffen. Unsere Nation befindet sich im Krieg gegen ein weitreichendes Netzwerk der Gewalt und des Hasses. Unsere Wirtschaft ist stark geschwächt, eine Folge der Gier und Unverantwortlichkeit einiger weniger, aber auch unseres kollektiven Versäumnisses, schwerwiegende Entscheidungen zu treffen und das Land auf ein neues Zeitalter vorzubereiten. Eigenheime mussten versteigert werden, Arbeitsplätze gingen verloren, Unternehmen bankrott. Unsere Gesundheitsfürsorge ist zu teuer, unsere Schulen werden zu vielen nicht gerecht, und jeder Tag bringt weitere Belege, dass die Art und Weise, wie wir Energie nutzen, unsere Gegner stärkt und unseren Planeten bedroht.

Das sind die Indikatoren für eine Krise, die sich anhand von Zahlen und Statistiken darstellen lassen. Weniger messbar, aber nicht weniger tiefgreifend, ist der Verlust an Zuversicht in unserem Land, die nagende Angst, dass der Niedergang Amerikas unabwendbar ist und die nächste Generation ihre Erwartungen zurückschrauben muss.

Heute sage ich Ihnen, dass die Herausforderungen, denen wir uns gegenübersehen, real sind. Sie sind schwerwiegend und zahlreich. Sie werden nicht leicht und nicht in kurzer Zeit zu bewältigen sein. Aber lassen Sie mich Amerika sagen: Sie werden bewältigt werden.

Wir haben uns heute hier zusammengefunden, weil wir uns für Hoffnung anstelle von Angst entschieden haben, für gemeinsame Ziele anstelle von Konflikt und Zwietracht.

An diesem Tag verkünden wir das Ende der kleinmütigen Klagen und falschen Versprechungen, der Vorwürfe und ausgedienten Glaubenssätze, die unserer Politik viel zu lange die Luft abgedrückt haben.

Wir sind immer noch eine junge Nation, aber, um mit den Worten der Heiligen Schrift zu sprechen, die Zeit ist gekommen, um abzulegen, was kindisch ist. Die Zeit ist gekommen, um uns auf unsere grundlegende Geisteshaltung zu besinnen, die bessere Seite unserer Geschichte zu wählen, dieses wertvolle Geschenk weiterzutragen, diese noble Idee, die von Generation zu Generation weitergegeben wird: das gottgegebene Versprechen, dass alle Menschen gleich und frei geschaffen sind und dass alle eine Chance verdienen, nach ihrem vollen Maß an Glück zu streben.

Wenn wir die Größe unserer Nation bekräftigen, wird uns auch bewusst, dass Größe keine Selbstverständlichkeit ist. Sie muss verdient werden. Unsere Reise war nie eine der Abkürzungen, und wir haben uns nie mit weniger zufriedengegeben. Sie war nie der Weg der Furchtsamen, derjenigen, die die Freizeit der Arbeit vorziehen oder nur die Freuden des Reichtums und des Ruhms anstreben. Es waren vielmehr diejenigen, die Risiken eingingen, die Macher, die Erfinder, die uns den langen, steinigen Weg zu Wohlstand und Freiheit gebracht haben. Einige von ihnen wurden dafür gewürdigt, aber viel öfter waren es Männer und Frauen, deren Arbeit nicht im Rampenlicht stand.

Für uns packten sie ihre wenigen Habseligkeiten zusammen und reisten auf der Suche nach einem neuen Leben über den Ozean.

Für uns schufteten sie in Fabriken und besiedelten den Westen, ertrugen den Hieb der Peitsche und pflügten die harte Erde.

Für uns kämpften und starben sie an Orten wie Concord und Gettysburg, in der Normandie und in Khe Sanh.

Immer wieder kämpften diese Männer und Frauen, sie brachten Opfer und arbeiteten sich die Hände wund, damit wir ein besseres Leben führen können. Sie sahen Amerika als etwas Größeres als die Summe unserer individuellen Ambitionen, größer als die Unterschiede der Geburt, des Vermögens oder der Herkunft.

Diese Reise setzen wir heute fort. Wir sind noch immer die wohlhabendste, mächtigste Nation der Welt. Unsere Arbeiter sind noch genauso produktiv wie zu Beginn dieser Krise.

Unsere Köpfe sind nicht weniger erfindungsreich, unsere Güter und Dienstleistungen werden nicht weniger benötigt als vorige Woche oder vorigen Monat oder voriges Jahr. Unser Leistungsvermögen ist unvermindert. Aber die Zeit, in der wir uns Änderungen verweigerten, in der wir kleinliche Interessen verteidigten und unangenehme Entscheidungen aufschoben – diese Zeit ist mit Sicherheit vorbei. Ab heute müssen wir aufstehen, den Staub abklopfen und mit der Arbeit beginnen, Amerika zu erneuern.

Denn wo wir auch hinsehen, gibt es viel zu tun. Die Wirtschaftslage erfordert mutiges und rasches Handeln, und wir werden handeln – nicht nur, um neue Arbeitsplätze, sondern auch, um eine neue Wachstumsgrundlage zu schaffen. Wir werden die Straßen und Brücken bauen, die Stromnetze und die Datenkabel legen, von denen unser Handel lebt und die uns miteinander verbinden. Wir werden der Wissenschaft wieder ihren rechtmäßigen Platz einräumen und die Wunder der Technologie einsetzen, um die Qualität unseres Gesundheitssystems zu verbessern und Kosten zu senken. Wir werden die Sonne, den Wind und die Erde nutzen, um unsere Autos zu betanken und unsere Fabriken zu betreiben. Und wir werden unsere Schulen, Colleges und Universitäten reformieren, um den Anforderungen einer neuen Zeit gerecht zu werden. All das können wir tun. Und all das werden wir tun.

Einige stellen nun das Ausmaß unserer Ambitionen infrage – sie meinen, unser System könne zu viele große Pläne nicht verkraften. Sie haben ein kurzes Gedächtnis. Sie haben vergessen, was dieses Land bereits geleistet hat, was freie Männer und Frauen erreichen können, wenn Vorstellungskraft mit gemeinsamen Zielen und Notwendigkeit mit Mut gepaart wird.

Was die Zyniker nicht begreifen, ist, dass sich der Boden

unter ihren Füßen bewegt hat – dass die abgedroschenen politischen Argumente, mit denen wir so lange unsere Zeit verschwendet haben, nicht mehr zutreffen. Die Frage, die wir heute stellen, lautet nicht, ob unser Staat zu sehr oder zu wenig reguliert, sondern ob er funktioniert – ob er Familien hilft, Arbeitsplätze mit angemessenem Lohn zu finden, eine Krankenversicherung, die sie sich leisten können, und eine Rente, mit der sie in Würde leben können. Wo die Antwort ja lautet, machen wir weiter. Wo die Antwort nein ist, werden Programme eingestellt. Diejenigen unter uns, die öffentliche Mittel verwalten, müssen Rechenschaft ablegen – ob sie Ausgaben klug tätigen, schlechte Angewohnheiten ablegen und unsere Geschäfte im Lichte der Öffentlichkeit tätigen –, denn nur dann können wir das grundlegende Vertrauen zwischen den Bürgern und ihrer Regierung wiederherstellen.

Die sich uns stellende Frage lautet auch nicht, ob der Markt eine Kraft des Guten oder des Bösen ist. Seine Fähigkeit, Vermögen zu schaffen und Freiheit zu verbreiten, ist unübertroffen, aber diese Krise hat uns daran erinnert, dass der Markt ohne ein wachsames Auge außer Kontrolle geraten kann – dass der Wohlstand einer Nation nicht lange gemehrt werden kann, wenn sie nur die Wohlhabenden bedenkt. Der Erfolg unserer Wirtschaft hing nie nur von der Höhe unseres Bruttoinlandsprodukts ab, sondern immer auch von der Reichweite unseres Wohlstands, von der Fähigkeit, jedem, der willens ist, eine Chance einzuräumen – nicht aus Mildtätigkeit, sondern weil es der sicherste Weg zu unserem gemeinsamen Wohl ist.

Was unsere gemeinsame Verteidigung angeht, so lehnen wir die falsche Entscheidung zwischen unserer Sicherheit und unseren Idealen ab. Unsere Gründerväter, die sich Gefahren ausgesetzt sahen, die wir uns kaum vorstellen können, verfassten eine Charta zur Gewährleistung der Rechtsstaatlichkeit und der Menschenrechte, eine Charta, die mit dem Blut von Generationen erweitert wurde. Diese Ideale erhellen die Welt noch immer, und wir werden sie nicht aufgeben, weil es zweckdienlich erscheint. Daher sage ich allen anderen Staatsbürgern und Regierungen, die uns heute zusehen, von den größten Hauptstädten bis zu dem kleinen Dorf, in dem mein Vater geboren wurde: Die Vereinigten Staaten sind ein Freund jedes Landes, jedes Mannes, jeder Frau und jedes Kindes, wenn sie eine Zukunft in Frieden und Würde möchten, und wir sind wieder bereit, die Führungsrolle zu übernehmen.

Rufen Sie sich in Erinnerung, dass frühere Generationen dem Faschismus und dem Kommunismus trotzten, nicht nur mit Raketen und Panzern, sondern mit starken Bündnissen und fortdauernden Überzeugungen. Sie wussten, dass unsere Macht allein uns nicht schützen kann, und sie berechtigt uns auch nicht, zu tun, was wir wollen. Sie wussten vielmehr, dass unsere Macht durch ihren umsichtigen Einsatz wächst, und unsere Sicherheit aus der Gerechtigkeit der Sache und kraft unseres Vorbilds entsteht, den mäßigenden Eigenschaften der Demut und der Zurückhaltung.

Wir sind die Hüter dieses Vermächtnisses. Wenn wir uns wieder von diesen Prinzipien leiten lassen, können wir den neuen Bedrohungen begegnen, die noch größere Anstrengungen erfordern – noch mehr Zusammenarbeit und Verständigung zwischen Nationen. Wir werden damit beginnen, den Irak verantwortungsvoll seinen Bürgern zu überlassen und einen schwer erarbeiteten Frieden in Afghanistan zu erwirken. Mit alten Freunden und ehemaligen Feinden werden wir unermüdlich daran arbeiten, die atomare Bedrohung zu verringern und das Schreckgespenst eines sich erwärmenden Planeten zu bekämpfen. Wir werden uns für unsere Art zu leben nicht entschuldigen, ebenso wenig werden wir zögern, wenn es darum geht, sie zu verteidigen. Jenen, die ihre Ziele verfolgen, indem sie Terror schüren und Unschuldige töten, sagen wir heute, dass unser Wille stärker ist und nicht gebrochen werden kann. Ihr werdet nicht länger durchhalten als wir, und wir werden euch besiegen.

Denn wir wissen, dass unser Erbe, das sich aus einer Vielzahl verschiedener Elemente zusammensetzt, eine Stärke ist, keine Schwäche. Wir sind eine Nation von Christen und Muslimen, Juden und Hindus – und nichtgläubiger Menschen. Jede Sprache und Kultur aus jedem Winkel dieser Erde haben uns geprägt, und weil wir Bürgerkrieg und Rassentrennung bitter auf unserer Zunge geschmeckt haben und gestärkter und geeinter aus diesem dunklen Kapitel hervorgegangen sind, können wir nicht anders, als zu glauben, dass der alte Hass eines Tages überwunden sein wird, dass sich die Trennlinien zwischen Volksgruppen bald auflösen werden, dass in einer kleiner werdenden Welt unsere gemeinsame Menschlichkeit zum Vorschein kommen wird und dass die Vereinigten Staaten ihre Rolle darin spielen müssen, eine neue Zeit des Friedens einzuläuten.

An die muslimische Welt: Wir suchen nach einem neuen Weg in die Zukunft, der auf gemeinsamen Interessen und gegenseitigem Respekt aufbaut. An die Politiker auf der Welt, die Konflikt säen oder die Übel in ihrer Gesellschaft auf den Westen schieben wollen: Seien Sie versichert, dass Ihre Bürger Sie an dem messen werden, was sie aufbauen, nicht an dem, was sie zerstören. An jene, die sich durch Korruption und Betrug und die Unterdrückung von Andersdenkenden an die Macht klammern – seien Sie versichert, dass Sie sich auf der falschen Seite der Geschichte befinden, aber dass wir

Ihnen die Hand reichen werden, wenn Sie bereit sind, Ihre Faust zu öffnen.

An die Menschen in armen Ländern: Wir versprechen, Ihnen zu helfen, Ihre Felder erblühen und sauberes Wasser fließen zu lassen, hungernden Bäuchen zu essen zu geben und hungrige Köpfe zu nähren. Und an die Länder wie unseres, die relativen Überfluss genießen: Wir können es uns nicht mehr leisten, dem Leid jenseits unserer Grenzen gleichgültig gegenüberzustehen, und genauso wenig können wir die Ressourcen der Welt verbrauchen, ohne uns für die Folgen zu interessieren. Denn die Welt hat sich verändert, und wir müssen uns mit ihr ändern.

Während wir den vor uns liegenden Weg betrachten, erinnern wir uns mit demütiger Dankbarkeit an die mutigen Amerikaner, die in dieser Stunde in abgelegenen Wüsten und fernen Gebirgen auf Patrouille gehen. Sie haben uns etwas zu sagen, genau wie die gefallenen Helden, die in Arlington liegen und deren Flüstern wir durch die Jahrhunderte hören. Wir ehren sie nicht nur, weil sie die Hüter unserer Freiheit sind, sondern weil sie den Geist des Dienstes verkörpern, eine Bereitschaft, in etwas Größerem als sich selbst Bedeutung zu finden. Und dennoch ist es genau dieser Geist, der uns in diesem Augenblick – einem Augenblick, der die Zukunft einer Generation bestimmen wird – erfüllen muss.

Denn so viel eine Regierung auch leisten kann und muss, ist es letztendlich der Glaube und die Entschlossenheit der amerikanischen Bürger, auf die sich diese Nation stützt. Es ist die Güte, einen Fremden aufzunehmen, wenn die Dämme brechen, und die Selbstlosigkeit von Arbeitern, die lieber Kurzarbeit in Kauf nehmen, als zuzusehen, wie ein Freund seine Arbeit verliert, die uns durch die dunkelsten Stunden führen. Es ist der Mut des Feuerwehrmannes, in ein mit Rauch gefülltes Treppenhaus zu stürmen, aber auch die Entscheidung einer Mutter oder eines Vaters, ein Kind aufzuziehen, die letzten Endes unser Schicksal entscheiden.

Unsere Herausforderungen mögen neu sein. Die Instrumente, die wir anwenden, um sie zu meistern, mögen neu sein. Aber die Werte, von denen unser Erfolg abhängt – Ehrlichkeit und harte Arbeit, Mut und Fairness, Toleranz und Neugier, Loyalität und Patriotismus –, diese Dinge sind alt. Sie sind wahr. Sie waren während unserer ganzen Geschichte die leise Kraft für Fortschritt. Was wir also benötigen, ist eine Rückkehr zu diesen Wahrheiten. Was wir jetzt brauchen, ist eine neue Ära der Verantwortung – die Erkenntnis jedes Amerikaners, dass wir Pflichten vor uns selbst, unserer Nation und der Welt haben, Pflichten, die wir nicht zähneknirschend annehmen, sondern vielmehr mit Freude ergreifen, darauf vertrauend, dass es nichts Befriedigenderes für den Geist gibt, nichts Typischeres für unseren Charakter, als für die Lösung einer schwierigen Aufgabe alles zu geben.

Das sind der Preis und das Versprechen der Staatsbürgerschaft.

Das ist die Quelle unserer Zuversicht – das Wissen, dass Gott uns aufgerufen hat, einem ungewissen Schicksal Gestalt zu verleihen.

Das ist die Bedeutung unserer Freiheit und unserer Überzeugung – der Grund dafür, dass Frauen und Männer und Kinder jeder Hautfarbe und jedes Glaubens an den Feierlichkeiten auf dieser Prachtmeile teilnehmen können, und dafür, dass ein Mann, dessen Vater vor weniger als 60 Jahren möglicherweise in einem Restaurant hier nicht bedient worden wäre, heute vor Ihnen stehen und einen zutiefst heiligen Eid ablegen kann.

Lassen Sie uns diesen Tag also mit der Erinnerung daran begehen, wer wir sind und wie weit wir gereist sind. Im Geburtsjahr der Vereinigten Staaten, im kältesten Monat des Winters, scharte sich eine kleine Gruppe von Patrioten am Ufer eines eiskalten Flusses um langsam erlöschende Lagerfeuer. Die Hauptstadt war verlassen. Der Feind rückte vor. Der Schnee war rot von Blut. In einem Augenblick, in dem der Ausgang unseres Unabhängigkeitskriegs überaus unsicher war, ordnete der Vater unserer Nation an, den Menschen diese Worte vorzulesen:

»Lasst es der künftigen Welt berichtet werden, ... dass im tiefsten Winter, als nichts als die Hoffnung und die Tugend überleben konnten, ... Stadt und Land, beunruhigt durch eine gemeinsame Gefahr, vortraten, um [ihr] zu begegnen.«

Amerika, lass uns im Angesicht der uns alle betreffenden Gefahren in diesem Winter unserer Not an diese zeitlosen Worte denken. Lass uns wieder mit Hoffnung und Tugend den eisigen Strömungen trotzen und durchhalten, welche Stürme auch aufziehen mögen. Die Kinder unserer Kinder sollen eines Tages sagen können, dass wir uns weigerten, diese Reise enden zu lassen, als wir auf die Probe gestellt wurden. Dass wir nicht umkehrten und auch nicht ins Stocken gerieten, dass wir, unsere Augen auf den Horizont gerichtet und mit Gottes Segen, dieses große Geschenk der Freiheit weitergetragen und es sicher an die zukünftigen Generationen übergeben haben.

Das menschliche Schicksal wird immer das sein, was wir daraus machen

Rede für eine atomwaffenfreie Welt
Prag, 5. April 2009

... Aus meiner Heimatstadt Chicago weiß ich seit vielen Jahren, wie gesellig und lustig Tschechen sind. Hinter mir steht die Statue eines Helden der Tschechen – Tomáš Masaryk. 1918, nachdem die Vereinigten Staaten ihre Unterstützung für die Unabhängigkeit der Tschechoslowakei zugesagt hatten, sprach Masaryk vor über 100 000 Menschen in Chicago. Ich glaube, ich kann mit Masaryk nicht mithalten, aber ich fühle mich geehrt, von Chicago nach Prag in seine Fußstapfen zu treten.

Seit mehr als tausend Jahren hebt Prag sich nun schon von jeder anderen Stadt an jedem anderen Ort ab. Sie haben Krieg und Frieden erlebt. Sie haben den Aufstieg und Niedergang von Weltreichen gesehen. Sie haben Revolutionen in Kunst, Wissenschaft, Politik und Poesie angeführt. Im Verlauf all dessen bestanden die Menschen in Prag darauf, ihren eigenen Weg zu verfolgen und ihr Schicksal selbst zu bestimmen. Diese Stadt – diese Goldene Stadt, die sowohl alt als auch jung ist, steht als lebendiges Denkmal für Ihre unbezwingbare Geisteshaltung.

Als ich geboren wurde, war die Welt geteilt, und in unseren Ländern herrschten ganz andere Umstände. Nur wenige Menschen hätten vorausgesagt, dass jemand wie ich eines Tages amerikanischer Präsident würde. Nur wenige Menschen hätten vorhergesagt, dass ein amerikanischer Präsident eines Tages vor einem Publikum wie diesem in Prag sprechen würde. Und nur wenige hätten sich vorstellen können, dass die Tschechische Republik einmal ein freies Land, Mitglied der NATO und führende Nation in einem geeinten Europa sein würde. Diese Vorstellungen wären als Träume abgetan worden.

Wir sind heute hier, weil genügend Menschen die Stimmen ignorierten, die ihnen sagten, die Welt würde sich nicht ändern.

Wir sind heute aufgrund des Mutes derjenigen hier, die aufgestanden – und Risiken eingegangen – sind, um zu erklären, dass Freiheit ein Recht aller Menschen ist, unabhängig davon, auf welcher Seite einer Mauer sie leben, und unabhängig davon, wie sie aussehen.

Wir sind heute aufgrund des Prager Frühlings hier – weil das einfache und grundsätzliche Streben nach Freiheit und Chancen denjenigen zur Schande gereichte, die sich auf die Macht von Panzern und Waffen verlassen haben, um den Willen der Menschen zu brechen.

Wir sind heute hier, weil die Bürger dieser Stadt vor 20 Jahren auf die Straßen gingen, um das Versprechen eines Neubeginns und die Grundrechte für sich in Anspruch zu nehmen, die ihnen schon zu lange verwehrt worden waren. Sametová revoluce, die samtene Revolution, hat uns viel gelehrt. Sie hat uns gezeigt, dass friedlicher Protest die Grundlagen eines Weltreichs erschüttern und die Leere einer Ideologie enthüllen kann. Sie hat uns gezeigt, dass kleine Länder in den Ereignissen der Welt eine Schlüsselrolle spielen und dass junge Menschen den Weg weisen können, alte Konflikte zu überwinden. Und sie bewies, dass moralische Führungsstärke stärker ist als jede Waffe.

Ich spreche heute in der Mitte eines friedlichen, geeinten und freien Europas zu Ihnen, weil ganz normale Menschen daran geglaubt haben, dass Teilungen überwunden werden, Mauern fallen können und Frieden obsiegen kann.

Wir sind heute hier, weil Amerikaner und Tschechen gegen jeden Widerstand davon überzeugt waren, dass der heutige Tag möglich ist.

Wir haben diese gemeinsame Geschichte. Aber jetzt darf diese Generation – unsere Generation – nicht innehalten. Auch wir müssen uns entscheiden. Es gibt weniger Teilung auf der Welt, aber damit auch mehr Vernetzung. Wir haben erlebt, wie sich Dinge schneller ereigneten, als wir sie kontrollieren konnten – die Weltwirtschaftskrise, der Klimawandel, die anhaltenden Gefahren alter Konflikte, neue Bedrohungen und die Verbreitung zerstörerischer Waffen.

Keine dieser Herausforderungen kann schnell oder einfach überwunden werden. Aber sie alle erfordern, dass wir einander zuhören und zusammenarbeiten, dass wir uns auf unsere gemeinsamen Interessen konzentrieren und nicht auf unsere gelegentlichen Meinungsverschiedenheiten, dass wir unsere gemeinsamen Werte bekräftigen, die stärker sind als jede Kraft, die uns auseinandertreiben könnte. Diese Arbeit müssen wir fortsetzen. Diese Arbeit will ich mit meinem Besuch in Europa beginnen. ...

Eines der Themen, die ich heute hervorheben möchte, ist für unsere Länder sowie für Frieden und Sicherheit auf der Welt von grundlegender Bedeutung – die Zukunft von Kernwaffen im 21. Jahrhundert.

Die Existenz Tausender Atomwaffen ist das gefährlichste

Vermächtnis des Kalten Krieges. Zwischen den Vereinigten Staaten und der Sowjetunion gab es zwar keinen Atomkrieg, aber Generationen lebten mit dem Wissen, dass ihre Welt durch einen einzigen Lichtblitz ausradiert werden könnte. Städte wie Prag, die es seit Jahrhunderten gibt, hätten aufgehört zu existieren.

Heute gibt es den Kalten Krieg nicht mehr, aber Tausende dieser Waffen gibt es noch immer. Durch eine merkwürdige Wendung der Geschichte hat die Bedrohung eines Nuklearkriegs ab-, aber die Gefahr eines Angriffs mit Atomwaffen zugenommen. Mehr Länder sind nun im Besitz dieser Waffen. Es werden weiterhin Tests durchgeführt. Auf den Schwarzmärkten wird mit nuklearen Geheimnissen und Materialien gehandelt. Die Technologie für den Bau einer Bombe hat sich verbreitet. Terroristen sind entschlossen, eine Bombe herzustellen, zu kaufen oder zu stehlen. Unsere Bemühungen, diese Gefahren einzudämmen, konzentrieren sich auf eine globale Nichtverbreitungsordnung, aber wenn mehr Menschen und Länder die Regeln brechen, könnten wir den Punkt erreichen, an dem diese Ordnung nicht mehr standhalten kann.

Das geht alle an, überall. Eine Atomwaffe, die in einer Stadt explodiert – sei es New York oder Moskau, Islamabad oder Mumbai, Tokio oder Tel Aviv, Paris oder Prag –, könnte Hunderttausende Menschen töten. Unabhängig davon, wo dies geschieht, wären die Folgen – für unsere weltweite Sicherheit, für unsere Gesellschaften, unsere Volkswirtschaften und letztendlich unser Überleben – grenzenlos.

Einige argumentieren, die Verbreitung dieser Waffen könne nicht kontrolliert werden, dass es unser Schicksal sei, in einer Welt zu leben, in der immer mehr Länder und Menschen im Besitz der ultimativen Instrumente der Zerstörung sind. Dieser Fatalismus ist ein tödlicher Gegner. Denn wenn wir glauben, dass die Verbreitung von Kernwaffen unausweichlich ist, dann geben wir uns selbst gegenüber zu, dass der Einsatz von Kernwaffen ebenfalls unausweichlich ist.

Genauso wie wir im 20. Jahrhundert für die Freiheit eingetreten sind, müssen wir uns heute für das Recht der Menschen überall auf der Welt einsetzen, im 21. Jahrhundert frei von Angst zu leben. Und als Nuklearmacht – als einzige Nuklearmacht, die eine Atomwaffe eingesetzt hat – haben die Vereinigten Staaten eine moralische Verantwortung zu handeln. Wir können dieses Unterfangen nicht allein zum Erfolg führen, aber wir können es anführen.

Daher bekunde ich heute klar und mit Überzeugung, dass die Vereinigten Staaten entschlossen sind, sich für den Frieden und die Sicherheit einer Welt ohne Atomwaffen einzusetzen. Dieses Ziel wird nicht schnell erreicht werden – möglicherweise nicht zu meinen Lebzeiten. Es wird Geduld und Beharrlichkeit erfordern. Aber jetzt müssen auch wir die Stimmen ignorieren, die uns sagen, dass die Welt sich nicht ändern kann.

Zunächst werden die Vereinigten Staaten konkrete Schritte in Richtung einer Welt ohne Atomwaffen unternehmen.

Um die Denkmuster des Kalten Kriegs zu überwinden, werden wir die Rolle von Atomwaffen in unserer nationalen Sicherheitsstrategie reduzieren und andere anhalten, dasselbe zu tun. Täuschen Sie sich nicht: Solange es diese Waffen gibt, werden wir ein sicheres und wirksames Arsenal zur Abschreckung potenzieller Feinde aufrechterhalten und die Verteidigung unserer Verbündeten garantieren – einschließlich der Tschechischen Republik. Aber wir werden damit beginnen, unser Arsenal zu verringern.

Um unsere Sprengköpfe und Vorräte zu reduzieren, werden wir noch dieses Jahr einen neuen strategischen Abrüstungsvertrag mit Russland abschließen. Präsident Medwedew und ich haben diesen Prozess in London eingeleitet, und wir werden bis Ende dieses Jahres ein neues Abkommen anstreben, das rechtlich verbindlich und ausreichend kühn ist. Das wird den Boden für weitere Verringerungen bereiten, und wir haben vor, alle Atommächte in diese Bestrebungen einzubeziehen.

Um ein globales Verbot für Atomtests durchzusetzen, wird meine Regierung sofort und offensiv die Ratifizierung des Vertrags über das umfassende Verbot von Nuklearversuchen seitens der Vereinigten Staaten verfolgen. Nach mehr als 50 Jahren Gesprächen ist es an der Zeit, dass Atomtests endlich verboten werden.

Um den Zugang zu den Bausteinen für eine Bombe zu unterbinden, werden die Vereinigten Staaten auf einen neuen Vertrag hinarbeiten, der die Herstellung von spaltbarem Material, das man für die Herstellung von Atomwaffen benötigt, nachprüfbar beendet. Wenn es uns ernst damit ist, die Verbreitung dieser Waffen zu unterbinden, sollten wir die Herstellung von waffenfähigem Material zu ihrem Bau einstellen.

Zweitens werden wir gemeinsam den Vertrag über die Nichtverbreitung von Kernwaffen als Grundlage unserer Zusammenarbeit stärken.

Die grundlegende Abmachung steht: Länder mit Atomwaffen leiten ihre Abrüstung ein, Länder ohne Atomwaffen erwerben keine, und alle Länder haben Zugang zu friedlicher Atomenergie. Zur Stärkung des Vertrags sollten wir uns auf einige Prinzipien einigen: Wir benötigen mehr Ressourcen und Befugnisse, um die internationalen Kontrollen zu stärken. Wir brauchen reale und unmittelbare Konsequenzen für Länder, die die Regeln brechen oder versuchen, den Vertrag grundlos aufzukündigen.

Wir sollten einen Rahmen für zivile nukleare Zusammenarbeit schaffen, der auch eine internationale Brennstoffbank vorsieht, so dass alle Länder Zugang zu friedlicher Atomkraft haben, ohne das Risiko der Weiterverbreitung zu erhöhen. Das muss das Recht jeder Nation sein, die Atomwaffen abschwört, insbesondere von Entwicklungsländern, die friedliche Programme aufnehmen. Kein Ansatz wird erfolgreich sein, wenn er den Ländern, die sich an die Regeln halten, Rechte verwehrt. Wir müssen das Potenzial von Atomenergie auch im Namen unserer Bestrebungen nutzen, gegen den Klimawandel vorzugehen und Chancen für alle Menschen zu schaffen.

Wir geben uns dabei keinen Illusionen hin. Einige werden die Regeln brechen, aber gerade deshalb benötigen wir eine funktionierende Struktur, die gewährleistet, dass es in diesem Fall Konsequenzen für das jeweilige Land gibt. Heute Morgen wurde uns wieder in Erinnerung gerufen, warum wir eine neue und härtere Vorgehensweise im Umgang mit dieser Bedrohung benötigen. Nordkorea hat ein weiteres Mal gegen die Regeln verstoßen, indem es einen Flugkörper getestet hat, der für eine Langstreckenrakete verwendet werden könnte.

Diese Provokation unterstreicht die Notwendigkeit von Maßnahmen – nicht nur heute Nachmittag im UN-Sicherheitsrat, sondern im Rahmen unserer Entschlossenheit, die Verbreitung dieser Waffen zu verhindern. Die Regeln müssen verpflichtend sein. Verstöße müssen geahndet werden. Worte müssen etwas bedeuten. Die Welt muss zusammenhalten, um die Verbreitung dieser Waffen zu verhindern. Es ist jetzt an der Zeit für eine starke internationale Reaktion. Nordkorea muss wissen, dass der Weg zu Sicherheit und Respekt niemals mit Drohungen und illegalen Waffen beschritten werden kann. Alle Nationen müssen zusammenkommen, um ein stärkeres globales Regime aufzubauen.

Iran hat bis jetzt noch keine Atomwaffe gebaut. Meine Regierung wird sich für Beziehungen zu Iran einsetzen, die auf gemeinsamen Interessen und gegenseitigem Respekt beruhen, und wir werden eine klare Option formulieren. Wir wollen, dass Iran seinen rechtmäßigen Platz in der internationalen Staatengemeinschaft einnimmt, politisch und wirtschaftlich. Wir werden Irans Recht auf die friedliche Nutzung von Atomenergie mit strengen Kontrollen unterstützen. Das ist ein Weg, den die Islamische Republik beschreiten kann. Oder die Regierung kann sich für zunehmende Isolierung entscheiden, für internationalen Druck und ein potenzielles nukleares Wettrüsten in der Region, das für alle zu mehr Unsicherheit führt.

Ich sage es ganz deutlich: Die Aktivitäten Irans im Bereich der nuklearen Forschung und der ballistischen Flugkörper stellten eine reale Bedrohung dar – nicht nur für die Vereinigten Staaten, sondern auch für Irans Nachbarn und unsere Bündnispartner. Die Tschechische Republik und Polen haben Mut bewiesen, indem sie sich bereit erklärten, Elemente eines Verteidigungssystems gegen diese Flugkörper in ihrem Land aufzustellen. Solange eine Bedrohung von Iran ausgeht, planen wir, ein kosteneffektives und bewährtes Raketenabwehrsystem zu bauen. Wenn es die iranische Bedrohung nicht mehr gibt, haben wir eine starke Basis für Sicherheit, und die derzeitige Motivation für den Aufbau eines Raketenabwehrsystems in Europa besteht nicht mehr.

Schließlich müssen wir sicherstellen, dass Terroristen nie eine Atomwaffe erwerben.

Das ist die unmittelbarste und extremste Bedrohung der globalen Sicherheit. Schon ein Terrorist mit einer Atomwaffe könnte riesige Zerstörung anrichten. Die Al-Qaida hat gesagt, dass sie eine Bombe erwerben will. Wir wissen, dass es überall auf der Welt ungesichertes Nuklearmaterial gibt. Zum Schutz unserer Bürger müssen wir ohne Verzögerung und mit Nachdruck handeln.

Heute kündige ich neue internationale Bestrebungen an, innerhalb von vier Jahren alle ungeschützten Nuklearmaterialien auf der Welt zu sichern. Wir werden neue Maßstäbe aufstellen, unsere Zusammenarbeit mit Russland ausweiten und neue Partnerschaften eingehen, um diese sensiblen Materialien wegzusperren.

Wir müssen auch auf unseren Bestrebungen aufbauen, Schwarzmärkte zu zerstören, Materialien, die von einem Land ins nächste transportiert werden, zu lokalisieren und abzufangen sowie finanzielle Instrumente einzusetzen, um gefährlichen Handel zu stören. Weil diese Bedrohung andauern wird, sollten wir zusammenarbeiten, um Bestrebungen wie die Initiative zum Schutz vor der Weiterverbreitung von Massenvernichtungswaffen und die Globale Initiative zur Bekämpfung des nuklearen Terrorismus zu dauerhaften internationalen Institutionen zu machen. Wir sollten damit beginnen, indem wir einen globalen Gipfel zur nuklearen Sicherheit abhalten, zu dem die Vereinigten Staaten innerhalb des nächsten Jahres einladen werden.

Ich weiß, dass es einige gibt, die infrage stellen werden, ob wir auf Grundlage einer so breit gefassten Agenda handeln können. Es gibt jene, die zweifeln, ob wirkliche internationale Kooperation angesichts der unvermeidlichen Differenzen zwischen den Staaten überhaupt möglich ist. Und es gibt jene, die hören, wie von einer Welt ohne Atomwaffen gesprochen wird, und zweifeln, ob es die Mühe wert ist, sich ein Ziel zu setzen, das scheinbar nicht erreicht werden kann.

Aber täuschen Sie sich nicht: Wir wissen, wohin der Weg führt. Wenn Nationen und Menschen es zulassen, dass sie über ihre Differenzen charakterisiert werden, vertieft sich die Kluft zwischen ihnen. Wenn wir es nicht schaffen, uns für den Frieden einzusetzen, wird er nie in greifbare Nähe rücken. Ein Angebot zur Zusammenarbeit auszuschlagen oder abzutun, ist einfach und feige. So beginnen Kriege. So wird der menschliche Fortschritt aufgehalten.

Es gibt Gewalt und Ungerechtigkeit auf unserer Welt, denen wir uns stellen müssen. Wir müssen das tun, indem wir als freie Nationen, als freie Bürger zusammenhalten und nicht indem wir einen Keil zwischen uns treiben. Ich weiß, dass der Ruf zur Waffe die Seelen von Frauen und Männern mehr bewegen kann als die Aufforderung, sie niederzulegen. Aber aus diesem Grund müssen wir gemeinsam unsere Stimmen erheben und Frieden und Fortschritt fordern.

Diese Stimmen hallen noch immer in den Straßen von Prag nach. Es handelt sich dabei um die Geister von 1968, um die frohen Klänge der samtenen Revolution. Es waren die Tschechen, die dazu beitrugen, ein atomar bewaffnetes Reich zu stürzen, ohne einen Schuss abzugeben.

Das menschliche Schicksal wird immer das sein, was wir daraus machen. Lassen Sie uns hier in Prag unsere Vergangenheit würdigen, indem wir uns für eine bessere Zukunft einsetzen. Lassen Sie uns unsere Meinungsverschiedenheiten überwinden, auf unseren Hoffnungen aufbauen und die Verantwortung annehmen, diese Welt wohlhabender und friedlicher zurückzulassen, als wir sie vorgefunden haben. Gemeinsam können wir es schaffen.

Ein Neuanfang

Rede an die muslimische Welt
Kairo, 4. Juni 2009

Vielen herzlichen Dank. Guten Tag. Ich fühle mich geehrt, in Kairo zu sein, dieser zeitlosen Stadt, als Gast zweier bemerkenswerter Institutionen. Seit mehr als eintausend Jahren ist die Al-Azhar-Universität ein leuchtendes Beispiel für islamische Bildung, und seit mehr als einhundert Jahren ist die Universität von Kairo eine Quelle des ägyptischen Fortschritts. Und gemeinsam stehen Sie für die Harmonie zwischen Tradition und Fortschritt. Ich möchte mich für Ihre Gastfreundschaft und die Gastfreundschaft der Bürger Ägyptens bedanken. Ich bin auch stolz darauf, die guten Wünsche der amerikanischen Bevölkerung und einen Friedensgruß der muslimischen Gemeinden in meinem Land übermitteln zu können: Salam aleikum.

Wir kommen in einer Zeit großer Spannungen zwischen den Vereinigten Staaten und den Muslimen überall auf der Welt zusammen – Spannungen, die in historischen Kräften verwurzelt sind, die über jede gegenwärtige politische Debatte hinausgehen. Die Beziehungen zwischen dem Islam und dem Westen umfassen Jahrhunderte der Koexistenz und Kooperation, aber auch Konflikte und religiöse Kriege. In der jüngsten Vergangenheit wurden die Spannungen durch Kolonialismus genährt, der vielen Muslimen Rechte und Chancen versagte, und einen Kalten Krieg, in dem mehrheitlich muslimische Länder zu oft als Stellvertreter benutzt wurden, ohne dass dabei Rücksicht auf ihre eigenen Bestrebungen genommen wurde. Darüber hinaus hat der weitreichende Wandel, der von der Moderne und der Globalisierung herbeigeführt wurde, dazu geführt, dass viele Muslime den Westen als feindlich gegenüber den Traditionen des Islams erachteten.

Gewalttätige Extremisten haben diese Spannungen in einer kleinen, aber starken Minderheit der Muslime ausgenutzt. Die Anschläge vom 11. September 2001 und die fortgesetzten Bemühungen dieser Extremisten, Gewalt gegen Zivilisten zu verüben, hat einige in meinem Land dazu veranlasst, den Islam als zwangsläufig feindlich nicht nur gegenüber den Vereinigten Staaten und Ländern des Westens zu betrachten, sondern auch gegenüber den Menschenrechten. All das hat zu weiteren Ängsten und mehr Misstrauen geführt.

Solange unsere Beziehungen durch unsere Unterschiede definiert sind, werden wir diejenigen stärken, die eher Hass als Frieden verbreiten, und diejenigen, die eher Konflikte fördern als die Zusammenarbeit, die den Menschen in allen unseren Ländern helfen könnte, Gerechtigkeit und Wohlstand zu erreichen. Dieser Kreislauf der Verdächtigungen und Zwietracht muss enden.

Ich bin nach Kairo gekommen, um einen Neuanfang zwischen den Vereinigten Staaten und den Muslimen überall auf der Welt zu beginnen. Einen Neuanfang, der auf gemeinsamen Interessen und gegenseitiger Achtung beruht und auf der Wahrheit, dass die Vereinigten Staaten und der Islam die jeweils andere Seite nicht ausgrenzen und auch nicht miteinander konkurrieren müssen. Stattdessen überschneiden sich beide und haben gemeinsame Grundsätze – Grundsätze der Gerechtigkeit und des Fortschrittes, der Toleranz und der Würde aller Menschen.

Natürlich weiß ich, dass sich nicht alles über Nacht ändern kann. Ich weiß, dass im Vorfeld viel über diese Rede gesprochen wurde, aber keine einzelne Rede kann die Jahre des Misstrauens hinwegfegen, noch kann ich in der Zeit, die mir heute Nachmittag zur Verfügung steht, all die komplexen Fragen beantworten, die uns an diesen Punkt gebracht haben. Ich bin aber davon überzeugt, dass wir, um Fortschritte machen zu können, einander offen sagen müssen, was uns auf dem Herzen liegt, und das wird zu häufig nur hinter verschlossenen Türen getan. Wir müssen uns darum bemühen, einander zuzuhören, voneinander zu lernen, uns gegenseitig zu respektieren und Gemeinsamkeiten zu finden. Wie der Heilige Koran uns lehrt: »Sei Gott gewärtig und spreche immer die Wahrheit.« Das werde ich heute versuchen – ich werde die Wahrheit sagen, so gut ich das kann; demütig angesichts der Aufgabe, die vor uns liegt, und fest in meinem Glauben, dass die Interessen, die uns als Menschen gemein sind, viel stärker sind als die Kräfte, die uns entzweien.

Diese Überzeugung beruht teilweise auf meinen eigenen Erfahrungen. Ich bin Christ, aber mein Vater stammt aus einer kenianischen Familie, zu der Generationen von Muslimen gehören. Als Junge lebte ich mehrere Jahre in Indonesien und hörte bei Sonnenauf- und Sonnenuntergang den Ruf des Adhān. Als junger Mann arbeitete ich in Gemeinden Chicagos, wo viele Menschen im muslimischen Glauben Würde und Frieden fanden.

Als Geschichtsstudent weiß ich auch um die Schuld der Zivilisation gegenüber dem Islam. Es war der Islam – an Orten wie der Al-Azhar-Universität –, der das Licht der Bildung über so viele Jahrhunderte getragen und den Weg für die europäische Renaissance und Aufklärung bereitet hat. Es waren Innovationen in muslimischen Gesellschaften, durch die die Ordnung der Algebra entstanden, unser magnetischer Kompass und die Instrumente der Navigation, unsere Fähigkeit, Federhalter herzustellen, und unsere Beherrschung des Drucks sowie unser Wissen um die Verbreitung von Krankheiten und wie sie geheilt werden können. Die islamische Kultur hat uns majestätische Bögen und hohe Gewölbe beschert, zeitlose Poesie und geschätzte Musik, elegante Kalligraphie und Orte der friedlichen Kontemplation. Im Verlaufe der Geschichte hat der Islam durch Worte und Taten die Möglichkeiten der religiösen Toleranz und ethnischen Gleichberechtigung demonstriert.

Ich weiß auch, dass der Islam immer ein Teil der amerikanischen Geschichte gewesen ist. Die erste Nation, die mein Land anerkannte, war Marokko. Bei der Unterzeichnung des Vertrags von Tripolis im Jahre 1796 schrieb unser zweiter Präsident, John Adams: »Die Vereinigten Staaten hegen in ihrem Innern gegenüber den Gesetzen, der Religion oder dem Frieden der Muslime keinerlei Feindseligkeit.« Seit ihrer Gründung haben amerikanische Muslime die Vereinigten Staaten bereichert. Sie haben in unseren Kriegen gekämpft, in unserer Regierung gedient, sich für Bürgerrechte eingesetzt, Unternehmen gegründet, an unseren Universitäten gelehrt, hervorragende Leistungen in unseren Sportstätten gebracht, Nobelpreise gewonnen, unser höchstes Gebäude erbaut und die Olympische Fackel entzündet. Und als vor kurzem der erste muslimische Amerikaner in den Kongress gewählt wurde, legte er den Amtseid zur Verteidigung unserer Verfassung auf den gleichen Heiligen Koran ab, der in der Bibliothek eines unserer Gründungsväter stand – Thomas Jefferson.

Ich habe den Islam auf drei Kontinenten kennengelernt, bevor ich in die Region gekommen bin, wo er zuerst verkündet wurde. Diese Erfahrung leitet meine Überzeugung, dass eine Partnerschaft zwischen den Vereinigten Staaten und dem Islam auf dem basieren muss, was der Islam ist, und nicht auf dem, was er nicht ist. Und ich sehe es als Teil meiner Verantwortung als Präsident der Vereinigten Staaten an, gegen negative Stereotype über den Islam vorzugehen, wo auch immer sie auftreten mögen.

Aber das gleiche Prinzip muss für die muslimische Wahrnehmung der Vereinigten Staaten gelten. Genauso wie Muslime nicht groben Stereotypen entsprechen, entsprechen auch die Vereinigten Staaten nicht dem groben Stereotyp eines nur an sich selbst interessierten Imperiums. Die Vereinigten Staaten sind eine der größten Quellen für Fortschritt, die die Welt jemals gesehen hat. Wir sind aus einer Revolution gegen ein Weltreich hervorgegangen. Unser Land wurde auf den Idealen gegründet, dass alle Menschen gleich geschaffen sind, und wir haben über Jahrhunderte gekämpft und Blut vergossen, um diesen Worten Bedeutung zu verleihen – innerhalb unserer Grenzen und in der übrigen Welt. Wir sind von jeder Kultur in jedem Winkel der Erde geprägt und folgen einem einfachen Konzept: »E pluribus unum – aus vielen eins.«

Viel wurde über die Tatsache diskutiert, dass ein Afroamerikaner mit dem Namen Barack Hussein Obama zum Präsidenten gewählt wurde. Meine persönliche Geschichte ist aber gar nicht so einzigartig. Der Traum von Chancen für alle Menschen ist nicht für jeden in den Vereinigten Staaten wahr geworden, aber seine Versprechungen bestehen weiterhin für alle, die in unser Land kommen. Dies schließt nahezu sieben Millionen amerikanische Muslime ein, die heute in unserem Land leben und die übrigens über ein Einkommen und einen Bildungsstand verfügen, der über dem amerikanischen Durchschnitt liegt.

Außerdem ist die Freiheit in den Vereinigten Staaten untrennbar mit der Freiheit der Religionsausübung verbunden. Das ist der Grund, warum es in jedem Staat unserer Union eine Moschee und insgesamt mehr als 1200 Moscheen innerhalb unserer Landesgrenzen gibt. Das ist auch der Grund, warum die US-Regierung vor Gericht gegangen ist, um die Rechte der Frauen und Mädchen zu schützen, die den Hidschab tragen wollen, und um diejenigen zu bestrafen, die es ihnen verwehren wollen.

Es besteht also kein Zweifel: Der Islam ist ein Teil der Vereinigten Staaten. Ich glaube, dass die Vereinigten Staaten in sich die Wahrheit tragen, dass wir alle, unabhängig von der Hautfarbe, der Religion oder der Lebensphase, gemeinsame Ambitionen haben – in Frieden und Sicherheit zu leben, Bildung zu erhalten und in Würde zu arbeiten und unsere Familien, Gemeinden und Gott zu lieben. Das sind Dinge, die wir alle anstreben. Das ist die Hoffnung aller Menschen.

Natürlich ist die Anerkennung unserer gemeinsamen Menschlichkeit erst der Anfang unserer Aufgabe. Worte allein können die Bedürfnisse der Menschen in unseren Ländern nicht befriedigen. Diese Bedürfnisse können nur befriedigt werden, wenn wir in den kommenden Jahren mutig handeln und wenn wir verstehen, dass die Herausforderungen, vor denen wir stehen, gemeinsame Herausforderungen sind und ein Versagen uns allen schaden wird.

Aus den jüngsten Erfahrungen haben wir gelernt, dass wenn ein Finanzsystem in einem Land geschwächt wird, der Wohlstand überall davon betroffen ist; wenn ein neuartiges Grippevirus einen Menschen infiziert, wir alle gefährdet sind; wenn eine Nation den Erwerb von Atomwaffen anstrebt, das Risiko eines Atomwaffenangriffs für alle Nationen steigt; wenn gewalttätige Extremisten in einer Bergregion operieren, Menschen auf der anderen Seite des Ozeans gefährdet sind; und wenn Unschuldige in Bosnien und Darfur abgeschlachtet werden, es ein Schandfleck auf unserem kollektiven Gewissen ist. Das bedeutet es, im 21. Jahrhundert die Welt gemeinsam zu bewohnen. Das ist die Verantwortung, die wir voreinander als Menschen haben.

Das ist eine schwierige Verantwortung, die wir übernehmen müssen. Die menschliche Geschichte war oft geprägt von Nationen und Stämmen – und auch Religionen –, die einander aufgrund ihrer eigenen Interessen unterjochten. In dieser neuen Ära ist dieses Verhalten aber völlig sinnlos. Angesichts unserer gegenseitigen Abhängigkeit wird jede Weltordnung, die eine Nation oder Gruppe über andere erhebt, unweigerlich scheitern. Ganz gleich, was wir also über die Vergangenheit denken, wir sollten nicht zu ihren Gefangenen werden. Unsere Probleme müssen durch Partnerschaft gelöst und Fortschritt muss geteilt werden.

Das heißt nicht, dass wir Ursachen für Spannungen ignorieren sollten. Das Gegenteil scheint mir vielmehr angebracht zu sein: Wir müssen uns diesen Spannungen direkt stellen. Lassen Sie mich in diesem Sinne so klar und so offen, wie mir das möglich ist, einige spezielle Themen ansprechen, von denen ich glaube, dass wir uns ihnen endlich gemeinsam stellen müssen.

Das erste Thema, dem wir uns stellen müssen, ist gewalttätiger Extremismus in allen seinen Formen.

In Ankara habe ich klar gesagt, dass sich die Vereinigten Staaten nicht mit dem Islam im Krieg befinden und das auch niemals sein werden. Wir werden uns jedoch unnachgiebig gegen die gewalttätigen Extremisten stellen, die eine ernste Gefahr für unsere Sicherheit bedeuten, weil wir dasselbe ablehnen, was die Menschen aller Glaubensrichtungen ablehnen: die Ermordung unschuldiger Frauen, Kinder und Männer. Und es ist meine oberste Pflicht als Präsident, die Bevölkerung der Vereinigten Staaten zu schützen. ...

Und schließlich dürfen wir, genauso wenig wie die Vereinigten Staaten Gewalt von Extremisten tolerieren können, niemals unsere Prinzipien verändern oder vergessen. Der 11. September stellte ein enormes Trauma für unser Land dar. Die Angst und Wut, die er hervorrief, war verständlich, aber in einigen Fällen führte dies dazu, dass wir entgegen unseren Traditionen und Idealen handelten. Wir unternehmen konkrete Schritte, um den Kurs zu ändern. Ich habe unmissverständlich den Einsatz von Folter durch die Vereinigten Staaten verboten und die Schließung des Gefangenenlagers in Guantánamo Bay bis Anfang kommenden Jahres angeordnet.

Die Vereinigten Staaten werden sich also unter Achtung der Souveränität von Nationen und der Rechtsstaatlichkeit verteidigen. Und wir werden das in Partnerschaft mit den muslimischen Gesellschaften tun, die ebenfalls bedroht sind. Je eher die Extremisten isoliert und aus muslimischen Gesellschaften vertrieben werden, desto schneller werden wir alle sicherer sein.

Die zweite große Quelle für Spannungen, über die wir sprechen müssen, ist die Situation zwischen Israelis, Palästinensern und der arabischen Welt.

Die starken Bande der Vereinigten Staaten zu Israel sind allgemein bekannt. Diese Bande sind unzerbrechlich. Sie basieren auf den kulturellen und historischen Verbindungen und dem Wissen um die Tatsache, dass das Streben nach einer jüdischen Heimat in einer tragischen Geschichte verwurzelt ist, die nicht geleugnet werden kann.

Überall auf der Welt wurden Juden seit Jahrhunderten verfolgt, und der Antisemitismus gipfelte in Europa in einem beispiellosen Holocaust. Morgen werde ich Buchenwald besuchen, das Teil eines Netzwerks von Lagern war, in denen Juden während des Dritten Reichs versklavt, gefoltert, erschossen und vergast wurden. Sechs Millionen Juden wurden getötet – mehr als die gesamte jüdische Bevölkerung, die heute in Israel lebt. Diese Tatsache zu leugnen ist bar jeder Grundlage, ignorant und abscheulich. Israel mit Zerstörung zu drohen – oder gemeine Stereotype über Juden zu wiederholen – ist zutiefst falsch und dient nur dazu, bei den Israelis diese schmerzvollste aller Erinnerungen wiederzuerwecken und gleichzeitig den Frieden zu verhindern, den die Menschen in dieser Region verdienen.

Andererseits lässt es sich auch nicht leugnen, dass die Palästinenser – Muslime und Christen – auf der Suche nach einer Heimat gelitten haben. Seit mehr als 60 Jahren ertragen sie den Schmerz der Vertreibung. Viele warten in Flüchtlingslagern im Westjordanland, im Gazastreifen und in den angrenzenden Ländern auf ein Leben in Frieden und Sicherheit, das sie noch nie haben führen können. Sie ertragen die täglichen Demütigungen – kleine und große –, die die Besatzung mit sich bringt. Es besteht also kein Zweifel: Die Situation für die Palästinenser ist unerträglich. Die Vereinigten Staaten werden dem legitimen Streben der Palästinenser nach Würde, Chancen und einem eigenen Staat nicht den Rücken kehren.

Seit Jahrzehnten gibt es eine Pattsituation: zwei Völker mit legitimen Wünschen, jedes davon mit einer schmerzvollen Geschichte, die einen Kompromiss erschwert. Schuldzuweisungen sind einfach – die Palästinenser weisen auf die Vertreibung aufgrund der Gründung des Staates Israel hin, und die Israelis weisen auf die ständigen Feindseligkeiten und Anschläge hin, die im Laufe ihrer Geschichte im eigenen

Land und aus dem Ausland auf sie verübt wurden. Aber wenn wir diesen Konflikt nur von der einen oder der anderen Seite betrachten, verschließen wir unsere Augen vor der Wahrheit: Die einzige Lösung besteht darin, dass beide Seiten ihr eigenes Land haben, in dem Israelis und Palästinenser jeweils in Frieden und Sicherheit leben.

Das ist im Interesse Israels, im Interesse Palästinas, im Interesse der Vereinigten Staaten und im Interesse der Welt. Aus diesem Grund habe ich vor, mich mit all der Geduld und Hingabe, die diese Aufgabe erfordert, persönlich für dieses Ziel einzusetzen. Die Verpflichtungen, die die Parteien im Rahmen der Road Map eingegangen sind, sind eindeutig. Um Frieden zu ermöglichen, ist es an der Zeit, dass sie – und wir alle – unserer Verantwortung nachkommen.

Die Palästinenser müssen der Gewalt abschwören. Widerstand durch Gewalt und Morden ist falsch und führt nicht zum Erfolg. Jahrhundertelang ertrugen schwarze Menschen in den Vereinigten Staaten als Sklaven den Hieb der Peitsche und die Erniedrigung der Rassentrennung. Aber es war nicht Gewalt, mit der vollständige und gleiche Rechte errungen wurden. Es war ein friedliches und entschlossenes Beharren auf den Idealen, die bei der Gründung der Vereinigten Staaten das Kernstück bildeten. Dieselbe Geschichte können Menschen in Südafrika, in Südasien, Osteuropa und in Indonesien erzählen. Es ist eine Geschichte mit einer einfachen Wahrheit: Gewalt ist eine Sackgasse. Es ist weder ein Zeichen von Mut noch von Macht, Raketen auf schlafende Kinder zu schießen oder einen Bombenanschlag auf alte Frauen in einem Bus zu verüben. So erlangt man keine moralische Autorität; so gibt man sie auf.

Es ist jetzt an der Zeit, dass sich die Palästinenser auf das konzentrieren, was sie aufbauen können. Die Palästinenserbehörde muss ihre Fähigkeit zu regieren entwickeln, mit Institutionen, die die Bedürfnisse der Bürger befriedigen. Die Hamas hat die Unterstützung einiger Palästinenser, sie muss aber auch erkennen, dass sie eine Verantwortung trägt. Um eine Rolle dabei zu spielen, die Wünsche der Palästinenser zu erfüllen und die Palästinenser zu einen, muss die Hamas die Gewalt beenden und vergangene Abkommen sowie das Existenzrecht Israels anerkennen.

Gleichzeitig müssen die Israelis anerkennen, dass das Existenzrecht Palästinas genauso wenig verwehrt werden kann wie das Existenzrecht Israels. Die Vereinigten Staaten betrachten die fortgesetzte israelische Besiedelung palästinensischer Territorien nicht als legitim. Sie verletzt bestehende Abkommen und untergräbt die Bestrebungen, Frieden zu erreichen. Es ist an der Zeit, dass diese Besiedelung aufhört.

Israel muss auch seiner Verpflichtung nachkommen und sicherstellen, dass die Palästinenser leben, arbeiten und ihre Gesellschaft voranbringen können. Die andauernde humanitäre Krise im Gazastreifen zerstört nicht nur palästinensische Familien, sie erhöht auch nicht die Sicherheit Israels. Der fortbestehende Mangel an Chancen im Westjordanland tut das genauso wenig. Fortschritte im täglichen Leben der Palästinenser müssen ein wichtiger Teil des Weges zum Frieden sein, und Israel muss konkrete Schritte unternehmen, um solchen Fortschritt zu ermöglichen.

Schließlich müssen die arabischen Staaten erkennen, dass die arabische Friedensinitiative ein bedeutender Anfang war, aber nicht das Ende ihrer Verantwortung. Der Konflikt zwischen Arabern und Israelis sollte nicht länger dazu benutzt werden, die Bürger in arabischen Nationen von anderen Problemen abzulenken. Stattdessen muss es ein Anliegen sein, den Palästinensern zu helfen, die Institutionen zu entwickeln, die ihren Staat tragen werden, die Legitimität Israels anzuerkennen und sich für Fortschritt zu entscheiden, statt sich auf kontraproduktive Weise auf die Vergangenheit zu konzentrieren.

Die Vereinigten Staaten werden ihre Politik mit jenen abstimmen, die Frieden anstreben, und öffentlich das sagen, was sie auch in geschlossenen Meetings zu den Israelis, den Palästinensern und den arabischen Nationen sagen. Wir können keinen Frieden erzwingen. Aber insgeheim erkennen viele Muslime, dass Israel nicht einfach verschwinden wird. Genauso erkennen viele Israelis die Notwendigkeit eines Palästinenserstaates. Jeder kennt die Wahrheit, und deshalb ist es jetzt an der Zeit, ihr entsprechend zu handeln.

Zu viele Tränen sind geflossen. Zu viel Blut wurde vergossen. Wir alle haben die Verantwortung, auf den Tag hinzuarbeiten, an dem die Mütter von israelischen und palästinensischen Kindern diese ohne Angst aufwachsen sehen; an dem das Heilige Land der drei großen Glaubensrichtungen der Ort des Friedens ist, den Gott für ihn vorgesehen hat; an dem Jerusalem die sichere und ständige Heimat von Juden, Christen und Muslimen ist und ein Ort, an dem alle Kinder Abrahams friedlich zusammenkommen können wie in der Geschichte der Al-Isra, als Moses, Jesus und Mohammed – möge der Friede mit ihnen sein – gemeinsam beteten.

Die dritte Quelle von Spannungen ist unser gemeinsames Interesse an den Rechten und den Pflichten von Nationen in Bezug auf Atomwaffen.

Dieses Thema ist eine Quelle der Spannungen zwischen den Vereinigten Staaten und der Islamischen Republik Iran. Iran definiert sich seit vielen Jahren auch über die Opposition zu meinem Land, und in der Tat steht eine ereignisreiche

Geschichte zwischen uns. Mitten im Kalten Krieg spielten die Vereinigten Staaten beim Sturz einer demokratisch gewählten iranischen Regierung eine Rolle. Seit der Islamischen Revolution spielt Iran eine Rolle bei Geiselnahmen und bei Gewalt gegen amerikanische Soldaten und Zivilisten. Diese Geschichte ist weithin bekannt. Aber statt in der Vergangenheit verhaftet zu bleiben, habe ich den iranischen Politikern und Bürgern des Landes eindeutig gesagt, dass mein Land bereit ist, in die Zukunft zu blicken. Die Frage lautet jetzt nicht, wogegen Iran ist, sondern welche Zukunft das Land aufbauen will.

Ich weiß, dass es schwer sein wird, Jahrzehnte des Misstrauens zu überwinden, aber wir werden mutig, rechtschaffen und entschlossen vorgehen. Es wird viele Fragen geben, die unsere beiden Länder diskutieren müssen, und wir sind bereit, ohne Vorbedingungen und auf der Grundlage gegenseitiger Achtung zu handeln. Aber es ist allen Beteiligten klar, dass wir beim Thema der Atomwaffen einen entscheidenden Punkt erreicht haben. Dabei geht es nicht einfach um die Interessen der Vereinigten Staaten. Es geht darum, ein Wettrüsten im Nahen Osten zu verhindern, das die Region und die ganze Welt auf einen zutiefst gefährlichen Kurs bringen könnte.

Ich verstehe jene, die protestieren und sagen, dass einige Länder Waffen besitzen, die andere Länder nicht haben. Kein einzelnes Land sollte aussuchen dürfen, welche Länder Atomwaffen besitzen dürfen. Aus diesem Grund habe ich das Bekenntnis der Vereinigten Staaten maßgeblich gestärkt, auf eine Welt hinzuarbeiten, in der kein Land Atomwaffen besitzt. Jedes Land – auch Iran – sollte das Recht auf friedliche Nutzung der Atomkraft haben, wenn es seinen Verpflichtungen im Rahmen des Atomwaffensperrvertrags nachkommt.

Dieses Bekenntnis ist das Kernstück des Vertrages, und es muss für alle bewahrt werden, die sich vollständig daran halten. Ich habe Hoffnung, dass alle Länder in der Region dieses gemeinsame Ziel verfolgen können.

Das vierte Thema, über das ich sprechen werde, ist Demokratie.

Ich weiß, dass die Förderung von Demokratie in den vergangenen Jahren Anlass zu einigen Kontroversen gegeben hat und dass ein Großteil dieser Kontroversen mit dem Krieg im Irak zu tun hat. Ich sage es ganz deutlich: Kein Regierungssystem kann oder sollte einem Land von irgendeinem anderen Land aufgezwungen werden.

Das heißt jedoch nicht, dass ich mich weniger für Regierungen einsetze, die dem Willen ihrer Bürger entsprechen. Jedes Land erfüllt dieses Prinzip auf seine eigene Art und Weise mit Leben, und diese beruht auf den Traditionen seiner Bürger. Die Vereinigten Staaten maßen sich nicht an zu wissen, was für alle anderen am besten ist, genauso wenig wie sie sich anmaßen, das Ergebnis von friedlichen Wahlen beeinflussen zu können. Aber ich bin der unerschütterlichen Überzeugung, dass sich alle Menschen nach bestimmten Dingen sehnen: die Fähigkeit, seine Meinung zu äußern und ein Mitspracherecht dabei zu haben, wie man regiert wird; Vertrauen in die Rechtsstaatlichkeit und die Gleichheit vor dem Gesetz zu haben; eine Regierung, die transparent ist und die Menschen nicht bestiehlt, sowie die Freiheit, so zu leben, wie man möchte. Das sind nicht nur amerikanische Ideen, es sind Menschenrechte. Und aus diesem Grund werden wir sie überall auf der Welt unterstützen.

Es gibt keine eindeutige Linie, wie diese Versprechen verwirklicht werden können. Aber Folgendes ist klar: Regierungen, die diese Rechte schützen, sind letzten Endes stabiler, erfolgreicher und sicherer. Das Unterdrücken von Ideen führt nicht zu ihrem Verschwinden. Die Vereinigten Staaten respektieren das Recht aller friedlichen und gesetzestreuen Stimmen auf der Welt, Gehör zu finden, auch, wenn wir nicht ihrer Meinung sind. Wir begrüßen alle gewählten, friedlichen Regierungen – wenn sie beim Regieren alle ihre Bürger achten.

Dieser letzte Punkt ist wichtig, weil es einige gibt, die Demokratie nur fordern, wenn sie nicht an der Macht sind. Wenn sie dann an der Macht sind, unterdrücken sie rücksichtslos die Rechte anderer. Unabhängig davon, wo sie Wurzeln schlägt: Eine Regierung für die Bürger und bestehend aus den Bürgern setzt einen Standard für alle, die an die Macht kommen: Man muss die Macht durch Konsens, nicht durch Zwang erhalten, durch die Achtung der Rechte von Minderheiten und Mitwirkung im Geist der Toleranz und des Kompromisses sowie die Einstufung der Interessen der Bürger und der legitimen Arbeit des politischen Prozesses über der Partei. Wahlen allein machen ohne diese Zutaten noch keine wahre Demokratie aus.

Das fünfte Thema, das wir gemeinsam ansprechen müssen, ist Religionsfreiheit.

Der Islam blickt auf eine stolze Tradition der Toleranz zurück. Wir sehen das an der Geschichte Andalusiens und Córdobas während der Inquisition. Ich habe es als Kind selbst in Indonesien erlebt, wo fromme Christen ihren Glauben frei in einem mehrheitlich muslimischen Land praktizierten. Das ist die Geisteshaltung, die wir heute brauchen. Die Menschen in allen Ländern sollten die Freiheit haben, ihren Glauben aufgrund der Überzeugung des Geistes, des Herzens und der Seele zu wählen und zu leben. Diese Toleranz ist unerlässlich, damit eine Religion erblühen kann, aber sie wird in vielerlei Hinsicht angegriffen.

Unter einigen Muslimen gibt es die beunruhigende Tendenz, den eigenen Glauben zu messen, indem man den Glauben eines anderen Menschen ablehnt. Die Reichhaltigkeit der religiösen Vielfalt muss aufrechterhalten werden – unabhängig davon, ob es um die Maroniten im Libanon oder die Kopten in Ägypten geht. Und wenn wir ehrlich sind, müssen zwischen Muslimen auch Spaltungen überwunden werden, da die Entzweiung zwischen Sunniten und Schiiten zu tragischer Gewalt geführt hat, insbesondere im Irak.

Religionsfreiheit ist ein wesentliches Kriterium dafür, dass verschiedene Menschen zusammenleben können. Wir müssen immer die Art und Weise untersuchen, wie wir sie schützen. Beispielsweise haben es in den Vereinigten Staaten Vorschriften zu wohltätigen Spenden schwieriger für Muslime gemacht, ihre religiösen Pflichten zu erfüllen. Daher bin ich fest entschlossen, mit amerikanischen Muslimen zusammenzuarbeiten, um zu gewährleisten, dass sie die Zakāt erfüllen können.

Es ist genauso wichtig, dass westliche Länder aufhören, ihre muslimischen Bürger dabei zu behindern, ihre Religion auszuüben, wie sie möchten – beispielsweise, indem muslimischen Frauen vorgeschrieben wird, welche Kleidung sie zu tragen haben. Wir können Feindseligkeit gegenüber einer Religion nicht unter dem Deckmantel des Liberalismus verstecken.

Unser Glaube sollte uns vielmehr zusammenbringen. Aus diesem Grund fördern wir in den Vereinigten Staaten Projekte, bei denen Christen, Muslime und Juden zusammengebracht werden. Deshalb begrüßen wir Bestrebungen wie den religionsübergreifenden Dialog des saudi-arabischen Königs Abdullah und die Führungsrolle der Türkei in der Allianz der Zivilisationen. Überall auf der Welt können wir aus Dialog glaubensübergreifendes Engagement machen, so dass Brücken zwischen Menschen Taten zur Folge haben – ob es um die Bekämpfung von Malaria in Afrika geht oder um Hilfsmaßnahmen nach einer Naturkatastrophe.

Das sechste Thema, das ich ansprechen möchte, sind die Rechte von Frauen. Ich weiß, dass dieses Thema viel diskutiert wird, wie man auch an der Reaktion des Publikums hört. Ich lehne die Ansicht einiger Menschen im Westen ab, dass eine Frau, die ihre Haare bedecken möchte, auf irgendeine Weise weniger gleich ist, aber ich bin der Meinung, dass man einer Frau, der man Bildung verweigert, auch Gleichberechtigung verweigert. Es ist kein Zufall, dass in Ländern, in denen die Frauen gut gebildet sind, die Wahrscheinlichkeit weitaus höher ist, dass die Länder selbst erfolgreich sind.

Ich sage es ganz deutlich: Fragen, die mit der Gleichberechtigung von Frauen zu tun haben, sind keineswegs nur für den Islam ein Thema. In der Türkei, in Pakistan, Bangladesch und in Indonesien haben wir gesehen, wie mehrheitlich muslimische Länder Frauen an die Spitze ihres Staates gewählt haben. Gleichzeitig dauert der Kampf für die Gleichberechtigung von Frauen in vielen Bereichen des Lebens in den Vereinigten Staaten noch an, wie auch in vielen anderen Ländern auf der Welt.

Ich bin überzeugt, dass unsere Töchter genauso viel zu unserer Gesellschaft beitragen können wie unsere Söhne. Unser gemeinsamer Wohlstand wird gefördert, wenn alle Menschen – Frauen und Männer – ihr volles Potenzial ausschöpfen können. Ich glaube nicht, dass Frauen dieselben Entscheidungen treffen müssen wie Männer, um gleichberechtigt zu sein, und ich respektiere Frauen, die sich entscheiden, ihr Leben in traditionellen Rollen zu leben. Aber es sollte ihre Entscheidung sein. Aus diesem Grund gehen die

Vereinigten Staaten Partnerschaften mit allen mehrheitlich muslimischen Ländern ein, damit mehr Mädchen lesen und schreiben lernen, und um jungen Frauen durch Mikrofinanzierung – die Menschen hilft, ihre Träume zu leben – zu unterstützen und eine Anstellung zu finden.

Schließlich möchte ich über wirtschaftliche Entwicklung und Chancen sprechen.

Ich weiß, dass die Globalisierung vielen als widersprüchlich erscheint. Internet und Fernsehen fördern Wissen und stellen Informationen bereit, bringen aber auch offensive Sexualität und gedankenlose Gewalt in unser Wohnzimmer. Handel kann neuen Wohlstand und Chancen ermöglichen, aber auch riesige Brüche und Veränderungen in Gemeinwesen mit sich bringen. In allen Ländern – auch in den Vereinigten Staaten – verursachen diese Veränderungen Angst. Angst, dass wir aufgrund der Modernität die Kontrolle über unsere wirtschaftlichen Entscheidungen verlieren, über unsere Politik und, was am wichtigsten ist, über unsere Identität – die Dinge, die wir in unseren Gemeinschaften, Familien, Traditionen und in unserem Glauben am meisten schätzen.

Aber ich weiß auch, dass sich menschlicher Fortschritt nicht aufhalten lässt. Es muss keinen Widerspruch zwischen Entwicklung und Tradition geben. Länder wie Japan und Südkorea förderten das Wachstum ihrer Volkswirtschaften und bewahrten sich dennoch ihre eigene Kultur. Dasselbe ist bei den erstaunlichen Fortschritten in mehrheitlich muslimischen Ländern von Kuala Lumpur bis Dubai der Fall. Weit in der Vergangenheit und auch heute sind muslimische Gemeinschaften führend, wenn es um Innovationen und Bildung geht.

Das ist wichtig, weil keine Strategie für Entwicklung ausschließlich darauf aufbauen kann, was aus dem Boden kommt; genauso wenig kann sie aufrechterhalten werden, wenn junge Menschen keine Arbeit finden. Viele Golfstaaten genießen aufgrund von Erdöl großen Wohlstand, und einige fangen an, diesen Wohlstand in eine umfassendere Entwicklung zu investieren. Aber wir alle müssen erkennen, dass Bildung und Innovationen die Währung des 21. Jahrhunderts sein werden. In zu vielen muslimischen Gesellschaften wird zu wenig in diese Bereiche investiert. Ich konzentriere mich in meinem Land auf solche Investitionen. Und während sich die Vereinigten Staaten in der Vergangenheit in diesem Teil der Welt auf Öl und Gas konzentriert haben, wollen wir uns jetzt umfassender engagieren.

Im Bildungssektor werden wir Austauschprogramme ausweiten und mehr Stipendien anbieten, wie das, das meinen Vater in die Vereinigten Staaten führte. Gleichzeitig werden wir mehr Amerikaner ermutigen, in muslimischen Gesellschaften zu studieren. Wir werden vielversprechenden muslimischen Studenten Praktika in den Vereinigten Staaten anbieten, in Online-Angebote für Lehrer und Kinder überall auf der Welt investieren und ein neues Online-Netzwerk aufbauen, so dass ein junger Mensch in Kansas direkt mit einem jungen Menschen in Kairo kommunizieren kann.

Im Bereich der wirtschaftlichen Entwicklung werden wir ein neues Corps von freiwilligen Unternehmen schaffen, das Partnerschaften mit mehrheitlich muslimischen Ländern eingeht. Ich werde in diesem Jahr einen Gipfel für das Unternehmertum abhalten, um festzustellen, wie wir die wirtschaftlichen Verbindungen zwischen führenden Vertretern aus der Wirtschaft, von Stiftungen und sozialen Unternehmern in den Vereinigten Staaten und muslimischen Gesellschaften überall auf der Welt vertiefen können.

Im Bereich Wissenschaft und Technologie werden wir einen neuen Fonds ins Leben rufen, der technologische Entwicklung in mehrheitlich muslimischen Ländern unterstützt und dazu beiträgt, Ideen auf den Markt zu bringen, so dass mehr Arbeitsplätze geschaffen werden. Wir werden in Afrika, im Nahen Osten und in Südostasien wissenschaftliche Exzellenzzentren eröffnen und neue wissenschaftliche Beauftragte ernennen, die an Programmen zur Erschließung neuer Energiequellen, bei der Schaffung grüner Arbeitsplätze, der Digitalisierung von Daten, bei sauberem Wasser und dem Anbau neuer Pflanzen zusammenarbeiten. Heute kündige ich zudem neue globale mit der Organisation der Islamischen Konferenz unternommene Bestrebungen zur Bekämpfung von Polio an. Wir werden ferner Partnerschaften mit muslimischen Gemeinden ausweiten, die Gesundheit von Kindern und Müttern zu verbessern.

All diese Dinge müssen in Partnerschaften geleistet werden. Die Amerikaner sind bereit, mit den Bürgern und Regierungen, mit Gemeindeorganisationen, religiösen Vertretern und Unternehmen in muslimischen Gemeinden überall auf der Welt zusammenzuarbeiten, um unseren Bürgern zu helfen, ein besseres Leben zu führen.

Die von mir beschriebenen Themen werden nicht einfach anzusprechen sein. Aber wir haben die Verantwortung, uns gemeinsam für die Welt, die wir anstreben, einzusetzen – eine Welt, in der Extremisten nicht mehr unsere Bürger bedrohen und die amerikanischen Soldaten heimgekehrt sind; eine Welt, in der sowohl Israelis als auch Palästinenser ihr eigenes Land haben, in der Atomenergie für friedliche Zwecke genutzt wird, in der die Regierungen ihren Bürgern dienen und die Rechte aller Kinder Gottes geachtet werden. Das sind gemeinsame Interessen. Das ist die Welt, die wir anstreben. Aber wir können sie nur gemeinsam erreichen.

Ich weiß, es gibt viele – Muslime und Nichtmuslime –, die sich fragen, ob wir diesen Neuanfang erreichen können. Einige sind sehr daran interessiert, Spaltung zu schüren und sich dem Fortschritt in den Weg zu stellen. Einige bringen vor, dass es die Mühe nicht wert sei – dass es unser Schicksal ist, unterschiedlicher Meinung zu sein, und dass es Kulturen bestimmt ist, gegeneinander zu kämpfen. Viele andere sind einfach skeptisch, ob wahre Veränderungen wirklich stattfinden können. Es gibt so viel Angst und so viel Misstrauen, die sich im Laufe der Jahre aufgebaut haben. Aber wenn wir beschließen, dass wir an die Vergangenheit gebunden sind, werden wir niemals Fortschritte machen. Ich möchte das insbesondere an die jungen Menschen aller Glaubensrichtungen in allen Ländern richten – Sie, mehr als jeder andere, haben die Fähigkeit, diese Welt neu zu erdenken, neu zu gestalten.

Wir alle teilen diese Welt nur für einen kurzen Augenblick. Die Frage ist, ob wir uns in dieser Zeit auf das konzentrieren, was uns auseinandertreibt, oder ob wir uns einem Unterfangen verpflichten – einer andauernden Bestrebung –, Gemeinsamkeiten zu finden, uns auf die Zukunft zu konzentrieren, die wir für unsere Kinder wollen, und die Würde aller Menschen zu achten.

Es ist einfacher, Kriege zu beginnen, als sie zu beenden. Es ist einfacher, die Schuld auf andere zu schieben, als sich selbst zu betrachten. Es ist einfacher zu sehen, was uns von jemand anderem unterscheidet, als die Dinge zu finden, die wir gemeinsam haben. Aber wir sollten uns für den richtigen Weg entscheiden, nicht nur für den einfachen. Es gibt auch eine Regel, die jeder Religion zugrunde liegt – dass man andere behandelt, wie man selbst behandelt werden möchte. Diese Wahrheit überwindet Nationen und Völker – ein Glaube, der nicht neu ist, der nicht schwarz oder weiß oder braun ist, der nicht Christen, Muslimen oder Juden gehört. Es ist ein Glaube, der in der Wiege der Zivilisation pulsierte und der noch immer in den Herzen von Milliarden Menschen auf der Welt schlägt. Es ist der Glaube an andere Menschen, und er hat mich heute hierher gebracht.

Es steht in unserer Macht, die Welt zu schaffen, die wir uns wünschen, aber nur, wenn wir den Mut für einen Neuanfang besitzen, und uns an das erinnern, was geschrieben steht.

Der Heilige Koran lehrt uns: »O ihr Menschen, wir haben euch von einem männlichen und einem weiblichen Wesen erschaffen, und wir haben euch zu Verbänden und Stämmen gemacht, damit ihr einander kennenlernt.«

Der Talmud lehrt uns: »Die ganze Tora gibt es nur, um den Frieden unter den Menschen zu erhalten.«

Die Heilige Bibel lehrt uns: »Selig sind die Friedfertigen; denn sie werden Gottes Kinder heißen.«

Die Menschen auf der Welt können in Frieden zusammenleben. Wir wissen, dass das Gottes Weitblick ist. Jetzt muss es unsere Arbeit hier auf der Erde sein.

Vielen Dank. Möge der Friede Gottes mit Ihnen sein. Vielen herzlichen Dank. Vielen Dank.

Diese Orte haben über die Zeit nichts von ihrer Grausamkeit verloren

Rede beim Besuch in Buchenwald
mit Angela Merkel und Elie Wiesel
Gedenkstätte Buchenwald, 5. Juni 2009

Bundeskanzlerin Merkel und ich haben gerade unseren Rundgang durch Buchenwald beendet. Ich möchte Herrn Dr. Volkhard Knigge danken. Er hat uns auf hervorragende Weise geschildert, wo wir uns jeweils gerade befanden. Ich bin ganz besonders dafür dankbar, dass uns mein Freund Elie Wiesel sowie Herr Bertrand Herz begleitet haben. Sie beide sind Überlebende dieses Ortes.

Wir haben den Bereich gesehen, der als Kleines Lager bekannt ist und in den Elie und Bertrand als Jungen geschickt wurden. Am Gedenkort gibt es sogar ein Foto, auf dem man den 16-jährigen Elie zusammen mit vielen anderen in einer der Schlafstellen sehen kann. Wir haben die Öfen des Krematoriums gesehen, die Wachtürme, die Stacheldrahtzäune und die Fundamente der Baracken, in denen Menschen einst unter den unvorstellbarsten Bedingungen lebten.

Wir haben das Denkmal für die Überlebenden besichtigt – eine Stahlplatte, die, wie Bundeskanzlerin Merkel gerade sagte, auf 37 Grad Celsius erwärmt wird, der Temperatur des menschlichen Körpers – eine Erinnerung daran, was wir alle gemeinsam haben, an einem Ort, an dem Menschen wegen ihrer Verschiedenheit nicht als Menschen betrachtet wurden.

Diese Orte haben über die Zeit nichts von ihrer Grausamkeit verloren. Als wir durch das Lager liefen, sagte Elie: »Wenn diese Bäume sprechen könnten.« Es liegt eine gewisse Ironie in der Schönheit der Landschaft und dem Schrecken, der hier stattfand.

Mehr als ein halbes Jahrhundert später sind unsere Trauer und unsere Wut angesichts dessen, was geschah, nicht schwächer geworden. Ich werde nicht vergessen, was ich heute hier gesehen habe.

Ich habe von diesem Ort schon als Junge gehört. Es waren Geschichten von meinem Großonkel, der als junger Mann im Zweiten Weltkrieg kämpfte. Er gehörte zur 89. Infanteriedivision, dem ersten amerikanischen Verband, der das Konzentrationslager erreichte. Sie befreiten Ohrdruf, eines der Außenlager von Buchenwald.

Er kehrte von seinem Militärdienst in einer Art Schockzustand zurück, sprach nur wenig und isolierte sich selbst über Monate hinweg von Freunden und Familie, allein mit den schmerzvollen Erinnerungen, die er nicht aus seinem Kopf bekommen konnte. Wir haben hier einige dieser Bilder gesehen. Es ist verständlich, dass jemand, der gesehen hat, was hier geschah, unter Schock steht.

Der Oberbefehlshaber meines Großonkels, General Eisenhower, verstand den Grund für dieses Schweigen. Er sah die Leichenberge und hungernden Überlebenden sowie die erbärmlichen Zustände, die die amerikanischen Soldaten vorfanden, als sie hier ankamen. Und er wusste, dass diejenigen, die diese Dinge gesehen hatten, vielleicht zu gelähmt sein würden, um über sie zu sprechen, oder nicht in der Lage sein würden, die Worte zu finden, um sie zu beschreiben; dass sie verstummen könnten, wie mein Großonkel es tat. Und er wusste, dass das, was hier geschehen war, so unvorstellbar war, dass es vielleicht niemand mehr glauben würde, nachdem die Körper entfernt worden waren.

Deshalb hat er angeordnet, dass die amerikanischen Soldaten und die Deutschen aus der Umgebung das Lager besuchen. Er lud Kongressabgeordnete und Journalisten ein, um es zu sehen, und ordnete an, dass Fotos und Filmaufnahmen gemacht wurden. Und er bestand darauf, jeden einzelnen Winkel dieses Lagers zu sehen, damit er in der Lage sei »aus erster Hand über die Dinge zu berichten, wenn sich in der Zukunft die Tendenz zeigen sollte, dass diese Anschuldigungen schlicht als Propaganda dargestellt werden«.

Wir sind heute hier, weil wir wissen, dass diese Arbeit noch nicht abgeschlossen ist. Bis heute gibt es jene, die darauf beharren, dass es den Holocaust niemals gab – eine Leugnung der Fakten und der Wahrheit, die jeder Grundlage entbehrt, ignorant und abscheulich ist. Dieser Ort ist die elementarste Zurechtweisung solcher Gedanken, eine Mahnung an unsere Pflicht, uns gegen jene zu stellen, die Lügen über unsere Geschichte verbreiten.

Bis heute gibt es auch jene, die jegliche Form der Intoleranz fortsetzen: Rassismus, Antisemitismus, Homophobie, Fremdenfeindlichkeit, Sexismus und andere – Hass, der seine Opfer herabwürdigt und uns alle herabsetzt. In diesem Jahrhundert haben wir Völkermord erlebt. Wir haben Massengräber und die Asche von Dörfern gesehen, die bis auf ihre Grundmauern niedergebrannt wurden. Wir haben Kinder gesehen, die als Soldaten missbraucht, und Vergewaltigung, die als Mittel der Kriegsführung eingesetzt wurde. Dieser Ort lehrt uns, dass wir immer wachsam sein müssen, wenn es um die Verbreitung des Bösen in unserer Zeit geht, dass wir die falsche Behaglichkeit, dass das Leid anderer nicht unser Problem ist, ablehnen und wir uns dem Widerstand gegen jene verpflichten müssen, die andere unterdrücken wollen, um ihren eigenen Interessen zu dienen.

Aber wenn wir uns heute Gedanken über die menschliche Fähigkeit machen, Böses zu tun, und unsere gemeinsame Verpflichtung, uns ihm zu widersetzen, fühlen wir uns auch an die menschliche Fähigkeit erinnert, Gutes zu tun. Denn wir wissen, dass es inmitten der zahllosen Akte der Grausamkeit, die hier verübt wurden, auch viele mutige und gütige Taten gab. Die Juden, die darauf bestanden, an Jom Kippur zu fasten. Der Lagerkoch, der Kartoffeln im Futter seiner Lageruniform versteckte, sie unter seinen Mitgefangenen verteilte und damit sein Leben riskierte, um dazu beizutragen, das ihre zu retten. Die Gefangenen, die sich organisierten und sich besonders bemühten, die Kinder im Lager zu schützen, indem sie sie von der Arbeit abschirmten und ihnen zusätzliches Essen gaben. Einige der Gefangenen gründeten heimliche Klassenzimmer, unterrichteten Geschichte und Mathematik und hielten die Kinder an, sich über ihre zukünftige Berufswahl Gedanken zu machen. Wir haben gerade von dem Widerstand gehört, der sich formierte, und von der Ironie, dass das Zentrum des Widerstands bei den Latrinen war, weil die Wachen sie so ekelhaft fanden, dass sie sie mieden. Und so entstand aus dem Schmutz ein Ort, an dem kleine Freiheiten gediehen.

Als die amerikanischen GIs eintrafen, waren sie erstaunt, 900 Kinder vorzufinden, die noch am Leben waren. Das jüngste von ihnen war erst drei Jahre alt. Und mir wurde erzählt, dass einige der Gefangenen sogar ein Buchenwald-Lied schrieben, das von vielen hier gesungen wurde. Ein Teil des

Textes lautete: »Und was auch unsere Zukunft sei – wir wollen trotzdem ›ja‹ zum Leben sagen, denn einmal kommt der Tag – dann sind wir frei ... denn wir tragen den Willen zum Leben im Blut und im Herzen, im Herzen den Glauben.«

Diese Personen haben nicht wissen können, dass die Welt eines Tages über diesen Ort sprechen würde. Sie haben nicht wissen können, dass einige von ihnen ihre Kinder und Enkelkinder aufwachsen sehen würden, die ihren Geschichten lauschen und so viele Jahre später an diesen Ort kommen würden, um dort ein Museum und Denkmäler und den Turm mit der Uhr vorzufinden, die für immer 3 Uhr 15 am Nachmittag anzeigt – den Moment der Befreiung.

Sie haben nicht wissen können, wie die Nation Israel aus der Zerstörung des Holocaust hervorgehen würde und wie stark und dauerhaft die Bande zwischen dieser großen Nation und meiner eigenen sein würden. Und sie haben nicht wissen können, dass eines Tages ein amerikanischer Präsident diesen Ort besuchen und von ihnen sprechen würde und dass er an der Seite der deutschen Bundeskanzlerin in einem Deutschland stehen würde, das heute eine lebendige Demokratie und ein geschätzter Bündnispartner der Vereinigten Staaten ist.

Diese Dinge konnten sie nicht wissen. Aber als sie noch vom Tod umgeben waren, zwangen sie sich, am Leben festzuhalten. In ihren Herzen trugen sie noch immer die Hoffnung, dass das Böse letztendlich nicht triumphieren würde, dass, obwohl die Zukunft jenseits der menschlichen Erkenntnis liegt, sie sich in Richtung Fortschritt bewegt und dass sich die Welt eines Tages an sie erinnern würde. Und jetzt ist es an uns, den Lebenden, in unserer Arbeit, wo wir auch sein mögen, Ungerechtigkeit und Intoleranz und Gleichgültigkeit abzulehnen, welche Formen sie auch annehmen mögen, und sicherzustellen, dass diejenigen, die ihr Leben hier ließen, nicht umsonst gestorben sind. Es ist an uns, diesen Glauben einzulösen. Es ist an uns, Zeugnis abzulegen; sicherzustellen, dass die Welt weiterhin Kenntnis davon erhält, was hier geschehen ist, und all jener zu gedenken, die überlebten, und jener, die starben, und nicht nur als Opfer, sondern als Menschen, die hofften, liebten und träumten wie wir alle.

Und genauso, wie wir uns mit den Opfern identifizieren, ist es auch wichtig, dass wir uns in Erinnerung rufen, dass die Täter, die solch Böses verübten, auch Menschen waren und dass wir uns gegen die Grausamkeit in uns selbst wappnen müssen. Ich möchte insbesondere Bundeskanzlerin Merkel und der deutschen Bevölkerung danken, weil es nicht einfach ist, so in die Vergangenheit zu blicken, sie anzuerkennen und etwas aus ihr zu lernen; eine feste Entscheidung zu treffen, zu verhindern, dass so etwas wieder passiert.

Statt mit meiner Rede zu schließen, dachte ich mir, es sei angebracht, wenn Elie Wiesel noch seine Gedanken mit uns teilt, da er heute so viele Jahre später an den Ort zurückkehrt, an dem sein Vater starb.

Wir müssen damit beginnen, die schwere Wahrheit anzunehmen

Rede zur Auszeichnung mit dem Friedensnobelpreis
Oslo, 10. Dezember 2009

Majestäten, königliche Hoheiten, verehrte Mitglieder des norwegischen Nobelpreiskomitees, Bürger der Vereinigten Staaten, Bürger der Welt, ich nehme diese Ehre in tiefer Dankbarkeit und großer Demut entgegen. Diese Auszeichnung bezeugt unsere höchsten Ansprüche – dass wir angesichts all der Grausamkeit und des Elends auf der Welt nicht einfach in unserem Schicksal gefangen sind. Unser Handeln spielt eine Rolle und kann die Geschichte zugunsten der Gerechtigkeit beeinflussen.

Und dennoch wäre es nachlässig, wenn ich nicht auf die erheblichen Kontroversen eingehen würde, die Ihre großzügige Entscheidung zur Folge hatte. Teilweise liegt das daran, dass ich am Anfang, und nicht am Ende meiner Bemühungen auf der Weltbühne stehe. Verglichen mit einigen Größen der Geschichte, die mit diesem Preis ausgezeichnet wurden – Schweitzer und King, Marshall und Mandela –, sind meine Leistungen gering. Und dann gibt es die Frauen und Männer auf der Welt, die ins Gefängnis geworfen und geschlagen werden, weil sie sich für die Gerechtigkeit einsetzen, sich in humanitären Organisationen abmühen, um das Leid zu lindern, die verkannten Millionen, deren stille Taten von Mut und Mitgefühl zeugen und sogar die abgebrühtesten Zyniker berühren. Ich kann jenen nicht widersprechen, die der Meinung sind, dass diese Frauen und Männer – einige von ihnen bekannt, andere von ihnen nur sichtbar für die Menschen, denen sie helfen – diese Ehre weit mehr verdienen als ich.

Aber vielleicht ist das größte Problem an meiner Auszeichnung mit diesem Preis die Tatsache, dass ich der Oberbefehlshaber der Streitkräfte eines Landes bin, das sich inmitten zweier Kriege befindet. Einer dieser Kriege geht langsam zu Ende. Bei dem anderen handelt es sich um einen Konflikt, den die Vereinigten Staaten nicht gesucht haben; einen Konflikt, in dem 42 Länder an unserer Seite stehen – darunter auch Norwegen –, um uns und alle anderen Länder vor weiteren Anschlägen zu verteidigen.

Dennoch befinden wir uns im Krieg, und ich bin für die Entsendung Tausender junger Amerikaner verantwortlich, die in einem weit entfernten Land kämpfen müssen. Einige von ihnen werden töten, und einige von ihnen werden getötet werden. Daher bin ich heute mit einem unmittelbaren Gefühl dafür hier, was uns bewaffnete Konflikte kosten – angesichts all der schwierigen Fragen über das Verhältnis zwischen Krieg und Frieden und unsere Bestrebungen, das eine durch das andere zu ersetzen.

Nun sind diese Fragen nicht neu. Krieg trat in der einen oder anderen Form mit den ersten Menschen in Erscheinung. Zu Anbeginn der Geschichte fragte sich niemand, ob Krieg moralisch vertretbar sei; er war einfach eine Gegebenheit wie Dürren oder Krankheiten – das Mittel, mit dem Stämme und später Kulturen nach Macht strebten und ihre Differenzen beilegten.

Und im Laufe der Zeit versuchte man mit Gesetzen, die

Gewalt innerhalb von Gruppen zu kontrollieren. Ebenso versuchten Philosophen, Geistliche und Staatsmänner, die zerstörerische Kraft des Krieges einzuschränken. Das Konzept eines »gerechten Krieges« trat in Erscheinung; es legte nahe, dass ein Krieg nur gerechtfertigt ist, wenn er bestimmte Bedingungen erfüllt: wenn er als letztes Mittel oder zur Selbstverteidigung geführt wird, wenn die Verwendung von Gewalt verhältnismäßig ist und wenn, wo möglich, Zivilisten von der Gewalt ausgenommen sind.

Natürlich wissen wir, dass man sich während eines Großteils der Geschichte selten an dieses Konzept eines »gerechten Krieges« hielt. Das Vermögen des Menschen, neue Wege zu ersinnen, andere Menschen zu töten, erwies sich als unerschöpflich, ebenso wie unsere Fähigkeit, diejenigen von unserem Mitleid auszunehmen, die anders aussahen oder zu einem anderen Gott beteten als wir. Kriege zwischen Armeen wurden verdrängt von Kriegen zwischen Nationen – totale Kriege, bei denen die Grenze zwischen Kombattanten und Zivilisten verschwamm. In nur 30 Jahren überschwemmte ein solches Blutbad diesen Kontinent zweimal. Und obwohl es schwer ist, sich eine gerechtere Sache als den Sieg über das Dritte Reich und die Achsenmächte vorzustellen, war der Zweite Weltkrieg ein Konflikt, in dem die Gesamtzahl der getöteten Zivilisten die Zahl der gefallenen Soldaten überstieg.

Angesichts derartiger Zerstörung und mit Anbruch des Atomzeitalters wurde es Siegern und Besiegten gleichermaßen klar, dass die Welt Institutionen benötigte, die einen weiteren Weltkrieg verhindern würden. Ein Vierteljahrhundert nachdem der US-Senat den Völkerbund abgelehnt hatte – eine Idee, für die Woodrow Wilson diese Auszeichnung erhielt –, führten die Vereinigten Staaten die Welt beim Aufbau einer Architektur an, die Frieden gewährleisten sollte: Marshallplan und Vereinte Nationen, Kontrollmechanismen für die Kriegsführung, Verträge zum Schutz der Menschenrechte, zur Verhinderung von Völkermord und zur Einschränkung der gefährlichsten Waffen.

In vielerlei Hinsicht waren diese Bestrebungen erfolgreich. Ja, schreckliche Kriege wurden geführt und Gräueltaten wurden verübt. Aber es gab keinen dritten Weltkrieg. Der Kalte Krieg endete mit jubelnden Menschenmassen, die eine Mauer einrissen. Der Handel hat einen Großteil der Welt zusammengeführt. Milliarden von Menschen sind aus der Armut befreit worden. Die Ideale der Freiheit, Selbstbestimmung, Gleichheit und Rechtsstaatlichkeit wurden stockend vorangebracht. Wir sind die Erben der Stärke und des Weitblicks vergangener Generationen, und auf dieses Vermächtnis ist mein Land zu Recht stolz.

Und doch gibt diese alte Architektur zehn Jahre nach Anbruch des neuen Jahrhunderts unter der Last neuer Bedrohungen nach. Die Welt erzittert vielleicht nicht mehr beim Gedanken an einen Krieg zwischen zwei Atommächten, aber die Weiterverbreitung von Atomwaffen erhöht möglicherweise das Risiko einer Katastrophe. Terrorismus ist schon lange eine Taktik, aber moderne Technologien ermöglichen es einigen wenigen schwachen Männern mit einem Übermaß an Wut, in schrecklichem Ausmaß Unschuldige zu töten.

Zudem sind Kriege zwischen Ländern zunehmend von Kriegen innerhalb von Ländern verdrängt worden. Das Wiederauftreten ethnischer oder konfessionell motivierter Konflikte, die Zunahme sezessionistischer Bewegungen, Aufstände und gescheiterte Staaten – all diese Dinge haben immer mehr Zivilisten in unendlichem Chaos eingeschlossen. In den heutigen Kriegen werden mehr Zivilisten getötet als

Soldaten, die Saat für zukünftige Konflikte wird gelegt, Volks-wirtschaften werden ruiniert, Zivilgesellschaften entzweige-rissen, die Zahl von Flüchtlingen nimmt sprunghaft zu und Kinder werden verletzt.

Ich kann Ihnen heute keine endgültige Lösung für die Pro-bleme des Krieges vorlegen. Aber ich weiß, dass wir densel-ben Weitblick, dieselbe harte Arbeit und dieselbe Ausdauer benötigen wie die Frauen und Männer, die vor Jahrzehnten so mutig gehandelt haben, wenn wir diese Herausforderun-gen bewältigen wollen. Und wir werden völlig neu über die Konzepte eines gerechten Krieges und die Gebote eines ge-rechten Friedens nachdenken müssen.

Wir müssen damit beginnen, die schwere Wahrheit an-zunehmen: Gewaltsame Konflikte werden wir zu unseren Lebzeiten nicht abschaffen können. Es wird Zeiten geben, in denen Nationen – die allein oder gemeinsam handeln – den Einsatz von Gewalt nicht nur als notwendig, sondern als mo-ralisch gerechtfertigt betrachten werden.

Dabei bin ich mir dessen bewusst, was Martin Luther King vor Jahren während derselben Zeremonie sagte: »Gewalt führt nicht zu dauerhaftem Frieden. Sie löst kein soziales Problem, sie erzeugt nur neue und kompliziertere.« Als je-mand, der als unmittelbare Konsequenz des Lebenswerks von Dr. King hier steht, bin ich der lebendige Beweis für die moralische Kraft von Gewaltlosigkeit. Ich weiß, dass die Überzeugung und das Leben von Gandhi und King nichts Schwaches, nichts Passives und nichts Naives hatten.

Aber als Staatschef, der kraft seines Amtseides verpflich-tet ist, sein Land zu schützen und zu verteidigen, kann ich mich nicht nur von ihrem Beispiel leiten lassen. Ich stehe der Welt gegenüber, wie sie ist, und ich kann angesichts der für die amerikanischen Bürger bestehenden Bedrohungen nicht

untätig sein. Denn täuschen Sie sich nicht: Das Böse exis-
tiert auf der Welt. Eine gewaltlose Bewegung hätte Hitlers
Armeen nicht aufhalten können. Verhandlungen können die
Anführer der Al-Qaida nicht überzeugen, ihre Waffen niederzulegen. Es ist kein Aufruf zum Zynismus, wenn man sagt,
dass Gewalt manchmal notwendig sein kann – es ist eine Anerkennung der Geschichte, der Unvollkommenheit des Menschen und der Grenzen der Vernunft.

Ich sage das und fange mit diesem Punkt an, weil es heute in vielen Ländern eine tiefgehende Ambivalenz bezüglich
Militäraktionen gibt, unabhängig von der Ursache. Und gelegentlich kommt dazu ein reflexartiges Misstrauen gegenüber
den Vereinigten Staaten, der einzigen militärischen Super-
macht auf der Welt.

Aber die Welt muss sich in Erinnerung rufen, dass es nicht
nur internationale Institutionen – nicht nur Verträge und
Erklärungen – waren, die in der Welt nach dem Zweiten Weltkrieg für Stabilität sorgten. Welche Fehler wir auch gemacht
haben, eine einfache Tatsache lässt sich nicht leugnen: Die
Vereinigten Staaten von Amerika haben dazu beigetragen,
die globale Sicherheit seit mehr als 60 Jahren mit dem Blut
unserer Bürger und der Stärke unserer Waffen zu gewährleisten. Der Dienst und die Opfer unserer Frauen und Männer in Uniform haben von Deutschland bis Korea Frieden
und Wohlstand gefördert und ermöglicht, dass Demokratie
an Orten wie dem Balkan Wurzeln schlägt. Wir tragen diese Last nicht, weil wir anderen unseren Willen aufzwingen
wollen. Wir tun es aus aufgeklärtem Selbstinteresse – weil
wir eine bessere Zukunft für unsere Kinder und Enkelkinder
wollen und glauben, dass ihr Leben besser sein wird, wenn
die Kinder und Enkelkinder anderer Menschen auch in Freiheit und Wohlstand leben können.

Also ja, die Instrumente des Krieges müssen bei der Sicherung des Friedens eine Rolle spielen. Und dennoch muss diese Wahrheit mit einer anderen Wahrheit einhergehen – dass unabhängig davon, wie gerechtfertigt er auch ist, Krieg unweigerlich zu menschlichen Tragödien führt. Der Mut und die Opfer von Soldaten sind ruhmreich, sie verleihen ihrer Hingabe für ihr Land Ausdruck, für die Sache und ihre Waffenbrüder. Aber der Krieg selbst ist niemals ruhmreich, und wir dürfen ihn auch nie als ruhmreich darstellen.

Also besteht ein Teil der Herausforderung darin, dass wir diese beiden unvereinbaren Wahrheiten miteinander in Einklang bringen – dass Krieg manchmal nötig ist und auf einer gewissen Ebene Ausdruck menschlicher Torheit. Konkret betrachtet müssen wir unsere Bemühungen auf etwas konzentrieren, das Präsident Kennedy vor langer Zeit gefordert hat. »Wir sollten uns stattdessen auf einen praktikableren, erreichbareren Frieden konzentrieren, der nicht auf einer plötzlichen Revolution der menschlichen Natur, sondern auf einer allmählichen Evolution der menschlichen Institutionen basiert.« Eine allmähliche Evolution der menschlichen Institutionen.

Wie könnte diese Evolution aussehen? Was könnten diese praktischen Schritte sein?

Zunächst einmal glaube ich, dass sich alle Nationen – die starken wie die schwachen – an Normen halten müssen, die den Einsatz von Gewalt regeln. Ich behalte mir – wie jeder Staatschef – das Recht vor, unilateral zu handeln, wenn nötig, um mein Land zu verteidigen. Dennoch bin ich überzeugt, dass diejenigen gestärkt werden, die sich an die Normen halten, und diejenigen isoliert und geschwächt, die das nicht tun.

Die Welt stellte sich nach den Anschlägen vom 11. September auf die Seite der Vereinigten Staaten und unterstützt aufgrund der Entsetzlichkeit dieser sinnlosen Anschläge und des anerkannten Prinzips der Selbstverteidigung weiterhin unsere Bestrebungen in Afghanistan. Genauso erkannte die Welt die Notwendigkeit, Saddam Hussein aufzuhalten, als er in Kuwait einmarschierte – ein Konsens, der eine klare Botschaft an alle Welt aussandte, welchen Preis man für Aggression zahlt.

Ferner können die Vereinigten Staaten nicht darauf bestehen – wie es auch kein anderes Land kann –, dass sich andere an die Regeln halten, wenn wir selbst das nicht tun. Denn wenn wir es nicht tun, erscheint unser Handeln willkürlich und die Legitimität zukünftiger Interventionen wird untergraben – und seien sie auch noch so gerechtfertigt.

Dies ist besonders wichtig, wenn der Zweck von Militäraktionen über Selbstverteidigung oder die Verteidigung eines Landes gegen einen Aggressor hinausgeht. Wir sehen uns alle immer mehr mit schwierigen Fragen darüber konfrontiert, wie man den Mord an Zivilisten durch deren eigene Regierung verhindern oder einen Bürgerkrieg beenden kann, dessen Gewalt und Leid eine ganze Region verschlingt.

Ich bin der Meinung, dass Gewalt aus humanitären Gründen gerechtfertigt sein kann, wie das auf dem Balkan oder an anderen Orten der Fall war, die vom Krieg Narben davongetragen haben. Untätigkeit zerrt an unserm Gewissen und kann dazu führen, dass wir für eine spätere Intervention einen noch höheren Preis zahlen müssen. Daher müssen alle verantwortungsvollen Länder die Rolle annehmen, die Militärs mit einem eindeutigen Mandat bei der Friedenssicherung spielen können.

Die Vereinigten Staaten werden in ihrem Bekenntnis zur globalen Sicherheit niemals wanken. Aber in einer Welt, in der die Bedrohungen diffuser und die Einsätze komplexer sind, können die Vereinigten Staaten nicht allein handeln. Die Vereinigten Staaten können allein nicht den Frieden sichern. Das ist in Afghanistan der Fall. Das ist in gescheiterten Staaten wie Somalia der Fall, wo zu Terrorismus und Piraterie noch Hungersnöte und menschliches Leid hinzukommen. Und traurigerweise wird es auch weiterhin noch jahrelang in instabilen Regionen der Fall sein.

Die Politiker und Soldaten der NATO-Länder – und andere Freunde und Verbündete – belegen diese Wahrheit durch die Fähigkeiten und den Mut, den sie in Afghanistan gezeigt haben. Aber in vielen Ländern gibt es eine Trennung zwischen den Bestrebungen der Menschen, die ihren Dienst tun, und der in der Öffentlichkeit herrschenden Ambivalenz. Ich weiß, warum Krieg nicht populär ist, aber ich weiß auch Folgendes: Die Überzeugung, dass Frieden wünschenswert ist, reicht selten genug aus, um ihn zu erlangen. Frieden erfordert Verantwortung. Frieden bringt Opfer mit sich. Aus diesem Grund ist die NATO weiterhin unabkömmlich. Aus diesem Grund müssen wir die Vereinten Nationen und die regionale Friedenserhaltung stärken und die Arbeit nicht einigen wenigen Ländern überlassen. Aus diesem Grund ehren wir diejenigen, die von Friedens- und Ausbildungsmissionen im Ausland nach Oslo und Rom, Ottawa und Sydney, Dhaka und Kigali zurückkehren – wir ehren sie nicht als Kriegführende, sondern als Menschen, die den Frieden ermöglichen.

Ich möchte eine letzte Bemerkung zur Anwendung von Gewalt machen. Während wir die schwierigen Entscheidungen treffen, ob wir in den Krieg ziehen, müssen wir uns auch klar überlegen, wie wir in diesem Krieg kämpfen wollen. Das Nobelpreiskomitee hat diese Wahrheit anerkannt, als es den ersten Friedensnobelpreis an Henry Dunant vergab – den Gründer des Roten Kreuzes und eine treibende Kraft hinter den Genfer Konventionen.

Wo Gewalt nötig ist, haben wir ein moralisches und strategisches Interesse, uns zu bestimmten Verhaltensregeln zu verpflichten. Und selbst wenn wir uns einem bösartigen Feind stellen, der sich an keine Regeln hält, bin ich der Meinung, dass die Vereinigten Staaten von Amerika in Kriegen weiterhin Standartenträger sein müssen. Das unterscheidet uns von denen, gegen die wir kämpfen. Das ist eine Quelle unserer Stärke. Aus diesem Grund habe ich Folter verboten. Aus diesem Grund habe ich die Schließung des Gefängnisses in Guantánamo Bay angeordnet. Und aus diesem Grund habe ich das Bekenntnis der Vereinigten Staaten zu den Genfer Konventionen bekräftigt. Wir verlieren uns selbst, wenn wir die Ideale kompromittieren, die wir verteidigen. Wir ehren diese Ideale, indem wir sie aufrechterhalten – nicht nur in einfachen, sondern auch in schwierigen Zeiten.

Ich bin lange auf die Frage eingegangen, die wir uns in unseren Köpfen und Herzen stellen müssen, bevor wir uns entscheiden, Krieg zu führen. Aber jetzt möchte ich mich mit unserem Bemühen befassen, solche schwierigen Entscheidungen zu vermeiden, und über drei Möglichkeiten sprechen, die wir haben, um einen gerechten und dauerhaften Frieden aufzubauen.

Erstens müssen wir im Umgang mit den Ländern, die Regeln und Gesetze brechen, Alternativen für den Einsatz von Gewalt entwickeln, die wirkungsvoll genug sind, dass wir ihr Verhalten wirklich verändern können – denn wenn wir einen dauerhaften Frieden wollen, müssen die Worte der internationalen Staatengemeinschaft auch etwas bedeuten. Die Regimes, die die Regeln brechen, müssen zur Rechenschaft gezogen werden. Sanktionen müssen einen Preis abverlangen. Unnachgiebigkeit muss auf erhöhten Druck treffen – und so ein Druck ist nur möglich, wenn die Welt geschlossen zusammensteht.

Ein eindringliches Beispiel sind die Bestrebungen, die Verbreitung von Atomwaffen zu verhindern und eine Welt ohne diese Waffen anzustreben. Mitte des vergangenen Jahrhunderts einigten sich die Länder auf einen Vertrag, der eine eindeutige Vereinbarung enthält: Alle haben Zugang zu friedlicher Atomenergie. Die Länder ohne Atomwaffen verzichten auf sie, und die Länder mit Atomwaffen rüsten ab. Ich bin entschlossen, diesen Vertrag aufrechtzuerhalten. Er ist ein Kernstück meiner Außenpolitik. Und ich arbeite mit Präsident Medwedew zusammen, um die amerikanischen und die russischen Atomwaffenarsenale zu verringern.

Aber es ist auch unser aller Aufgabe, darauf zu bestehen, dass Länder wie Iran und Nordkorea das System nicht ausnutzen. Diejenigen, die behaupten, sich an das Völkerrecht zu halten, können nicht ihren Blick abwenden, wenn Gesetze gebrochen werden. Diejenigen, die sich Sorgen um ihre eigene Sicherheit machen, können nicht die Gefahr eines Wettrüstens im Mittleren Osten oder in Ostasien ignorieren. Diejenigen, die Frieden wollen, können nicht untätig zusehen, wie Länder sich für einen Atomkrieg rüsten.

Dasselbe gilt für die Menschen, die gegen das Völkerrecht verstoßen, indem sie ihre Bürger misshandeln. Wenn in Darfur Völkermord begangen wird, im Kongo systematische Vergewaltigungen stattfinden, in Birma Unterdrückung herrscht – dann muss das Konsequenzen haben. Ja, es wird Engagement geben, ja, es wird Diplomatie geben – aber es muss Konsequenzen geben, wenn dieses Vorgehen scheitert. Und je enger wir zusammenarbeiten, desto unwahrscheinlicher ist es, dass wir uns zwischen bewaffneter Intervention und Komplizenschaft bei Unterdrückung entscheiden müssen.

Das bringt mich zu einem zweiten Gedanken – die Art

des Friedens, für den wir einstehen. Denn Frieden ist nicht nur die Abwesenheit sichtbarer Konflikte. Nur ein gerechter Frieden, der auf den inhärenten Rechten und der Würde jedes Menschen basiert, kann wirklich von Dauer sein.

Diese Einsicht trieb die Verfasser der Allgemeinen Erklärung der Menschenrechte nach dem Zweiten Weltkrieg an. Nach der Zerstörung erkannten sie, dass Frieden ein hohler Kompromiss ist, wenn die Menschenrechte nicht geschützt werden.

Und doch werden diese Worte allzu oft ignoriert. Bei einigen Ländern wird ihre Unfähigkeit, die Menschenrechte zu gewährleisten, damit entschuldigt, dass es sich dabei um westliche Prinzipien handele, die lokalen Kulturen oder Phasen in der Entwicklung eines Landes fremd seien – doch diese Entschuldigung ist falsch. Innerhalb der Vereinigten Staaten gibt es seit langem ein gespanntes Verhältnis zwischen denen, die sich Realisten, und denen, die sich Idealisten nennen – wobei davon ausgegangen wird, dass es eine starre Entscheidung zwischen den eng gefassten Interessen gibt, die man verteidigt, und einem endlosen Feldzug, mit dem wir der Welt unsere Werte aufzwingen.

Diese Entscheidung lehne ich ab. Ich bin der Meinung, dass der Frieden dort instabil ist, wo den Bürgern das Recht verwehrt wird, ihre Meinung frei zu äußern oder ihre Religion frei auszuüben, ihre Politiker frei zu wählen und sich frei von Angst versammeln zu können. Angestaute Unzufriedenheiten gären, und die Unterdrückung ethnischer und religiöser Identität kann in Gewalt umschlagen. Wir wissen auch, dass das Gegenteil wahr ist. In Europa gab es erst Frieden, als es frei war. Die Vereinigten Staaten haben noch nie Krieg gegen eine Demokratie geführt, und unsere engsten Freunde sind Regierungen, die die Rechte ihrer Bürger schützen. Unabhängig davon, wie gefühllos man sie definiert – weder den Interessen der Vereinigten Staaten noch den Interessen der Welt ist gedient, wenn menschliche Wünsche verwehrt werden.

Auch wenn wir die einzigartigen Kulturen und Traditionen der verschiedenen Länder achten, werden die Vereinigten Staaten immer für diese universellen Wünsche ihre Stimme erheben. Wir werden die stille Würde von Reformern wie Aung San Suu Kyi, den Mut von Simbabwern, die wählen gingen und damit der Androhung von Schlägen trotzten, und die stillen Märsche Tausender Menschen in den Straßen Irans bezeugen. Es ist kennzeichnend, dass die Regierungschefs dieser Länder mehr Angst vor den Wünschen ihrer eigenen Bürger haben als vor der Macht eines anderen Landes. Und es ist die Verantwortung aller freien Menschen und Länder, sich klar dazu zu bekennen, dass wir hinter diesen Bewegungen stehen – den Bewegungen der Hoffnung in der Geschichte.

Ich möchte auch Folgendes sagen: Bei der Förderung der Menschenrechte kann es nicht nur um Ermahnungen gehen. Manchmal muss sie an mühsame Diplomatie geknüpft sein. Ich weiß, dass der Dialog mit unterdrückerischen Regimes nicht dasselbe befriedigende, reinigende Gefühl vermittelt wie Empörung. Aber ich weiß auch, dass Sanktionen ohne Gespräche – Verdammung ohne Diskussionen – nur einen lähmenden Status quo zur Folge haben. Kein unterdrückerisches Regime kann einen neuen Kurs einschlagen, wenn ihm nicht eine Tür offen steht.

Angesichts der Schrecken der Kulturrevolution erschien Nixons Treffen mit Mao unentschuldbar – und doch trug es sicherlich dazu bei, China auf einen Kurs zu bringen, der dazu führte, dass Millionen von Bürgern aus der Armut befreit wurden und mit offenen Gesellschaften in Verbindung traten. Die Verbundenheit von Papst Johannes Paul mit Polen schuf nicht nur Raum für die katholische Kirche, sondern auch für Gewerkschaftsführer wie Lech Wałęsa. Ronald Reagans Bemühungen bei der Waffenkontrolle und seine Befürwortung der Perestroika verbesserten nicht nur die Beziehungen zur Sowjetunion, sondern stärkten auch Dissidenten überall in Osteuropa. Es gibt dabei keine einfache Formel. Aber wir müssen so gut wie möglich versuchen, Isolation und Engagement, Druck und Anreize auszubalancieren, so dass es mit der Zeit Fortschritte für die Menschenrechte und die Menschenwürde gibt.

Drittens umfasst ein gerechter Frieden nicht nur Bürgerrechte und politische Rechte – er muss auch wirtschaftliche Sicherheit und Chancen einschließen. Denn wahrer Frieden ist nicht nur Freiheit von Angst, sondern auch Freiheit von Not.

Es ist zweifelsfrei wahr, dass Entwicklung selten ohne Sicherheit vonstattengeht; es ist auch wahr, dass es keine Sicherheit an Orten gibt, an denen die Menschen keinen Zugang zu ausreichend Nahrung, sauberem Wasser oder zu den Medikamenten und der Unterkunft haben, die sie zum Überleben brauchen. Es gibt keine Sicherheit an Orten, wo Kinder nicht auf eine anständige Bildung oder eine Arbeit hoffen können, mit der man eine Familie ernähren kann. Die Abwesenheit von Hoffnung kann eine Gesellschaft von innen verwesen lassen.

Und deshalb ist es nicht nur Wohltätigkeit, wenn man Landwirten hilft, ihre Mitbürger mit Nahrung zu versorgen – oder Ländern, ihre Kinder auszubilden und ihre Kranken zu versorgen. Aus diesem Grund muss die Welt zusammen gegen den Klimawandel vorgehen. Es gibt wenig wissenschaftliche Zweifel daran, dass wir, wenn wir nichts tun, mehr Dürren, mehr Hunger, mehr Massenvertreibungen erleben werden – alles Entwicklungen, die noch jahrzehntelang weitere Konflikte verursachen werden. Aus diesem Grund fordern nicht nur Wissenschaftler und Umweltaktivisten schnelle und umfassende Maßnahmen – sondern auch militärische Befehlshaber in meinem Land und in anderen, die wissen, dass unsere gemeinsame Sicherheit auf dem Spiel steht.

Abkommen zwischen Ländern. Starke Institutionen. Unterstützung für die Menschenrechte. Investitionen in Entwicklung. All das sind wichtige Bestandteile, wenn wir die Entwicklung herbeiführen wollen, von der Präsident Kennedy sprach. Und dennoch glaube ich nicht, dass wir den Willen, die Entschlossenheit und das Durchhaltevermögen haben werden, um diese Arbeit abzuschließen, wenn wir nicht ein weiteres Element einbeziehen – die fortgesetzte Erweiterung unseres moralischen Vorstellungsvermögens, ein Festhalten daran, dass es etwas Unreduzierbares gibt, das wir alle gemeinsam haben.

Die Welt wird kleiner, und man würde meinen, dass es den Menschen dadurch leichter fällt zu erkennen, wie ähnlich wir uns sind, und zu verstehen, dass wir alle grundsätzlich dieselben Dinge wollen, dass wir alle hoffen, unser Leben mit einem gewissen Maß an Glück und Erfüllung für uns und unsere Familien gestalten zu können.

Und dennoch ist es angesichts des Schwindel erregenden Tempos der Globalisierung, der kulturellen Einebnung der Moderne manchmal nicht erstaunlich, dass die Menschen Angst davor haben, das zu verlieren, was sie an ihren jeweiligen Identitäten wertschätzen – ihre Herkunft, ihren Stamm und, möglicherweise am stärksten, ihre Religion. An einigen Orten hat diese Angst zu Konflikten geführt. Manchmal hat es sogar den Anschein, als bewegten wir uns rückwärts. Wir sehen es im Nahen Osten, wo sich der Konflikt zwischen Arabern und Juden zu verhärten scheint. Wir sehen es in Ländern, die von den Trennlinien zwischen Stämmen entzweigerissen werden.

Und wir sehen es in seiner gefährlichsten Form an der Art und Weise, wie Religion dazu verwendet wird, den Mord an Unschuldigen zu rechtfertigen, und zwar von denjenigen, die die große Religion des Islam verdreht und entweiht haben und die von Afghanistan aus mein Land angegriffen haben. Diese Extremisten sind nicht die Ersten, die im Namen Gottes töten. Es gibt reichlich Belege für die Grausamkeit der Kreuzzüge. Sie erinnern uns daran, dass kein heiliger Krieg jemals ein gerechter Krieg sein kann. Denn wenn man wirklich der Auffassung ist, dass man auf göttliches Geheiß handelt, gibt es keinen Anlass zur Zurückhaltung – keinen Grund dafür, eine schwangere Mutter, einen Arzt, einen Mitarbeiter des Roten Kreuzes oder einfach einen Anhänger der eigenen Religion zu verschonen. Solch eine verzerrte Auffassung von Religion ist nicht nur unvereinbar mit dem Konzept des Friedens, sondern meiner Meinung nach auch unvereinbar mit dem grundlegenden Zweck des Glaubens – denn es gibt eine Regel, die jeder Weltreligion zugrunde liegt: dass wir andere so behandeln, wie wir selbst behandelt werden wollen.

Es war schon immer der größte Kampf der menschlichen Natur, sich an dieses Gebot der Nächstenliebe zu halten. Denn wir sind fehlbar. Wir machen Fehler, und wir fallen den Versuchungen des Stolzes, der Macht und manchmal des Bösen zum Opfer. Sogar diejenigen mit den besten Absichten sind manchmal nicht in der Lage, die offensichtlichen Übel zu beheben.

Aber wir müssen nicht daran glauben, dass die menschliche Natur vollkommen ist, wenn wir daran glauben, dass der Mensch doch nach Vollkommenheit streben kann. Wir müssen nicht in einer idealisierten Welt leben, um uns für die Ideale einzusetzen, die die Welt zu einem besseren Ort machen. Die von Menschen wie Gandhi und King praktizierte Gewaltlosigkeit mag nicht in jeder Situation durchführbar oder möglich gewesen sein, aber die Liebe, von der sie sprachen, ihr unerschütterlicher Glaube an den menschlichen Fortschritt – das muss der Polarstern sein, der uns auf unserer Reise leitet.

Denn wenn wir diesen Glauben verlieren – wenn wir ihn als dumm oder naiv abtun oder von den Entscheidungen trennen, die wir über Krieg und Frieden treffen –, dann verlieren wir das, was das Beste am Menschen ist. Wir verlieren unser Gefühl für das Mögliche. Wir verlieren unseren moralischen Kompass.

Wie Generationen es vor uns getan haben, müssen wir eine derartige Zukunft ablehnen. Dr. King sagte vor so vielen Jahren bei dieser Zeremonie: »Ich weigere mich anzuerkennen, dass Verzweiflung die letzte Antwort auf die Wechselfälle der Geschichte darstellt. Ich weigere mich, die Vorstellung anzuerkennen, dass das ›Sein‹ der gegenwärtigen menschlichen Natur ihn in moralischer Hinsicht unfähig macht, nach dem ewigen ›Sollen‹ zu streben, das ihm für immer gegenübersteht.«

Lassen Sie uns nach der Welt greifen, so wie sie sein sollte – nach dem göttlichen Funken, der noch immer jeder menschlichen Seele innewohnt.

An irgendeinem Ort im Hier und Jetzt, in der Welt, so wie sie ist, merkt ein Soldat, dass er unterlegen ist, aber er hält die Stellung, um den Frieden zu sichern. An irgendeinem Ort auf der Welt erwartet eine junge Demonstrantin die brutale

Reaktion ihrer Regierung, aber sie hat den Mut, weiterzu-laufen. An irgendeinem Ort nimmt sich eine Mutter trotz bitterer Armut die Zeit, ihr Kind zu unterrichten, sie kratzt die wenigen Münzen zusammen, die sie hat, um ihr Kind zur Schule zu schicken – weil sie der Meinung ist, dass selbst in einer grausamen Welt Platz für die Träume ihres Kindes ist.

Lassen Sie uns diese Menschen zum Vorbild nehmen. Wir können anerkennen, dass es Unterdrückung immer geben wird, aber uns dennoch für Gerechtigkeit einsetzen. Wir kön-nen hinnehmen, dass das Böse nicht zu beherrschen ist, und doch nach Würde streben. Ohne Verklärung können wir ver-stehen, dass es immer Krieg geben wird, und dennoch für den Frieden arbeiten. Das können wir tun – denn das ist die Ge-schichte des menschlichen Fortschritts, das ist die Hoffnung für alle Welt, und in diesem Augenblick der Herausforderung muss das hier auf der Erde unsere Arbeit sein.

Das ist die Realität, der wir uns stellen müssen

Rede beim Millenniumsgipfel der Vereinten Nationen
im UN-Hauptquartier
New York, 22. September 2010

In der Charta dieser Vereinten Nationen haben sich unsere Länder verpflichtet, »den wirtschaftlichen und sozialen Fortschritt aller Völker« zu fördern. In der Allgemeinen Erklärung der Menschenrechte haben wir die inhärente Würde und die Rechte jedes Einzelnen anerkannt, wozu auch das Recht auf einen angemessenen Lebensstandard gehört. Und vor zehn Jahren, am Anfang eines neuen Jahrtausends, haben wir uns konkrete Ziele gesetzt, um die Frauen, Männer und Kinder, die mit uns auf der Erde leben, von der Ungerechtigkeit der extremen Armut zu befreien.

Das sind die Maßstäbe, die wir uns gesetzt haben. Heute müssen wir uns fragen: Werden wir unserer gemeinsamen Verantwortung gerecht?

Ich nehme an, dass sich in den wohlhabenderen Ländern mancher fragen wird: Wozu ein Gipfel zum Thema Entwicklung, wenn es unseren Volkswirtschaften schlecht geht, so viele Menschen arbeitslos sind und so viele Familien kaum über die Runden kommen? Die Antwort ist einfach. In unserer globalen Wirtschaft kann Fortschritt in den ärmsten Ländern dazu beitragen, den Wohlstand und die Sicherheit von Menschen fernab ihrer Grenzen zu erhöhen, und das beinhaltet auch meine amerikanischen Landsleute.

Wenn ein Kind an einer behandelbaren Krankheit stirbt, ist das schockierend. Wenn ein Mädchen keinen Zugang zu Bildung erhält oder ihre Mutter nicht gleichberechtigt behandelt wird, unterminiert das den Wohlstand ihres Landes. Wenn ein junger Unternehmer kein Geschäft eröffnen kann, hemmt das die Entstehung neuer Arbeitsplätze und Märkte – in seinem und in unserem Land. Wenn Millionen Väter ihre Familien nicht versorgen können, führt das zu Hoffnungslosigkeit, die Instabilität und gewalttätigen Extremismus anfachen kann. Wenn eine Krankheit nicht bekämpft wird, kann sie die Gesundheit von Millionen Menschen auf der ganzen Welt gefährden.

Verabschieden wir uns also von dem alten Mythos, dass Entwicklung nur auf Wohltätigkeit basiert, die nicht unseren Interessen dient. Und weisen wir den Zynismus zurück, der behauptet, bestimmte Länder seien zu ewiger Armut verdammt. In den vergangenen 50 Jahren ist die Entwicklung der Menschen weiter vorangeschritten als jemals zuvor in der Geschichte. Eine Krankheit, die verheerende Auswirkungen auf ganze Generationen hatte, die Pocken, wurde ausgerottet. Die Gesundheitsversorgung hat die entferntesten Winkel der Erde erreicht und Millionen Menschenleben gerettet. Von Lateinamerika bis nach Afrika und Asien sind aus Entwicklungsländern weltweit führende Volkswirtschaften geworden.

Es kann auch niemand die Fortschritte leugnen, die bei der Erreichung bestimmter Millennium-Entwicklungsziele gemacht wurden. Dutzenden Millionen Kindern, Mädchen wie Jungen, wurden die Türen zur Bildung geöffnet. Die Zahl der Neuinfektionen mit HIV/Aids, Malaria und Tuberkulose sinkt; mehr Menschen haben Zugang zu sauberem Trinkwasser. Überall auf der Welt wurden Hunderte Millionen Menschen aus der extremen Armut befreit.

Dennoch müssen wir uns auch der Tatsache stellen, dass im Hinblick auf andere Ziele nicht annähernd schnell genug Fortschritte erzielt werden. Das gilt für Hunderttausende Frauen, die jedes Jahr ihr Leben verlieren, einfach nur, weil sie ein Kind zur Welt bringen. Das gilt für die Millionen Kinder, die den Kampf gegen die Unterernährung verlieren. Das gilt für beinahe eine Milliarde Menschen, die ständig an Hunger leiden.

Das ist die Realität, der wir uns stellen müssen – dass wir viele Entwicklungsziele nicht erreichen werden, wenn die internationale Gemeinschaft weitermacht wie bisher. Das ist die Wahrheit. Nach zehn Jahren und nur fünf Jahre bevor unsere Entwicklungsziele Realität sein sollen, müssen wir uns mehr anstrengen. ...

Heute kündige ich die neue Globale Entwicklungspolitik [Global Development Policy] der Vereinigten Staaten an – die erste ihrer Art von einer amerikanischen Regierung. Sie basiert auf dem dauerhaften Bekenntnis der Vereinigten Staaten zur Würde und dem Potenzial jedes einzelnen Menschen. Und sie skizziert unseren neuen Ansatz und die neue Herangehensweise, die all unsere Entwicklungsbemühungen leiten werden, und dazu gehört auch das Vorhaben, das ich im vergangenen Jahr versprochen habe und das meine Regierung verfolgt hat, um die Millenniums-Entwicklungsziele zu erreichen.

Einfach ausgedrückt werden die Vereinigten Staaten zukünftig auf andere Art Geschäfte machen.

Zuerst einmal ändern wir unsere Definition von Entwicklung. Wir haben unsere Anstrengungen zu lange in US-Dollar und daran gemessen, wie viel Lebensmittel und Medikamente wir bereitgestellt haben. Aber Hilfe allein ist noch keine Entwicklung. Entwicklung bedeutet, Ländern zu helfen, sich zu entwickeln – weg von der Armut, hin zum Wohlstand. Und wir brauchen mehr als nur Hilfe, um diese Veränderung zu erreichen. Wir müssen alle Instrumente nutzen, die uns zur Verfügung stehen – von der Diplomatie bis hin zu unseren handels- und investitionspolitischen Maßnahmen.

Zweitens verändert sich unsere Sicht auf das letztendliche Ziel von Entwicklung. Unser Schwerpunkt auf Hilfe hat zwar kurzfristig Leben gerettet, aber langfristig für die Gesellschaften nicht immer etwas verbessert. Denken Sie an die Millionen Menschen, die seit Jahrzehnten auf Lebensmittelhilfe angewiesen sind. Das ist keine Entwicklung, das ist Abhängigkeit, und es ist ein Kreislauf, den wir unterbrechen müssen. Anstatt die Armut nur zu verwalten, müssen wir Ländern und Völkern einen Weg aus der Armut bieten. ...

Aber der eigentliche Sinn von Entwicklung – und was jetzt am dringendsten gebraucht wird – sind die Bedingungen, die dafür sorgen, dass Entwicklungshilfe nicht länger benötigt wird. Wir werden also Partner suchen, die ihre eigene Fähigkeit ausbauen wollen, selbst für die Menschen in ihrem Land sorgen zu können. Wir werden eine Entwicklung anstreben, die nachhaltig ist.

Wir bauen teilweise auf den Erfahrungen aus der Millennium Challenge Corporation auf, die Ländern wie El Salvador geholfen hat, auf dem Land Straßen zu bauen und die Einkommen der Menschen zu erhöhen, und werden in die Fähigkeiten der Länder investieren, die beweisen, dass sie sich zu Entwicklung bekennen.

Mit den Erfahrungen aus der Grünen Revolution erweitern wir unsere wissenschaftliche Zusammenarbeit mit anderen Ländern und investieren in revolutionäre Wissen-

schaft und Technologie, um so historische Entwicklungs-
sprünge zu erreichen.

Wir haben beispielsweise nicht einfach nur HIV/Aids behandelt, sondern in wegweisende Forschung investiert, um
einen Weg zu finden, Millionen Frauen zu helfen, sich von
vorneherein vor einer Ansteckung zu schützen.

Anstatt einfach nur Lebensmittel zu verteilen, hilft unsere
Initiative für Lebensmittelsicherheit Ländern wie Guatema-
la, Ruanda und Bangladesch, ihre Landwirtschaft weiterzu-
entwickeln und ihre Erträge zu erhöhen, und den Landwirten, ihre Produkte auf den Markt zu bringen.

Anstatt einfach nur Medikamente zu verteilen, trägt die
Globale Gesundheitsinitiative in Ländern wie Mali und Ne-
pal dazu bei, Gesundheitssysteme zu verbessern und bessere
Pflege zu gewährleisten. Mit finanzieller und technischer
Unterstützung werden wir Entwicklungsländern helfen, die
sauberen Energietechnologien einzusetzen, die sie benötigen, um sich an den Klimawandel anzupassen und ein Wirtschaftswachstum mit niedrigem Kohlendioxidausstoß zu
erzielen.

Mit anderen Worten, wir zeigen, dass wir eine Partnerschaft mit den Ländern eingehen, die bereit sind, eine Führungsrolle zu übernehmen. Die Zeiten, in denen in ausländischen Hauptstädten über ihre Entwicklung entschieden
wurde, müssen ein Ende haben.

Das führt mich zur dritten Säule unserer neuen Herangehensweise. Um einen grundlegenden Wandel zu erreichen,
setzen wir einen neuen Schwerpunkt auf die stärkste Kraft,
die die Welt bei der Beseitigung von Armut und der Schaffung von Chancen jemals gesehen hat. Es ist die Kraft, die
Südkorea von einem Empfänger von Hilfsleistungen in einen
Geber verwandelt hat. Es ist die Kraft, die den Lebensstan-

dard von Brasilien bis Indien erhöht hat. Es ist die Kraft, die aufstrebenden afrikanischen Ländern wie Äthiopien, Malawi und Mosambik ermöglicht hat, Schwierigkeiten zu überwinden und wirkliche Fortschritte auf dem Weg zur Erreichung der Millenniumsziele zu machen, auch wenn einige ihrer Nachbarn – wie die Elfenbeinküste – noch hinterherhinken.

Die Kraft, von der ich spreche, ist umfassendes Wirtschaftswachstum. Jedes Land wird seinen eigenen Weg zum Wohlstand verfolgen. Aber jahrzehntelange Erfahrung hat uns gezeigt, dass es bestimmte Voraussetzungen gibt, die zu nachhaltigem Wachstum und anhaltender Entwicklung führen.

Wir wissen, dass der Wohlstand in Ländern eher wächst, wenn sie Unternehmertum fördern, wenn sie in ihre Infrastruktur investieren und wenn sie Handel ausweiten und Investitionen begrüßen. Daher werden wir mit Ländern wie Sierra Leone zusammenarbeiten, um ein Geschäftsumfeld zu schaffen, das Investitionen anzieht und nicht abschreckend wirkt. Wir werden versuchen, regionale Handelshemmnisse zu beseitigen, und Länder dazu auffordern, ihre Märkte für Entwicklungsländer zu öffnen. Wir werden weiterhin auf eine Doha-Runde drängen, die ehrgeizig und ausgewogen ist – eine, die nicht nur für die großen aufstrebenden Volkswirtschaften gut ist, sondern für alle Länder.

Wir wissen, dass der Wohlstand in Ländern eher wächst, wenn die Regierungen ihrer Bevölkerung gegenüber rechenschaftspflichtig sind. Daher führen wir weltweit den Kampf gegen Korruption an. Sie stellt an vielen Orten das größte Hindernis für Wohlstand dar und ist eine tiefgreifende Menschenrechtsverletzung. Daher fordern wir heute von Öl-, Gas- und Bergbauunternehmen, die sich in den Vereinigten Staaten Kapital beschaffen wollen, die Offenlegung aller

Zahlungen, die sie an ausländische Regierungen tätigen. Das ist auch der Grund, warum ich die G20 aufgefordert habe, das Thema Korruption auf die Tagesordnung zu setzen und es korrupten Beamten zu erschweren, Bürger zu bestehlen und ihre Entwicklung zu behindern.

Die Vereinigten Staaten werden ihre Entwicklungshilfebemühungen auf Länder wie Tansania konzentrieren, die gute Regierungsführung und Demokratie, Rechtsstaatlichkeit und Gleichheit vor dem Gesetz, transparente Institutionen, eine starke Zivilgesellschaft und die Achtung der Menschenrechte fördern. Auf lange Sicht gehen Demokratie und Wirtschaftswachstum Hand in Hand.

Wir werden Ländern helfen, die einen Wandel von einem autoritären Regierungssystem zu einer Demokratie und von Krieg zu Frieden vollziehen. Die Menschen in Liberia zeigen, dass selbst nach Jahren des Krieges großer Fortschritt möglich ist. Andere, die den Mut aufbringen, den Krieg hinter sich zu lassen – dazu zählt hoffentlich auch der Sudan –, werden von den Vereinigten Staaten bei der Schaffung und dem Erhalt von Frieden unterstützt werden.

Wir wissen, dass der Wohlstand in Ländern eher wächst, wenn sie die Begabungen all ihrer Bürger nutzen. Daher investieren wir in die Gesundheit, Bildung und Rechte von Frauen und stärken die nächste Generation weiblicher Unternehmer und Führungskräfte. Wenn Müttern und Töchtern Chancen ermöglicht werden, wächst die Volkswirtschaft und die Regierungsführung wird besser. Das ist der Grund, warum wir mit jungen Menschen zusammenarbeiten, die in vielen Entwicklungsländern mehr als die Hälfte der Bevölkerung ausmachen. Wir weiten Austauschprogramme im Bereich der Bildung aus, wie jenes, das meinen Vater von Kenia in die Vereinigten Staaten brachte, und wir unterstützen junge Unternehmer, damit sie auf dem Weltmarkt Erfolg haben.

Als letzte Säule unserer neuen Herangehensweise werden wir auf mehr Verantwortlichkeit bestehen – bei uns selbst und bei anderen. Wir werden auf gegenseitige Rechenschaftspflicht dringen.

Wir werden mit dem Kongress zusammenarbeiten, um unsere Investitionen mit den Prioritäten unserer Partnerländer in Einklang zu bringen. Basierend auf den Ergebnissen werden wir in Programme investieren, die Erfolg haben, und jene beenden, die keinen Erfolg haben. Wir müssen großmütig und realistisch sein.

Den anderen Geberländern möchte ich sagen: Wir müssen unsere jeweiligen Versprechen einlösen. Lassen Sie uns beschließen, leeren Versprechungen ein Ende zu setzen. Wir müssen uns der gleichen Transparenz verpflichten, die wir von anderen erwarten. Wir müssen alte, engstirnige Debatten darüber, wie viel Geld wir ausgeben, hinter uns lassen und sollten uns stattdessen auf die Ergebnisse konzentrieren – auf die Frage, ob wir im Leben der Menschen wirklich etwas verbessern.

Den Entwicklungsländern sage ich: Hierfür sind Sie mitverantwortlich. Wir wollen, dass Ihr Wohlstand zunimmt und Sie Erfolg haben – das ist in Ihrem und in unserem Interesse. Wir möchten Ihnen bei der Verwirklichung Ihrer Hoffnungen helfen. Aber Sie müssen dabei die Führungsrolle übernehmen. Nur Sie und Ihre Bürger können die schwierigen Entscheidungen treffen, die die Dynamik Ihrer Länder freisetzen werden. Nur Sie können nachhaltige Investitionen tätigen, die der Gesundheit und dem Wohlergehen Ihrer Bürger dienen. Nur Sie können Ihre Länder auf den Weg in eine gerechtere und bessere Zukunft führen.

Lassen Sie mich abschließend Folgendes sagen: Kein Land kann sich überall engagieren und dies auch noch gut machen. Um unsere Ziele zu erreichen, müssen wir selektiver vorgehen und uns auf die Bereiche konzentrieren, in denen wir die besten Partner haben und die größte Wirkung erzielen. So wie diese Arbeit nicht von nur einer Regierung erledigt werden kann, so kann es auch nicht nur die Arbeit der Regierung sein. Stiftungen, der Privatsektor und Nichtregierungsorganisationen sind historische Verpflichtungen eingegangen und haben damit neu definiert, was möglich ist.

Dies gibt uns die Möglichkeit, eine neue Arbeitsteilung für die Entwicklung im 21. Jahrhundert zu schaffen. Eine Arbeitsteilung, in der – im Gegensatz zu Dopplungen und Ineffizienz – Regierungen, multilaterale Institutionen und Nichtregierungsorganisationen zusammenarbeiten. Jeder ist dabei für das zuständig, was er am besten kann, wie im Falle Ghanas, wo wir den Plan für Lebensmittelsicherheit unterstützen, der den Landwirten ermöglichen wird, mehr Produkte auf den Markt zu bringen und mehr Geld zu verdienen, um ihre Familien zu unterstützen.

Das ist der Fortschritt, der möglich ist. Wir können auf eine Weise kooperieren, die noch vor einigen Jahren unvorstellbar war. Gemeinsam können wir eine Zukunft gestalten, die keines unserer Länder im Alleingang erreichen kann. Gemeinsam können wir historische Fortschritte in der Entwicklung erzielen. Wir können das schaffen. Aber nur, wenn wir mit der Ernsthaftigkeit und in dem Bewusstsein gemeinsamer Ziele handeln, die jetzt erforderlich sind.

Entwicklung, die dem Kind, das etwas Besseres verdient hat, einen Weg aus der Armut bietet. Entwicklung, die auf den Fähigkeiten von Ländern aufbaut, um den Menschen Gesundheitsfürsorge und Bildung zur Verfügung zu stellen.

Entwicklung, die umfassenden Wohlstand fördert und die nächste Generation der Unternehmer und aufstrebenden Volkswirtschaften schafft. Entwicklung, die auf gemeinsamer Verantwortung, gegenseitiger Rechenschaftspflicht und vor allem auf konkreten Ergebnissen beruht, die Gemeinwesen und Länder aus der Armut holen und ihnen zu Wohlstand verhelfen.

Dies sind die Elemente der neuen amerikanischen Herangehensweise. Das ist die Arbeit, die wir gemeinsam leisten können. Dies kann unser Vorhaben sein – nicht nur für die Einhaltung der Millenniumsziele, sondern auch darüber hinaus, für die kommenden Generationen.

Schlechte Dinge geschehen, und wir müssen uns danach vor einfachen Erklärungen hüten

Rede beim Gottesdienst für die Opfer der Schießerei
in Tucson, Arizona
Tucson, 12. Januar 2011

... Am Samstagmorgen versammelten sich Gabby [Giffords, demokratische Kongressabgeordnete], ihre Mitarbeiter und viele Menschen aus ihrem Wahlkreis vor einem Supermarkt, um ihr Recht auf friedliche Versammlung und Redefreiheit wahrzunehmen. Sie erfüllten damit einen zentralen Bestandteil der Demokratie, wie sie unsere Gründerväter vorsahen – Volksvertreter beantworten Fragen ihrer Wähler, um deren Sorgen in die Hauptstadt des Landes zu tragen. Gabby nannte das »den Kongress gleich nebenan« – einfach eine moderne Form der Regierung des Volkes, durch das Volk und für das Volk.

Und dieses uramerikanische Ereignis wurde von den Kugeln eines Attentäters erschüttert. Die sechs Menschen, die am Samstag ihr Leben verloren, standen ebenfalls für das Beste in uns, das Beste in den Vereinigten Staaten von Amerika. ...

Unsere Herzen sind durch ihren plötzlichen Tod gebrochen. Unsere Herzen sind gebrochen – und dennoch können unsere Herzen hoffnungsvoll sein.

Unsere Herzen sind voller Hoffnung und Dankbarkeit für die 13 US-Bürger, die die Schießerei überlebt haben, darunter auch die Kongressabgeordnete, die viele von ihnen am Samstag sehen wollten.

Ich komme gerade vom Uni-Krankenhaus, das nur circa eineinhalb Kilometer von hier entfernt ist, wo unsere Freundin Gabby mutig für ihre Genesung kämpft, während wir hier miteinander sprechen. Und ich möchte Ihnen sagen – ihr Ehemann, der auch hier ist, hat mir erlaubt, Ihnen das zu sagen: Unmittelbar nach unserem Besuch, nur Minuten nachdem wir ihr Zimmer verlassen hatten und einige ihrer Kollegen aus dem Kongress im Zimmer waren, öffnete Gabby zum ersten Mal ihre Augen. Gabby öffnete zum ersten Mal ihre Augen.

Gabby hat ihre Augen geöffnet. Gabby öffnete ihre Augen, ich kann Ihnen also mitteilen, dass sie weiß, dass wir hier sind. Sie weiß, dass wir sie lieben. Sie weiß, dass wir sie auf ihrem zweifelsohne schwierigen Weg tatkräftig unterstützen werden.

... Wie können wir die Verstorbenen ehren? Wie können wir ihrem Andenken gerecht werden?

Es liegt in unserer Natur, dass wir nach einer solchen Tragödie Erklärungen fordern, um eine gewisse Ordnung in dieses Chaos zu bringen und dem sinnlos Erscheinenden einen Sinn zu geben. Wir sehen bereits, dass eine landesweite Debatte begonnen hat, nicht nur über die Motivation hinter diesen Morden, sondern über alles, von den Vorteilen von Waffensicherheitsgesetzen bis zur Angemessenheit unseres Systems zur Behandlung psychischer Erkrankungen. Ein Großteil dieses Prozesses, der Debatte darüber, was getan werden kann, um derartige Tragödien in Zukunft zu verhindern, ist ein essentieller Bestandteil der Ausübung unserer Selbstverwaltung.

Aber in einer Zeit, in der unser Diskurs so polarisiert – in einer Zeit, in der wir nur zu erpicht darauf sind, die Schuld an allem Schlechten auf der Welt denen anzulasten, die anders denken als wir selbst –, ist es wichtig, einen Moment innezuhalten und sicherzustellen, dass wir auf eine Art und Weise miteinander sprechen, die heilend wirkt und nicht verletzend.

Die Heilige Schrift sagt uns, dass es auf der Welt Böses gibt und dass schreckliche Dinge aus Gründen geschehen, die sich dem menschlichen Verstand entziehen. Mit den Worten Hiobs: »Ich hoffte aufs Licht, und es kommt Finsternis.« Schlechte Dinge geschehen, und wir müssen uns danach vor einfachen Erklärungen hüten.

Denn die Wahrheit ist, dass niemand von uns genau wissen kann, was diesen gewalttätigen Angriff ausgelöst hat. Niemand von uns kann mit Sicherheit sagen, was diese Schüsse hätte verhindern können oder welche Gedanken im Innersten eines gewalttätigen Menschen lauern. Ja, wir müssen all die Fakten, die hinter dieser Tragödie stehen, untersuchen. Angesichts derartiger Gewalt können und wollen wir nicht untätig bleiben. Wir sollten bereit sein, alte Annahmen zu überprüfen, um die Wahrscheinlichkeit derartiger Gewalttaten in der Zukunft zu verringern. Aber was wir nicht tun dürfen, ist, diese Tragödie als weiteren Anlass für Streitigkeiten zu nutzen. Das dürfen wir nicht. Wir dürfen es nicht.

Wenn wir über diese Probleme sprechen, sollten wir das mit Demut tun. Anstatt mit dem Finger auf andere zu zeigen oder anderen die Schuld für etwas anzulasten, sollten wir diese Gelegenheit nutzen, um unsere moralische Vorstellungskraft zu erweitern, einander besser zuzuhören, unsere Empathie zu stärken und uns daran zu erinnern, auf welch vielfältige Weise unsere Hoffnungen und Träume miteinander verbunden sind.

Das ist schließlich, was die meisten von uns tun, wenn sie einen Familienangehörigen verlieren – insbesondere, wenn dieser Verlust unerwartet kommt. Wir werden aus unserer Routine herausgerissen. Wir werden gezwungen, in uns zu gehen. Wir denken über die Vergangenheit nach: Wir fragen uns, ob wir mit unseren älter werdenden Eltern genug Zeit verbracht haben. Haben wir ihnen unsere Dankbarkeit für all die Opfer, die sie für uns gebracht haben, gezeigt? Haben wir unserem Partner gesagt, wie sehr wir ihn lieben, nicht nur ab und zu, sondern an jedem einzelnen Tag?

Plötzliche Verluste lassen uns zurückblicken – aber sie zwingen uns auch, nach vorne zu blicken, über die Gegenwart und die Zukunft nachzudenken, über die Art und Weise, wie wir unser Leben leben und unsere Beziehungen zu denen pflegen, die noch bei uns sind.

Wir fragen uns vielleicht, ob wir den Menschen in unserem Leben genug Freundlichkeit, Großzügigkeit und Mitgefühl entgegenbringen. Wir fragen uns vielleicht, ob wir mit unseren Kindern oder der Gemeinschaft richtig umgehen, ob wir die Prioritäten richtig setzen.

Wir erkennen unsere eigene Sterblichkeit und wir werden daran erinnert, dass in unserer vergänglichen Zeit auf dieser Erde nicht Reichtum, Status, Macht oder Ruhm zählen, sondern vielmehr, wie sehr wir geliebt haben und welchen kleinen Anteil wir daran hatten, das Leben anderer Menschen zu verbessern.

Dieser Prozess, der Prozess der Reflexion, des In-Einklang-Bringens unserer Werte mit unseren Taten ist es, was Tragödien wie diese meiner Ansicht nach verlangen. ...

Wenn diese Tragödie zum Nachdenken und zu Diskussionen anregt – und das sollte sie –, sollten wir sicherstellen, dass wir denen gerecht werden, die wir verloren haben. Wir sollten sicherstellen, dass wir dabei nicht in die tagtäglichen politischen Debatten und Versuche, selbst gut dazustehen, abdriften und in der Engstirnigkeit des nächsten Nachrichtenzyklus untergehen.

Der Verlust dieser wunderbaren Menschen sollte uns alle dazu antreiben, besser zu werden: im Privatleben, als Freunde und Nachbarn, als Kollegen und Eltern. Wenn ihr Tod, wie in den vergangenen Tagen diskutiert wurde, dazu beiträgt, mehr Höflichkeit in unsere öffentliche Debatte zu bringen, dann lassen Sie uns daran denken, dass diese Tragödie nicht ausgelöst wurde, weil es zu wenig Höflichkeit gibt – das wurde sie nicht –, sondern vielmehr, weil nur ein höflicherer und ehrlicherer öffentlicher Diskurs dazu beitragen kann, dass wir uns den Herausforderungen unseres Landes auf eine Weise stellen, die sie stolz gemacht hätte.

Wir sollten uns mit Höflichkeit begegnen, weil wir dem Beispiel von Personen im öffentlichen Dienst wie John Roll [Bundesrichter von Arizona, der von dem Attentäter erschossen wurde] und Gabby Giffords folgen wollen, die vor allem wussten, dass wir alle Amerikaner sind und dass wir die Meinungen anderer infrage stellen können, ohne deren Liebe zu unserem Land infrage zu stellen, und dass es unsere gemeinsame Aufgabe ist, zusammenzuarbeiten und kontinuierlich unser Interessenspektrum zu erweitern, um zukünftigen Generationen das Erbe des amerikanischen Traums zu hinterlassen.

Sie glaubten und ich glaube, dass wir es besser machen können. Diejenigen, die hier gestorben sind, und diejenigen, die Leben retteten – sie helfen mir, daran zu glauben. Wir sind vielleicht nicht in der Lage, alles Schlechte auf der Welt zu verhindern, aber ich weiß, dass wir selbst dafür verantwortlich sind, wie wir miteinander umgehen.

Ich glaube, dass wir trotz unserer Unvollkommenheit voller Anstand und Güte sind und dass die Kräfte, die uns spalten, nicht so stark sind wie die, die uns einen.

Daran glaube ich und das tue ich zum Teil deshalb, weil es das ist, woran Christina Taylor Green glaubte.

Stellen Sie sich einen Moment vor, dass hier ein junges Mädchen stand, das sich gerade unserer Demokratie bewusst wurde, das gerade begann, die Pflichten eines Staatsbürgers zu verstehen, das gerade erkannte, dass es eines Tages an der Gestaltung der Zukunft seines Landes teilhaben könnte. Sie war in ihre Schülervertretung gewählt worden. Sie betrachtete das öffentliche Amt als etwas Aufregendes und Hoffnungsvolles. Sie kam her, um ihre Kongressabgeordnete zu treffen, von der sie sicher war, dass sie gut und wichtig sei und ein Vorbild sein könnte. Sie sah all dies mit den Augen eines Kindes, ohne den Zynismus oder die Boshaftigkeit, die wir Erwachsenen nur allzu oft für selbstverständlich halten.

Ich möchte ihren Erwartungen gerecht werden. Ich möchte, dass unsere Demokratie so gut ist, wie Christina sie sich vorgestellt hat. Ich möchte, dass die Vereinigten Staaten so gut sind, wie Christina sie sich vorgestellt hat. Wir alle sollten alles tun, um sicherzustellen, dass dieses Land den Erwartungen unserer Kinder gerecht wird.

Wie bereits angesprochen kam Christina am 11. September 2001 zur Welt, als eines von 50 Neugeborenen an diesem Tag, die in einem Buch mit dem Titel Faces of Hope [Gesichter der Hoffnung] porträtiert wurden. Zu beiden Seiten ihres Fotos in dem Buch standen einfache Wünsche nach einem besseren Leben für Kinder. »Ich hoffe, Ihr helft denen, die Hilfe benötigen«, war einer davon. »Ich hoffe, Ihr kennt den ganzen Text der Nationalhymne und singt sie mit der Hand auf dem Herzen.« »Ich hoffe, Ihr springt in Regenpfützen.«

Wenn es im Himmel Regenpfützen gibt, dann springt Christina heute hinein. Und hier, auf dieser Erde, legen wir die Hand auf unser Herz und versprechen, dass wir uns als Amerikaner für die Gestaltung eines Landes einsetzen werden, das für immer ihres sanften, fröhlichen Wesens würdig ist.

Möge Gott jene, die wir verloren haben, segnen und in ewigem Frieden ruhen lassen. Möge er die Überlebenden lieben und über sie wachen. Und möge Gott die Vereinigten Staaten von Amerika segnen.

Das ist die Zukunft, die wir uns erhoffen

Rede zum Wahlsieg bei den Präsidentschaftswahlen 2012
Chicago, 7. November 2012

Heute Abend, mehr als 200 Jahre nachdem eine ehemalige Kolonie das Recht erlangte, ihr Schicksal selbst zu bestimmen, geht es bei der Aufgabe, eine perfekte Union zu gestalten, voran.

Es geht dank Ihnen voran. Es geht voran, weil Sie die Geisteshaltung bestätigt haben, die über Krieg und Wirtschaftskrise gesiegt hat, die dieses Land aus den Tiefen der Verzweiflung in die Gipfel der Hoffnung geholt hat, den Glauben, dass jeder von uns seine eigenen Träume verfolgen kann und wir dennoch eine amerikanische Familie sind und als eine Nation und ein Volk aufsteigen oder fallen.

Heute Abend, bei dieser Wahl, haben Sie, die Amerikanerinnen und Amerikaner, uns daran erinnert, dass unser Weg zwar hart und die Reise lang war, wir aber aufgestanden sind und gekämpft haben und in unserem Herzen wissen, dass für die Vereinigten Staaten von Amerika das Beste erst noch kommt. ...

Ich weiß, dass Wahlkämpfe manchmal unbedeutend oder sogar albern erscheinen können. Das ist ausreichend Futter für die Zyniker, die uns sagen, dass Politik nicht mehr ist als ein Egotrip oder ein Bereich, für den sich nur einige Experten interessieren. Wenn Sie aber je die Gelegenheit haben, mit den Leuten zu sprechen, die zu unseren Wahlkampfveranstaltungen gekommen sind und sich an einer Absperrung in einer Schulturnhalle entlanggedrängt haben, oder wenn Sie gesehen haben, wie jemand Überstunden in einem Wahlkampfbüro in einem kleinen Bezirk weit weg von zu Hause macht, dann werden Sie etwas anderes feststellen.

Sie werden die Entschlossenheit in der Stimme eines jungen Wahlkampfhelfers hören, der arbeitet, um sein College-Studium zu bezahlen, und sicherstellen will, dass jedes Kind diese Chance erhält. Sie werden den Stolz in der Stimme einer Freiwilligen hören, die von Tür zu Tür geht, da ihr Bruder endlich eingestellt wurde, weil die Autofabrik eine Schicht mehr arbeitet. Sie werden den tiefgehenden Patriotismus in der Stimme des Ehepartners eines Militärangehörigen hören, wenn er oder sie spätabends zum Telefon greift, um zu gewährleisten, dass niemand, der für dieses Land kämpft, bei seiner Heimkehr je wieder um einen Arbeitsplatz oder ein Dach über dem Kopf kämpfen muss.

Deshalb tun wir das. Das kann Politik sein. Deswegen sind Wahlen wichtig. Sie sind nicht unbedeutend, sie sind bedeutend. Sie sind wichtig. Demokratie in einem Land mit 300 Millionen Einwohnern kann laut, chaotisch und kompliziert sein. Jeder hat seine eigene Meinung. Jeder einzelne von uns hat starke Überzeugungen. Wenn wir schwere Zeiten durchmachen, wenn wir als Land große Entscheidungen treffen, dann weckt das natürlich starke Emotionen und führt auch zu Kontroversen.

Das wird sich nach heute Abend nicht ändern, und das sollte es auch nicht. Die Dispute, die wir austragen, sind ein Zeichen unserer Freiheit. Wir dürfen nie vergessen: Während wir hier sprechen, riskieren Menschen in fernen Ländern ihr

Leben für die Chance, über wichtige Themen zu streiten, für die Chance, ihre Stimme abzugeben, wie wir heute.

Aber trotz aller Differenzen teilen die meisten von uns bestimmte Hoffnungen für die Zukunft der Vereinigten Staaten.

Wir wollen, dass unsere Kinder in einem Land aufwachsen, in dem sie Zugang zu den besten Schulen und Lehrern haben. Einem Land, das seinem Vermächtnis als globale Führungskraft in Technologie, Erfindergeist und Innovationen gerecht wird, mit all den guten Arbeitsplätzen und Unternehmen, die das nach sich zieht.

Wir wollen, dass unsere Kinder in einem Amerika leben, das nicht von Schulden erdrückt, von Ungleichheit geschwächt und von der destruktiven Macht eines sich erwärmenden Planeten bedroht wird.

Wir wollen ein Land hinterlassen, das sicher ist und weltweit respektiert und bewundert wird, eine Nation, die von den stärksten Streitkräften der Welt und den besten Soldaten, die die Welt je kannte, verteidigt wird, aber auch ein Land, das sich selbstbewusst aus dieser Zeit des Krieges zur Gestaltung eines Friedens bewegt, der auf dem Versprechen von Freiheit und Würde für alle Menschen beruht.

Wir glauben an ein großzügiges Amerika, ein mitfühlendes Amerika, ein tolerantes Amerika, das für die Träume der Tochter von Einwanderern offen ist, die an unseren Schulen lernt und den Treueschwur auf unsere Flagge leistet, für den Jungen aus der South Side von Chicago, der sich ein Leben über die nächste Straßenecke hinaus vorstellen kann, für das Kind eines Handwerkers in North Carolina, das Arzt oder Wissenschaftler, Ingenieur oder Unternehmer, Diplomat oder sogar Präsident werden will.

Das ist die Zukunft, die wir uns erhoffen.

Das ist die Vision, die wir teilen. Dort müssen wir hin – nach vorne. Dort müssen wir hin.

Wir werden unterschiedlicher Meinung sein – manchmal extrem verschieden –, wie wir dort hinkommen. Wie schon seit 200 Jahren wird sich der Fortschritt in Schüben einstellen. Es geht nicht immer geradlinig. Es geht nicht immer reibungslos. Allein die Erkenntnis, dass wir gemeinsame Hoffnungen und Träume haben, wird den Stillstand nicht beenden, alle unsere Probleme lösen oder uns von der mühsamen Arbeit entbinden, einen Konsens zu finden und die schwierigen Kompromisse zu machen, die notwendig sind, um das Land voranzubringen.

Aber mit diesen Gemeinsamkeiten müssen wir beginnen. Unsere Wirtschaft erholt sich. Ein Jahrzehnt des Krieges geht zu Ende. Ein langer Wahlkampf ist jetzt vorbei. Und ob ich Ihre Stimme nun verdient habe oder nicht, ich habe Ihnen zugehört. Ich habe von Ihnen gelernt. Sie haben mich zu einem besseren Präsidenten gemacht. Mit Ihren Geschichten und Ihren Schwierigkeiten kehre ich entschlossener und inspirierter in Bezug auf die Zukunft und die Arbeit, die es zu tun gilt, ins Weiße Haus zurück.

Heute Abend haben Sie sich für Taten entschieden, nicht für die eingefahrene Tagespolitik. Sie haben uns gewählt, damit wir uns auf Ihre Arbeitsplätze konzentrieren, nicht auf unsere.

Ich freue mich darauf, mich in den kommenden Wochen und Monaten an die führenden Politiker beider Parteien zu wenden, damit wir die Herausforderungen – Reduzierung des Defizits, Reform des Steuerrechts, Verbesserung unseres Einwanderungssystems, die Unabhängigkeit von ausländischem Öl – gemeinsam bewältigen können. Es gibt noch viel zu tun.

Das bedeutet nicht, dass Ihre Arbeit erledigt ist. Die Rolle der Bürger in unserer Demokratie endet nicht mit der

Stimmabgabe. In den Vereinigten Staaten ging es nie darum, was man für uns tun kann, es geht darum, was wir gemeinsam tun können – bei der schweren und frustrierenden, aber erforderlichen Arbeit der Selbstverwaltung. Auf diesem Prinzip wurden wir gegründet.

Dieses Land verfügt über mehr Reichtum als jedes andere, aber nicht das macht uns reich. Wir haben die stärksten Streitkräfte der Geschichte, aber nicht das macht uns stark. Weltweit beneidet man uns um unsere Universitäten und unsere Kultur, aber nicht deswegen kommen die Menschen in unser Land. Was Amerika so außergewöhnlich macht, sind die Bande, die die vielfältigste Nation der Welt zusammenhalten, der Glaube an ein gemeinsames Schicksal: dass dieses Land nur funktioniert, wenn wir bestimmte Verpflichtungen füreinander und für zukünftige Generationen übernehmen, so dass die Freiheit, für die so viele Amerikaner gekämpft haben und für die sie gestorben sind, nicht nur mit Rechten, sondern auch mit Pflichten einhergeht, darunter Liebe, Wohltätigkeit, Pflichtbewusstsein und Patriotismus. Das macht die Vereinigten Staaten großartig.

Ich bin heute Abend voller Hoffnung, dass ich diese Einstellung in Amerika in Aktion gesehen habe. Ich habe sie in dem Familienunternehmen gesehen, dessen Eigentümer lieber das eigene Gehalt kürzen würden, als ihre Nachbarn zu entlassen, und bei den Angestellten, die lieber weniger arbeiten würden, als zu sehen, wie ihr Freund seinen Arbeitsplatz verliert. Ich habe sie bei den Soldaten gesehen, die sich nach dem Verlust eines Körperteils erneut verpflichten, und bei den SEALS, die Treppen in die Dunkelheit und Gefahr hocheilten, wissend, dass ein Kumpel ihnen Deckung gibt. Ich habe sie an den Küsten von New Jersey und New York gesehen, wo Politiker jeder Partei und jeder Regierungsebene ihre Meinungsverschiedenheiten beiseiteließen, um nach einem schrecklichen Sturm einer Gemeinde beim Wiederaufbau zu helfen.

Ich habe sie erst kürzlich in Mentor in Ohio gesehen, wo ein Vater die Geschichte seiner achtjährigen Tochter erzählte, die einen langen Kampf gegen Leukämie bestritten hat, der die Familie fast alles gekostet hätte, wenn die Gesundheitsreform nicht verabschiedet worden wäre, bevor die Krankenkasse ihre Zahlungen einstellen wollte. Ich hatte die Gelegenheit, nicht nur mit dem Vater zu sprechen, sondern auch seine unglaubliche Tochter zu treffen. Als er sich mit seiner Geschichte an die Anwesenden wandte, hatten alle Eltern im Raum Tränen in den Augen, weil wir wussten, dass das kleine Mädchen genauso gut unser Kind sein könnte.

Ich weiß, dass alle Amerikaner ihr eine gute Zukunft wünschen. So sind wir. Das ist das Land, das ich mit Stolz als Ihr Präsident regiere.

Heute Abend blicke ich trotz aller Schwierigkeiten, die wir erlebt haben, trotz aller Frustration in Washington hoffnungsvoller in die Zukunft als jemals zuvor. Niemals habe ich mehr Hoffnung für die Vereinigten Staaten gehabt. Ich bitte Sie, diese Hoffnung zu bewahren.

Ich spreche nicht von blindem Optimismus, der Art von Hoffnung, die die Größe anstehender Aufgaben oder die Hindernisse auf unserem Weg ganz einfach ignoriert. Ich spreche nicht von Wunschdenken, das es uns erlaubt, am Rand zu sitzen oder vor einer Auseinandersetzung zurückzuschrecken. Ich habe immer geglaubt, dass Hoffnung diese Hartnäckigkeit in uns ist, die trotz aller Gegenbeweise darauf besteht, dass etwas Besseres auf uns wartet, solange wir den Mut haben, weiter danach zu greifen, weiter dafür zu arbeiten, weiter dafür zu kämpfen.

Amerika, ich glaube, dass wir auf den Fortschritten, die wir gemacht haben, aufbauen und weiter für neue Arbeitsplätze, Chancen und Sicherheit für die Mittelschicht kämpfen können. Ich glaube, wir können das Versprechen von unserer Gründung erfüllen: Es ist unwichtig, wer man ist, woher man kommt, wie man aussieht oder wo man lebt, wenn man nur hart arbeitet. Es ist unwichtig, ob man schwarz oder weiß, hispanisch, asiatisch oder Ureinwohner, jung oder alt, reich oder arm, behindert oder nicht, homosexuell oder heterosexuell ist. Wenn man bereit ist, es zu versuchen, kann man es hier in den Vereinigten Staaten schaffen.

Ich glaube, dass wir diese Zukunft gemeinsam gestalten können, weil wir nicht so gespalten sind, wie unsere Politik vermuten lässt. Wir sind nicht so zynisch, wie die Experten glauben. Wir sind größer als die Summe unseres individuellen Ehrgeizes, und wir sind immer mehr als eine Ansammlung blauer und roter Staaten. Wir sind und bleiben die Vereinigten Staaten von Amerika.

Gemeinsam, mit der Hilfe und dem Segen Gottes, werden wir unsere Reise fortsetzen und die Welt daran erinnern, warum wir in der großartigsten Nation der Welt leben. Danke, Amerika. Möge Gott Sie segnen. Möge Gott diese Vereinigten Staaten von Amerika segnen.

Newtown, du bist nicht allein

Rede bei der Andacht für die Opfer nach dem Amoklauf
an der Sandy-Hook-Grundschule
Newtown, 16. Dezember 2012

... Wir sind hier, um 20 wunderbare Kinder und sechs großartige Erwachsene zu betrauern. Sie starben in einer Schule, die jede Schule in Amerika hätte sein können; in einer ruhigen Stadt – bewohnt von vielen guten und anständigen Menschen –, einer Stadt, die überall in Amerika hätte sein können.

Ich komme hier nach Newtown, um Ihnen die Liebe und Gebete einer ganzen Nation zu übermitteln. Ich bin mir sehr wohl bewusst, dass bloße Worte weder die Tiefe Ihres Kummers lindern noch Ihre verwundeten Herzen heilen können. Ich kann nur hoffen, dass es Ihnen hilft zu wissen, dass Sie mit Ihrer Trauer nicht allein sind, dass unsere Welt auch erschüttert wurde, dass ein ganzes Land mit Ihnen weint, dass wir unsere Kinder fest in den Arm genommen haben. Sie sollen auch wissen, dass wir Ihnen jedes Maß an Trost spenden werden, das wir nur aufbringen können, und wenn wir Ihnen nur einen kleinen Teil Ihrer Trauer abnehmen können, um die schwere Last zu lindern, dann werden wir das gerne tun.

Newtown, du bist nicht allein.

In diesen schweren Tagen haben uns auch Ihre Geschichten von Stärke, Entschlossenheit und Opfern inspiriert. Wir wissen, dass die Mitarbeiter der Sandy-Hook-Grundschule nicht zurückschreckten, als sie die Gefahr in den Fluren der Schule erkannten. Dawn Hochsprung und Mary Sherlach, Vicki Soto, Lauren Rousseau, Rachel Davino und Anne Marie Murphy – sie reagierten so, wie wir hoffen, dass wir alle unter so schreckenerregenden Umständen reagieren würden – mit Liebe, unter Einsatz des eigenen Lebens zum Schutz der Kinder in ihrer Obhut.

Wir wissen, dass manche Lehrer sich in den Klassenräumen verbarrikadiert haben, die ganze Zeit über die Ruhe bewahrten und ihre Schüler beruhigten, indem sie ihnen sagten: »Wartet auf die Guten, sie kommen gleich« und »Ich will euer Lächeln sehen«.

Und wir wissen, die Guten sind gekommen. Die Rettungskräfte, die an den Tatort eilten, brachten diejenigen in Sicherheit, die sich in Gefahr befanden; sie spendeten Trost und hielten ihren eigenen Schock und ihr eigenes Trauma unter Kontrolle, da sie eine Aufgabe zu erledigen hatten und andere sie mehr brauchten.

Dann waren da noch die Schulkinder, die einander halfen, die sich gegenseitig Halt boten und gehorsam die Anweisungen befolgten, wie es kleine Kinder manchmal tun. Ein Kind versuchte sogar einem Erwachsenen Mut zu machen, indem es sagte: »Ich kann Karate. Es ist also in Ordnung. Ich führe dich raus.«

Als Gemeinde hast du uns inspiriert, Newtown. Angesichts unbeschreiblicher Gewalt, angesichts skrupelloser Bösartigkeit haben Sie aufeinander aufgepasst, sich umeinander gekümmert und Liebe füreinander gezeigt. So wird Newtown in Erinnerung bleiben. Mit der Zeit und mit Gottes Gnade wird Ihnen diese Liebe weiterhelfen.

Aber als Nation müssen wir uns einigen schwierigen Fragen stellen. Jemand hat einmal beschrieben, dass Freude und

Angst von Eltern vergleichbar sind mit einem Herzen außerhalb des eigenen Körpers, das ständig umherläuft. Unsere Kinder sind mit ihrem ersten Schrei sowohl der wertvollste und lebendigste Teil von uns als auch einer Welt ausgesetzt, die möglicherweise unglücklich und bösartig ist. Und alle Eltern wissen, dass es nichts gibt, was wir nicht tun würden, unsere Kinder vor Unheil zu bewahren.

Wir wissen, dass unsere Kinder sich mit dem ersten Schritt und jedem folgenden ein Stück weit von uns entfernen – dass wir nicht immer für sie da sein können und werden. Sie werden Krankheit erleben, Rückschläge, gebrochene Herzen und Enttäuschungen. Und wir lernen, dass unsere wichtigste Aufgabe darin besteht, ihnen das zu geben, was sie brauchen, um selbständig, fähig und belastbar zu sein; bereit, sich ohne Angst der Welt zu stellen. Und wir wissen, dass wir das nicht allein leisten können. ...

Unsere Kinder zu beschützen und sie großzuziehen, ist etwas, was wir nur zusammen tun können, mit der Hilfe unserer Nachbarn, der Hilfe der Gemeinde und der Hilfe einer Nation. Und so werden wir begreifen, dass wir die Verantwortung für jedes Kind tragen, weil wir auch auf andere zählen, dass sie sich um unsere eigenen kümmern, dass wir alle Eltern sind, dass alle unsere Kinder sind.

Unsere wichtigste Aufgabe ist, uns um unsere Kinder zu kümmern. Das ist unser wichtigster Job. Wenn wir das nicht richtig machen, dann machen wir nichts richtig. Daran sollten wir als Gesellschaft gemessen werden.

Wenn wir uns daran messen, können wir als Land dann wirklich sagen, dass wir unsere Pflicht getan haben? Können wir ehrlich sagen, dass wir genug tun, um unsere Kinder – und zwar alle – vor Gefahren zu schützen? Können wir als Land behaupten, dass wir voll und ganz da sind, dass wir sie wissen lassen, dass sie geliebt werden, und ihnen beibringen, diese Liebe zu erwidern? Können wir sagen, dass wir wirklich genug tun, um allen Kindern in diesem Land die Chancen zu geben, die sie verdienen, damit sie ein glückliches und sinnvolles Leben führen können?

Ich habe in den letzten Tagen darüber nachgedacht, und wenn wir ehrlich zu uns sind, lautet die Antwort: nein. Wir tun nicht genug. Und das muss sich ändern.

Zum vierten Mal, seit ich Präsident bin, kommen wir zusammen, um einer von einer Massenschießerei erschütterten Gemeinde beizustehen. Zum vierten Mal umarmen wir die Überlebenden. Zum vierten Mal trösten wir die Familien der Opfer. Und dazwischen gab es eine endlose Reihe von tödlichen Schießereien im ganzen Land. Fast täglich wird über Opfer berichtet, viele davon Kinder, in kleinen und in großen Städten in ganz Amerika – und oft war der einzige Fehler der Opfer, sich zur falschen Zeit am falschen Ort zu befinden.

Wir können das nicht mehr tolerieren. Diese Tragödien müssen aufhören. Und damit sie aufhören, müssen wir etwas ändern. Man wird uns sagen, dass die Ursachen derartiger Gewalt vielschichtig sind, und das stimmt. Kein Gesetz allein und keine Gesetzesreihe kann das Böse aus der Welt schaffen oder jeden sinnlosen Akt der Gewalt in unserer Gesellschaft verhindern.

Aber das ist keine Entschuldigung für Untätigkeit. Sicher können wir es besser. Wenn es nur eine Maßnahme gibt, die wir ergreifen können, um ein Kind oder ein Elternteil in einer anderen Stadt vor der Trauer zu bewahren, die Tucson, Aurora, Oak Creek, Newtown und davor Gemeinden von Columbine bis Blacksburg erfasst hat – dann haben wir die Pflicht, es zu versuchen.

In den kommenden Wochen werde ich meine Macht im

Amt dazu nutzen, Maßnahmen zu ergreifen – von strengeren Gesetzen bis zur psychologischen Hilfe für Eltern und Erzieher –, um weitere Tragödien wie diese zu verhindern. Denn was für eine Wahl haben wir? Vorfälle wie diese dürfen nicht zur Routine werden.

Können wir angesichts eines solchen Massakers sagen, dass wir machtlos sind und dass die Politik zu hart ist? Können wir sagen, dass diese Gewalt, die unsere Kinder Jahr für Jahr heimsucht, der Preis für Freiheit ist?

Am Anfang aller Religionen der Welt – viele ihrer Vertreter sind heute hier anwesend – steht eine einfache Frage: Warum sind wir hier? Was gibt unserem Leben Sinn? Was gibt unseren Handlungen eine Bedeutung? Wir wissen, unsere Zeit auf dieser Erde ist kurz. ...

Es gibt nur eine Sache, über die wir uns sicher sein können, und das ist die Liebe, die wir haben – für unsere Kinder, für unsere Familien, füreinander. Die Wärme, die wir spüren, wenn uns ein Kind umarmt – das ist echt. Die Erinnerung an sie, die Freude, die sie bereiten, die Wunder, die wir durch ihre Augen sehen, die leidenschaftliche und grenzenlose Liebe für sie, die uns mit etwas Größerem verbindet – das ist es, was zählt. Wir wissen, dass wir das Richtige tun, wenn wir uns um sie kümmern, wenn wir sie gut erziehen, ihnen Güte entgegenbringen. Wir können nichts falsch machen, wenn wir das tun.

Dessen können wir uns sicher sein. Und daran habt ihr aus Newtown uns erinnert. Deshalb habt ihr uns inspiriert. Ihr erinnert uns daran, was wirklich zählt. Und das sollte uns voranbringen in allem, was wir tun.

»Lasset die Kinder zu mir kommen«, sprach Jesus, »und wehret ihnen nicht, denn solchen gehört das Reich Gottes.«

Charlotte. Daniel. Olivia. Josephine. Ana. Dylan. Madeleine. Catherine. Chase. Jesse. James. Grace. Emilie. Jack. Noah. Caroline. Jessica. Benjamin. Avielle. Allison.

Gott hat sie nach Hause gerufen. ...

Ein Mensch, dessen Leben wie kein zweites war

Rede bei den Gedenkfeierlichkeiten für den ehemaligen
südafrikanischen Präsidenten Nelson Mandela
Johannesburg, 10. Dezember 2013

Vielen Dank. Vielen herzlichen Dank. Vielen Dank. Graça Machel [Mandelas dritte Ehefrau] und Familie Mandela, Präsident Zuma und Mitglieder der Regierung, sehr geehrte ehemalige und aktuelle Staats- und Regierungschefs, sehr verehrte Gäste – es ist eine große Ehre, heute hier bei Ihnen zu sein, um einen Menschen zu würdigen, dessen Leben wie kein zweites war. Den Bürgern Südafrikas und Menschen jeder Herkunft und aus allen Bereichen der Gesellschaft möchte ich sagen: Die Welt ist Ihnen dankbar, dass Sie Nelson Mandela mit uns geteilt haben. Sein Kampf war Ihr Kampf. Sein Sieg war Ihr Sieg. Sein Leben verkörperte Ihre Würde und Ihre Hoffnung. Ihre Freiheit, Ihre Demokratie ist sein geschätztes Vermächtnis.

Es ist immer eine schwierige Aufgabe, eine Laudatio auf einen Menschen zu halten – und dabei nicht nur Daten und Fakten eines Lebens zu nennen, sondern das Wesen eines Menschen zu erfassen, seine privaten Freuden und Sorgen, die stillen Momente und einzigartigen Qualitäten, die seine Seele erstrahlen lassen. Wie viel schwerer fällt dies bei einer überlebensgroßen Figur der Geschichte, die ein Land in

Richtung Gerechtigkeit geführt und auf diesem Wege Millionen Menschen auf der ganzen Welt berührt hat.

Ein Junge, der während des Ersten Weltkriegs, weit entfernt von den Zentren der Macht, geboren wurde, der Rinder hütete und von den Älteren seines Thembu-Stammes erzogen wurde, sollte der letzte große Befreier des 20. Jahrhunderts werden. Wie Gandhi sollte Madiba eine Widerstandsbewegung anführen, eine Bewegung, die zu Beginn wenig Aussicht auf Erfolg hatte. Wie Dr. King sollte er den Forderungen der Unterdrückten und der moralischen Notwendigkeit ethnischer Gleichberechtigung eine starke Stimme verleihen. Er sollte eine brutale Haftstrafe erdulden, die zu Zeiten Kennedys und Chruschtschows begann und bis in die letzten Tage des Kalten Krieges andauerte. Er sollte das Gefängnis ohne den Einsatz von Waffengewalt verlassen und sein Land – wie Abraham Lincoln – zusammenhalten, als es drohte auseinanderzubrechen. Wie die Gründerväter der Vereinigten Staaten sollte auch er eine verfassungsmäßige Ordnung schaffen, um für zukünftige Generationen die Freiheit zu bewahren – ein Versprechen gegenüber Demokratie und Rechtsstaatlichkeit, das nicht nur durch seine Wahl bestätigt wurde, sondern auch durch seine Bereitschaft, nach nur einer Amtszeit zurückzutreten.

Angesichts dieses bewegten Lebens, seiner Errungenschaften und der Bewunderung, die ihm aus gutem Grund zuteilwird, ist es verlockend, Nelson Mandela als Ikone in Erinnerung zu behalten, lächelnd und heiter und fernab der gewöhnlichen Angelegenheiten weniger bedeutender Menschen. Aber Madiba selbst setzte sich gegen eine derartig leblose Darstellung vehement zur Wehr. Stattdessen bestand er darauf, uns an seinen Zweifeln und Ängsten, seinen Fehleinschätzungen ebenso wie an seinen Siegen teilhaben zu lassen.

»Ich bin kein Heiliger«, sagte er einmal, »es sei denn, man versteht unter einem Heiligen einen Sünder, der sich immer wieder bemüht.«

Eben weil er seine Unzulänglichkeiten zugeben konnte, weil er trotz der schweren Last, die er trug, so voller guter Laune und oft sogar übermütig war, haben wir ihn so sehr geliebt. Er war keine Marmorstatue, er war ein Mensch aus Fleisch und Blut, ein Sohn, ein Ehemann, ein Vater und ein Freund. Aus diesem Grund haben wir so viel von ihm gelernt, und das können wir auch heute noch. Nichts von dem, was er erreicht hat, war unausweichlich. Am Ende seines Lebens sehen wir einen Menschen, der sich seinen Platz in der Geschichte durch Kampf, Klugheit, Ausdauer und Vertrauen verdient hat. Er zeigt uns, was möglich ist, und zwar nicht nur auf den Seiten von Geschichtsbüchern, sondern auch in unserem eigenen Leben.

Mandela hat uns die Kraft von Taten, von Risikobereitschaft im Namen unserer Ideale gezeigt. Vielleicht hatte Madiba recht, als er sagte, er habe von seinem Vater »sein stolzes, rebellisches Wesen, seinen hartnäckigen Sinn für Gerechtigkeit« geerbt. Wir wissen, dass er mit Millionen schwarzer und dunkelhäutiger Südafrikaner die Wut teilte, die, so Mandela, aus »Tausenden Zurücksetzungen, Tausenden Demütigungen, Tausenden vergessenen Augenblicken ... dem Wunsch entstand, das System zu bekämpfen, das mein Volk versklavte«.

Aber wie andere frühe starke Persönlichkeiten des ANC – die Sisulus und Tambos – zügelte Madiba seinen Zorn und lenkte seinen Wunsch zu kämpfen auf Organisationen, Plattformen und Handlungsstrategien, damit Frauen und Männer für ihre gottgegebene Würde eintreten könnten. Darüber hinaus akzeptierte er die Folgen seines Handelns, wohl wissend, dass es seinen Preis haben würde, sich mächtigen Interessen und Ungerechtigkeiten zu widersetzen. »Ich habe gegen die weiße Vorherrschaft gekämpft, und ich habe gegen die schwarze Vorherrschaft gekämpft. Ich hege das Ideal der Demokratie und einer freien Gesellschaft, in der alle Menschen in Harmonie zusammenleben und die gleichen Chancen haben. Es ist ein Ideal, für das ich zu leben und das ich zu erreichen hoffe. Aber wenn es notwendig ist, so bin ich auch bereit, für dieses Ideal zu sterben.«

Mandela lehrte uns die Kraft von Taten, aber er lehrte uns auch die Kraft von Ideen, die Bedeutung von Vernunft und Argumenten, die Notwendigkeit, sich nicht nur mit jenen Argumenten zu befassen, mit denen man übereinstimmt, sondern auch mit jenen, mit denen man nicht übereinstimmt. Er verstand, dass Ideen nicht von Gefängnismauern oder der Kugel eines Scharfschützen aufgehalten werden können. Seine Eloquenz und seine Leidenschaft, aber auch seine juristische Ausbildung machten seinen Prozess zu einer Anklage gegen die Apartheid. Er nutzte die Jahrzehnte im Gefängnis um seine Argumente zu schärfen, aber auch um seinen Wissensdurst auf andere in seiner Bewegung zu übertragen. Er lernte die Sprache und die Bräuche seiner Unterdrücker, damit er eines Tages besser in der Lage wäre, ihnen zu vermitteln, wie sehr ihre eigene Freiheit von der seinen abhängt.

Mandela hat gezeigt, dass Taten und Ideen allein nicht ausreichen. Ganz gleich, wie richtig sie sind, sie müssen in Gesetzen und Institutionen verankert werden. Er war pragmatisch und prüfte seine Überzeugungen anhand der harten Wirklichkeit der Geschichte. Bei Kernprinzipien war er unnachgiebig, was ihm ermöglichte, Angebote über eine bedingungslose Freilassung auszuschlagen und das Apartheidsregime daran zu erinnern, dass »Gefangene keine Verträge schließen können«.

Wie er aber in mühsamen Verhandlungen über die Machtübergabe und bei der Ausarbeitung neuer Gesetze zeigte, war er zum Wohle eines höheren Ziels auch zu Kompromissen bereit. Weil er nicht nur der Anführer einer Bewegung war, sondern auch ein fähiger Politiker, war die Verfassung, die entstand, einer multiethnischen Demokratie würdig und blieb seiner Vision von Gesetzen, die die Rechte von Minderheiten ebenso wie die von Mehrheiten schützen, sowie den kostbaren Freiheiten aller Südafrikaner treu.

Und schließlich verstand Mandela auch, was alle Menschen verbindet. In Südafrika gibt es ein Wort – Ubuntu –, ein Wort, das Mandelas größte Gabe beschreibt: sein Wissen um die Tatsache, dass wir alle auf eine Art und Weise miteinander verbunden sind, die für das menschliche Auge unsichtbar ist, dass es eine einzigartige Menschlichkeit gibt, dass wir zu uns selbst finden, wenn wir mit anderen teilen und uns um diejenigen kümmern, die um uns herum sind.

Wir werden niemals wissen, wie viel ihm von dieser Einsicht in die Wiege gelegt wurde oder wie viel davon in einer dunklen Einzelzelle Gestalt annahm. Aber wir erinnern uns an die großen und die kleinen Gesten – wie er bei seiner Amtseinführung seine Gefängniswärter als Ehrengäste vorstellte, einen Schlag in einem Springbok-Trikot vollführte, das Leid seiner Familie in einen Aufruf zum Kampf gegen HIV/Aids verwandelte; dies alles machte seine große Empathie und sein großes Verständnis für andere deutlich. Er verkörperte nicht nur Ubuntu, er lehrte Millionen Menschen, die Wahrheit in sich selbst zu suchen.

Es war ein Mensch wie Madiba nötig, um nicht nur den Gefangenen zu befreien, sondern auch den Gefängniswärter, um zu zeigen, dass man Vertrauen schenken muss, um Vertrauen zu gewinnen; um zu vermitteln, dass Versöhnung nicht bedeutet, eine grausame Vergangenheit zu ignorieren, sondern eine Möglichkeit bietet, ihr Integration und Großzügigkeit und Wahrheit entgegenzusetzen. Er hat Gesetze verändert, aber er hat auch die Herzen verändert.

Für die Menschen hier in Südafrika, für die Menschen überall auf der Welt, die er inspiriert hat, ist der Tod Madibas eine Zeit der Trauer und eine Zeit, sein heroisches Leben zu würdigen. Aber ich denke, er sollte in uns allen auch eine Phase der Selbstreflexion auslösen. Wir müssen uns, unabhängig von der Lebensphase oder den Umständen, ehrlich fragen: Wie gut habe ich seine Lehren in meinem Leben umgesetzt? Dies ist eine Frage, die ich mir als Mensch und als Präsident stelle.

Wir wissen, dass die Vereinigten Staaten, ebenso wie Südafrika, Jahrhunderte der ethnischen Unterdrückung überwinden mussten. So wie hier erforderte dies auch bei uns Opfer – das Opfer zahlloser Menschen, bekannter und unbekannter, damit wir schließlich den Anbruch eines neuen Tages erleben konnten. Michelle und ich haben von diesem Kampf profitiert. Dennoch dürfen wir weder in den Vereinigten Staaten noch in Südafrika, noch in anderen Ländern auf dieser Erde zulassen, dass die Fortschritte die Tatsache verschleiern, dass unsere Arbeit noch nicht beendet ist.

Die Kämpfe, die dem Sieg der formalen Gleichberechtigung oder dem allgemeinen Wahlrecht folgen, mögen nicht so dramatisch und moralisch eindeutig sein wie frühere Kämpfe, aber sie sind nicht weniger wichtig. Denn überall auf der Welt sehen wir noch immer Kinder, die unter Hunger und Krankheit leiden. Es gibt noch immer baufällige Schulen. Wir sehen noch immer junge Menschen, die keine Zukunftsperspektive haben. Überall auf der Welt werden auch heute noch Frauen und Männer wegen ihrer politischen Überzeugungen inhaftiert und aufgrund ihres Äußeren, ihrer Religionszugehörigkeit oder sexuellen Neigungen verfolgt. Das geschieht heute.

Und so müssen auch wir im Namen der Gerechtigkeit handeln. So müssen auch wir im Namen des Friedens handeln. Es gibt zu viele Menschen, die sich nur zu gerne Madibas Vermächtnis der ethnischen Versöhnung zu eigen machen, aber leidenschaftlich jedem Reformversuch widerstehen, der darauf abzielt, chronische Armut und wachsende Ungleichheit zu bekämpfen. Es gibt zu viele führende Politiker, die sich solidarisch mit Madibas Kampf für Freiheit erklären, aber in der eigenen Bevölkerung keine abweichende Meinung dulden. Und es gibt zu viele unter uns, die sich aus allem heraushalten, es sich in ihrer Selbstgefälligkeit oder ihrem Zynismus bequem gemacht haben, obwohl sie eigentlich ihre Stimme erheben sollten.

Die Fragen, denen wir uns heute stellen müssen, lauten: Wie können wir Freiheit und Menschenrechte schützen, wie können wir Konflikte und religiös motivierte Kriege beenden? Auf diese Fragen gibt es keine einfachen Antworten. Aber für das Kind, das im Ersten Weltkrieg geboren wurde, gab es auch keine einfachen Antworten. Nelson Mandela erinnert uns daran, dass vieles unmöglich erscheint, bis es schließlich erreicht wird. Südafrika zeigt uns, dass dies stimmt. Südafrika zeigt uns, dass wir uns verändern können, dass wir uns entscheiden können, in einer Welt zu leben, die durch unsere gemeinsamen Hoffnungen geprägt wird und nicht durch unsere Unterschiede. Wir können uns für eine Welt entscheiden, die nicht von Konflikten geprägt wird, sondern von Frieden und Gerechtigkeit und Chancen.

Einem Menschen wie Nelson Mandela werden wir kein zweites Mal begegnen. Aber ich möchte den jungen Menschen in Afrika und überall auf der Welt sagen: Auch ihr könnt euch sein Lebenswerk zu eigen machen. Vor mehr als 30 Jahren, als ich noch studierte, erfuhr ich von Nelson Mandela und seinem Kampf in diesem wunderschönen Land, und es hat etwas in mir verändert. Er machte mir meine Verantwortung anderen und mir selbst gegenüber bewusst, und dies brachte mich auf den unwahrscheinlichen Weg, der mich heute hierher geführt hat. Ich werde niemals an Madibas Vorbild heranreichen können, aber durch ihn bin ich bestrebt, ein besserer Mensch zu werden. Er spricht das Beste in uns an.

Wenn nun dieser große Befreier seine letzte Ruhe gefunden hat und wir in unsere Städte und Dörfer zurückgekehrt sind und wieder unserer täglichen Routine nachgehen, sollten wir nach seiner Stärke suchen. Wir sollten in uns selbst nach seiner Größe suchen. Wenn die Nacht hereinbricht, wenn die Ungerechtigkeit schwer auf unseren Herzen lastet, wenn unsere besten Pläne unerreichbar scheinen, sollten wir an Madiba und seine Worte denken, die ihm in seiner Gefängniszelle so viel Trost spendeten: »Egal wie schmal das Tor wie groß, wie viel Bestrafung ich auch zähl, ich bin der Meister meines Los. Ich bin der Käpt'n meiner Seel.«

Was für eine großartige Seele er hatte. Wir werden ihn zutiefst vermissen. Möge Gott die Erinnerung an Nelson Mandela segnen. Möge Gott die Menschen in Südafrika segnen.

Die Folgen des sorglosen
Nichtstuns sind nichts Abstraktes

Rede an die europäische Jugend
Brüssel, 26. März 2014

... Im Verlauf der Menschheitsgeschichte haben Gesellschaften immer wieder mit den grundlegenden Fragen gerungen, wie sie ihr Zusammenleben organisieren sollen in welchem Verhältnis der Einzelne und der Staat stehen sollten und wie man die unvermeidlichen Konflikte zwischen Staaten am besten löst. Hier in Europa erkämpfte man sich dann im Laufe von Jahrhunderten – durch Krieg und Aufklärung, Unterdrückung und Revolution – eine Reihe von Idealen: die Auffassung, dass jeder das Recht hat, sein Leben ausgehend von seinem Gewissen und seinem freien Willen selbst zu bestimmen. Die Auffassung, dass Macht sich von der Zustimmung der Regierten ableitet und dass Gesetze und Institutionen dem Zweck dienen, dieses Verständnis zu schützen. Diese Ideen inspirierten dann die Bewohner einer Kolonie jenseits des Atlantiks, und sie verankerten sie in den Gründungsdokumenten, die bis heute in den Vereinigten Staaten maßgeblich sind, einschließlich der einfachen Wahrheit, dass alle Männer – und Frauen – gleich geschaffen sind.

Aber diese Ideale wurden auch auf die Probe gestellt – hier in Europa und auf der ganzen Welt. Diese Ideale wurden oft von einem älteren, traditionelleren Verständnis von Macht bedroht. Diese andere Sichtweise geht davon aus, dass gewöhnliche Männer und Frauen nicht in der Lage sind, ihre Geschicke selbst zu lenken, und dass Ordnung und Fortschritt nur möglich sind, wenn der Einzelne seine Rechte einem allmächtigen Herrscher unterordnet. Häufig beruht diese Sicht auf der Auffassung, dass einige Menschen anderen aufgrund ihrer Abstammung, ihres Glaubens oder ihrer ethnischen Zugehörigkeit grundsätzlich überlegen sind und dass Identität durch die Abgrenzung von anderen entsteht oder dass nationale Größe nicht das Produkt dessen ist, wofür ein Volk steht, sondern dessen, was es ablehnt.

Im Grunde genommen kann man an der europäischen Geschichte des 20. Jahrhunderts das Zusammenprallen dieser beiden Sichtweisen beobachten – innerhalb von Staaten und zwischen ihnen. Die Fähigkeit der Menschen zur friedlichen Konfliktlösung konnte mit der industriellen und technologischen Entwicklung nicht Schritt halten, und so rutschten sogar die zivilisiertesten Gesellschaften in die Barbarei ab.

Heute Vormittag auf dem Soldatenfriedhof in Flandern wurde ich daran erinnert, wie eine ganze Generation in den Schützengräben und dem Gas des Ersten Weltkriegs in einem Krieg zwischen Völkern in den Tod geschickt wurde. Nur zwei Jahrzehnte später hat extremistischer Nationalismus erneut einen Krieg auf diesem Kontinent ausgelöst – Volksgruppen wurden versklavt, große Städte wurden in Schutt und Asche gelegt und Millionen von Menschen wurden getötet, unter ihnen die Opfer des Holocaust.

Nach dem Zweiten Weltkrieg haben sich die Vereinigten Staaten und Europa als Reaktion auf diesen tragischen Abschnitt der Geschichte zusammengetan, um den dunklen Kräften der Vergangenheit eine Absage zu erteilen und eine neue Friedensarchitektur zu schaffen. Arbeiter und

Ingenieure haben den Marshallplan ins Leben gerufen. Die NATO, ein Bündnis, das zum stärksten der Geschichte werden sollte, wachte über ihre Mitglieder. Auf der anderen Seite des Atlantiks begrüßten wir eine gemeinsame Vision für Europa – eine Vision, basierend auf repräsentativer Demokratie, den Rechten des Einzelnen und der Überzeugung, dass Länder den Interessen ihrer Bürger durch Handel und offene Märkte, ein soziales Netz und die Achtung Andersgläubiger und Fremder gerecht werden können.

Jahrzehntelang stand dieser Entwurf in scharfem Kontrast zum Leben auf der anderen Seite des Eisernen Vorhangs. Jahrzehntelang lieferte man sich einen Wettstreit, und schließlich wurde dieser Kampf gewonnen – nicht durch Panzer oder Raketen, sondern von unseren Idealen, die die Herzen der Ungarn anrührten, die eine Revolution starteten, von polnischen Werftarbeitern, die die Solidarność gründeten, von Tschechen, die der samtenen Revolution ohne einen einzigen Schuss zum Sieg verhalfen, und von Ostberlinern, die an den Wachen vorbeidrängten und die Mauer endlich niederrissen.

Das, was in den Schützengräben von Flandern, den Trümmern von Berlin oder in der Gefängniszelle eines Dissidenten unmöglich schien, ist heute für uns selbstverständlich. Deutschland ist wiedervereint. Die Staaten Mittel- und Osteuropas sind in die Familie der Demokratien aufgenommen worden. Heute treffen wir uns in einem Land, das einst das Schlachtfeld Europas war; wir treffen uns am Sitz einer Union, die ehemalige Erzfeinde in Frieden und im Geiste der Kooperation zusammenbringt. Die Menschen in Europa – Hunderte Millionen Bürgerinnen und Bürger aus Ost, West, Nord und Süd – leben heute in mehr Sicherheit und Wohlstand, weil wir uns zusammen für unsere gemeinsamen Ideale eingesetzt haben.

Diese Geschichte des menschlichen Fortschritts ist ganz und gar nicht auf Europa beschränkt. Die Ideale, die so charakteristisch für unser Bündnis sind, inspirierten in der Tat Bewegungen überall auf der Welt und – in einer Ironie der Geschichte – unter den Völkern, denen ihre vollständigen Rechte häufig von westlichen Mächten verwehrt worden waren. Nach dem Zweiten Weltkrieg haben Menschen in Afrika und Indien das Joch des Kolonialismus abgeworfen, um ihre Unabhängigkeit zu erstreiten. In den Vereinigten Staaten protestierten Bürger friedlich gegen die Rassentrennung in Bussen und erduldeten sogar Prügel, um der Rassentrennung ein Ende zu setzen und ihre Bürgerrechte zu erringen. Als der Eiserne Vorhang in Europa fiel, tat sich auch die eiserne Faust der Apartheid auf und Nelson Mandela verließ stolz und aufrechten Hauptes das Gefängnis, um Präsident einer multiethnischen Demokratie zu werden. Die Staaten Lateinamerikas erteilten den Diktaturen eine Absage und gründeten neue Demokratien, und asiatische Staaten bewiesen, dass Entwicklung und Demokratie Hand in Hand gehen können.

Die jungen Menschen im Publikum ... wurden an Orten und zu einer Zeit geboren, in der es weniger Konflikte sowie mehr Wohlstand und Freiheit gibt als zu irgendeinem anderen Zeitpunkt in der Menschheitsgeschichte. Der Grund hierfür war aber nicht, dass die dunkelsten Impulse der Menschen plötzlich nicht mehr existierten. Auch hier in Europa, auf dem Balkan, trugen sich ethnische Säuberungen zu, die unser Gewissen erschüttert haben.

Die Probleme der Integration und der Globalisierung, die jüngst durch die schwerste Wirtschaftskrise unserer Generation noch verschärft wurden, setzten das europäische Projekt unter Druck und führten zu einer politischen Strömung, die allzu häufig Einwanderer, Homosexuelle oder Personen, die irgendwie anders zu sein schienen, zu einer Zielscheibe macht.

Der technologische Fortschritt hat riesige Chancen für Handel, Innovation und kulturellen Austausch eröffnet, hat es Terroristen aber auch ermöglicht, in einem erschreckenden Ausmaß zu töten. Auf der ganzen Welt fordern religiös motivierte Gewalt und ethnische Konflikte immer noch das Leben Tausender Menschen. Erneut werden wir von einigen mit der Ansicht konfrontiert, dass größere Staaten kleinere drangsalieren können, um ihren Willen durchzusetzen – die wiederaufgewärmte Maxime, dass das Recht des Stärkeren sich doch irgendwie durchsetzt.

Ich stehe hier heute vor Ihnen, um zu betonen, dass wir den in Europa und auf der ganzen Welt verbreiteten Fortschritt nie als selbstverständlich ansehen dürfen, denn der Wettstreit der Ideen wird auch in Ihrer Generation fortgesetzt. Genau darum geht es momentan in der Ukraine. Die russische Führung stellt Wahrheiten infrage, die noch vor einigen Wochen als selbstverständlich galten – dass im 21. Jahrhundert die Grenzen Europas nicht mit Waffengewalt verschoben werden können, dass das Völkerrecht entscheidend ist und dass Menschen und Staaten selbst über ihre Zukunft bestimmen können.

Seien wir ehrlich: Wenn wir unsere Interessen eng definieren würden, wenn wir kühles Kalkül walten lassen würden, dann könnten wir zu dem Schluss kommen, besser wegzusehen. Unsere Volkswirtschaft ist mit der der Ukraine nicht eng verflochten. Unsere Völker und unsere Heimatländer sind von der Invasion auf der Krim nicht unmittelbar bedroht. Unsere eigenen Grenzen sind durch die russische Annexion nicht gefährdet. Aber mit diesem schulterzuckenden

Wegschauen würden wir die Lektionen ignorieren, die man an den Friedhöfen dieses Kontinents ablesen kann. Die alte Sicht könnte so in diesem noch jungen Jahrhundert wieder Fuß fassen. Diese Botschaft würde nicht nur in Europa, sondern auch in Asien, Amerika, Afrika und dem Nahen Osten vernommen werden.

Die Folgen des sorglosen Nichtstuns sind nichts Abstraktes. Wir sollten uns die Folgen für das Leben realer Menschen – Männern und Frauen wie uns – einmal ausmalen. Schauen wir auf die jungen Menschen in der Ukraine, die entschlossen waren, ihre Zukunft den Händen einer völlig korrupten Regierung zu entreißen – die Porträts der von Scharfschützen Erschossenen, die Besucher, die ihrer auf dem Maidan gedenken. Eine Studentin schlang sich eine ukrainische Fahne um und bekundete ihre Hoffnung, dass sich »jedes Land an die Gesetze halten sollte«. Eine Doktorandin sagte über ihre Mitdemonstranten: »Ich möchte, dass die Menschen hier in Würde leben können.« Stellen Sie sich vor, Sie sind die junge Frau, die gesagt hat: »Es gibt Dinge, die Angst, Polizeiknüppel und Tränengas nicht zerstören können.«

Wir sind diesen Menschen nie begegnet, aber wir kennen sie. Ihre Stimmen sind der Widerhall von Rufen nach Würde, die Generationen über auf europäischen Straßen und Plätzen zu hören waren. Ihre Stimmen sind der Widerhall der Stimmen von Menschen weltweit, die in dieser Minute für ihre Würde kämpfen. Diese Ukrainer erteilten einer Regierung eine Absage, die die eigenen Bürger bestohlen hat, statt ihnen zu dienen, und sie streben nach den gleichen Idealen, die unser heutiges Zusammensein möglich gemacht haben. ...

Letztendlich muss jede Gesellschaft ihren eigenen Weg bestimmen. Der Weg der Vereinigten Staaten oder Europas ist nicht der einzige Weg zu Freiheit und Gerechtigkeit. Aber es kann kein Zurück geben, wenn es um das Grundprinzip geht, das hier auf dem Spiel steht: die Fähigkeit jeder Nation und jedes Volkes, eigene Entscheidungen zu treffen. Nicht die Vereinigten Staaten haben den Maidan mit Demonstranten gefüllt, sondern die Ukrainer. Es waren keine ausländischen Streitkräfte, die Bürger von Tunis und Tripolis gezwungen haben sich zu erheben, sie haben es aus eigener Initiative heraus getan. Vom burmesischen Abgeordneten, der sich um Reformen bemüht, bis zu den engagierten jungen Menschen, die in Afrika gegen Korruption und Intoleranz kämpfen, gibt es etwas, das wir als menschliche Wesen alle teilen, eine Wahrheit, die im Angesicht von Gewalt und Unterdrückung bestehen bleiben und letztendlich obsiegen wird.

Ich weiß, dass es den jungen Menschen, die heute hier sind, leichtfallen könnte, diese Ereignisse als weit entfernt von ihrem Leben und ihrem Alltag oder persönlicheren Sorgen einzuordnen. Mir ist bewusst, dass man sich sowohl in den Vereinigten Staaten als auch in Europa mehr als genug Sorgen um die Angelegenheiten im eigenen Land machen kann. Es wird immer Stimmen geben, die sagen, dass das, was weiter entfernt auf der Welt geschieht, uns nichts angeht und nicht in unserer Verantwortung liegt. Wir dürfen allerdings nie vergessen, dass wir Erben eines Kampfes für die Freiheit sind. Unsere Demokratie, unsere persönlichen Chancen existieren nur, weil Menschen vor uns weise und mutig genug waren zu erkennen, dass unsere Ideale nur dann von Dauer sein würden, wenn wir unser Interesse am Erfolg anderer Menschen und Nationen erkennen.

Jetzt ist nicht die Zeit sich aufzuspielen. Bei der Situation in der Ukraine gibt es, wie bei Krisen in vielen anderen Teilen der Welt, keine einfachen Antworten, und es gibt auch keine militärische Lösung. In diesem Augenblick müssen wir die

Herausforderung an unsere Ideale – und an die internationale Ordnung an sich – mit Stärke und Überzeugung meistern.

Sie, die jungen Menschen Europas, ... werden zu der Entscheidung beitragen, in welche Richtung die Geschichte sich wenden wird. Sie sollten keine einzige Sekunde meinen, dass Ihre eigene Freiheit, Ihr eigener Wohlstand und Ihre eigene moralische Vorstellungskraft von den Grenzen Ihrer Gemeinde, Ihrer Volkszugehörigkeit oder Ihres Landes festgelegt werden. Sie sind viel mehr als nur das. Sie können uns helfen, die Geschichte in bessere Bahnen zu lenken. Das sagt uns Europa. Darum geht es bei den Erfahrungen, die die Vereinigten Staaten gemacht haben.

... Der Erfolg unserer Ideale hängt letztendlich von uns ab, und das schließt den Vorbildcharakter unseres eigenen Lebens, unserer eigenen Gesellschaft mit ein. Wir wissen, dass es immer Intoleranz geben wird. Aber anstatt uns vor Zuwanderern zu fürchten, sollten wir sie willkommen heißen. Wir können auf einer Politik bestehen, von der nicht nur einige wenige, sondern viele profitieren; wir können darauf bestehen, dass dieses Zeitalter der Globalisierung und des schwindelerregenden Wandels denjenigen Chancen eröffnet, die am Rande der Gesellschaft stehen, und nicht nur einigen wenigen Privilegierten. Statt unsere schwulen und lesbischen Brüder und Schwestern anzugreifen, können wir unsere Gesetze nutzen, um ihre Rechte zu schützen. Statt uns in Abgrenzung von anderen zu definieren, sollten wir unsere gemeinsamen Wünsche und Ziele bekräftigen. Das wird die Vereinigten Staaten stark machen. Das wird Europa stark machen. Das macht uns zu dem, was wir sind.

Ebenso wie wir unserer Verantwortung als Einzelpersonen gerecht werden, müssen wir auch bereit sein, ihr als

Land gerecht zu werden, denn wir leben in einer Welt, in der unsere Ideale immer wieder von Kräften herausgefordert werden, die uns alle in Konflikte und Korruption stürzen könnten. Wir können uns nicht darauf verlassen, dass andere für uns diese Prüfungen meistern. Viele Generationen vor Ihnen haben sich um die Schaffung der internationalen Ordnung bemüht, und ob hierbei nun weiter Fortschritte oder Rückschritte gemacht werden, wird entscheidend mit von der Politik Ihrer Regierung sowie den Prinzipien der Europäischen Union beeinflusst werden.

Wir alle werden diese Frage beantworten müssen: Was für ein Europa, was für ein Amerika, was für eine Welt werden wir hinterlassen? Und ich glaube, wenn wir an unseren Prinzipien festhalten und bereit sind, unsere Überzeugungen mutig und entschlossen zu verteidigen, dann wird Hoffnung letztlich über Angst siegen, dann wird Freiheit weiter über Tyrannei triumphieren, denn es sind diese Dinge, die das menschliche Herz immer bewegen werden.

Denn wir sind aus dem Wandel geboren

Rede anlässlich des 50. Jahrestags der Protestmärsche
von Selma nach Montgomery
Edmund Pettus Bridge in Selma, Alabama, 7. März 2015

Man hat im Leben nicht oft die Ehre, nach einem seiner
Helden das Wort zu ergreifen. Und John Lewis ist einer meiner Helden.

Wenn ich mir vorstelle, wie ein jüngerer John Lewis vor
50 Jahren morgens aufwachte und sich auf den Weg zur
Brown Chapel machte, war Heldentum wahrscheinlich das
Letzte, woran er dachte. Er hatte sich den Tag anders vorgestellt. Junge Menschen mit Bettzeug und Rucksäcken liefen
umher. Veteranen der Bewegung unterwiesen Neulinge in
der Strategie der Gewaltlosigkeit, in der richtigen Art, sich
gegen Angriffe zu schützen. Ein Arzt beschrieb, was Tränengas im Körper bewirkt, während die Demonstranten Anweisungen für die Unterrichtung ihrer nächsten Angehörigen
notierten. Zweifel, Erwartungen und Angst lagen in der Luft.
Die Menschen beruhigten sich mit der letzten Strophe des
letzten Liedes, das sie sangen:

»Ob auch die Prüfung lange währt, Gott sorgt für dich,
sein Kind!
Bald nimmt er dir, was dich beschwert, Gott sorgt für dich,
sein Kind!«

Dann führte John Lewis, der alles im Rucksack hatte, was man für eine Nacht im Gefängnis braucht – einen Apfel, eine Zahnbürste und ein Buch über Staatsführung –, sie aus der Kirche hinaus auf eine Mission, Amerika zu verändern. ...

Wie John bereits sagte, gibt es Orte und Augenblicke in Amerika, in denen über das Schicksal der Nation entschieden wurde. Oft sind es Kriegsschauplätze – Concord und Lexington, Appomattox, Gettysburg. Andere Orte stehen für den Wagemut, der den amerikanischen Charakter auszeichnet – Independence Hall und Seneca Fall, Kitty Hawk und Cape Canaveral.

Selma ist ein solcher Ort. An einem Nachmittag vor 50 Jahren trafen viele Teile unserer turbulenten Geschichte – der Makel der Sklaverei und das Leid des Bürgerkrieges, das Joch der Rassentrennung und die Tyrannei der Jim-Crow-Gesetze [Gesetze zur Rassentrennung], der Tod von vier kleinen Mädchen in Birmingham und der Traum eines Baptistenpredigers – auf dieser Brücke zusammen.

Es war kein Zusammenprall von Armeen, sondern ein Willenskampf, ein Wettkampf um die wahre Bedeutung Amerikas. Dank vielen Männern und Frauen wie John Lewis, Joseph Lowery, Hosea Williams, Amelia Boynton, Diane Nash, Ralph Abernathy, C. T. Vivian, Andrew Young, Fred Shuttlesworth, Dr. Martin Luther King jr. und so vielen anderen konnte die Idee eines fairen und gerechten Amerikas, eines inklusiven und eines großzügigen Amerikas schließlich triumphieren.

Wie so oft im Verlauf der amerikanischen Geschichte können wir auch diesen Augenblick nicht isoliert betrachten. Der Marsch nach Selma war Teil einer größeren Bewegung, die Generationen umfasste, und seine Anführer an diesem Tag reihten sich in eine lange Reihe von Helden ein.

Wir versammeln uns hier, um sie zu feiern. Wir versammeln uns hier, um den Mut ganz normaler Amerikaner zu würdigen, die Gummiknüppel und Schlagstock, Tränengas und trampelnde Pferdehufe ertragen haben; es waren Männer und Frauen, die trotz strömenden Blutes und gesplitterter Knochen ihrem Polarstern folgten und weiter Richtung Gerechtigkeit marschierten.

Sie taten, was die Heilige Schrift verlangt: »Seid fröhlich in Hoffnung, geduldig in Trübsal, beharrlich im Gebet.« In den kommenden Tagen kehrten sie immer wieder dorthin zurück. Wenn der Trompetenruf erschallte, der mehr Menschen dazu bewegen sollte, mitzumachen, kamen sie: Schwarze und Weiße, Junge und Alte, Christen und Juden. Sie schwenkten die amerikanische Flagge und sangen die gleichen Lieder voller Glaube und Hoffnung. Bill Plante, ein weißer Journalist, der damals über die Protestmärsche berichtete und heute hier bei uns ist, scherzte, dass die wachsende Zahl der Weißen die Qualität des Gesangs beeinträchtigte. Für diejenigen, die dort demonstrierten, klangen die alten Gospelsongs allerdings nie süßer.

Mit der Zeit schwoll ihr Chor an und erreichte schließlich Präsident Johnson. Er schickte ihnen Schutz, wandte sich an die Nation und wiederholte ihren Aufruf, damit Amerika und die Welt ihn hörten: »We shall overcome.« Der Glaube dieser Männer und Frauen war unglaublich stark – ihr Glaube an Gott, aber auch an die Vereinigten Staaten.

Die Amerikanerinnen und Amerikaner, die diese Brücke überquerten, waren körperlich nicht imponierend. Aber sie gaben Millionen Menschen Hoffnung. Sie waren keine gewählten Amtsträger. Aber sie führten eine ganze Nation an. Sie marschierten als Amerikaner, die Hunderte von Jahren unter brutaler Gewalt und täglich unter unzähligen Erniedrigungen gelitten hatten. Sie wollten keine Sonderbehandlung, sondern lediglich die Gleichbehandlung, die ihnen vor fast einem Jahrhundert versprochen worden war.

Was sie hier getan haben, wird noch lange widerhallen. Nicht, weil der Wandel, den sie angestoßen haben, vorherbestimmt war, nicht, weil ihr Sieg vollständig war, sondern, weil sie bewiesen haben, dass Wandel gewaltlos möglich ist, dass Liebe und Hoffnung Hass besiegen können.

Wenn wir heute ihrer Errungenschaften gedenken, tun wir gut daran, uns zu erinnern, dass damals viele, die an der Macht waren, diese Protestmärsche nicht gelobt, sondern verurteilt haben. Sie wurden damals als Kommunisten, Halbblut oder Agitatoren von außen, sexuell und moralisch Verkommene und noch Schlimmeres bezeichnet, sie wurden alles genannt, nur nicht bei dem Namen, den ihre Eltern ihnen gegeben hatten. Ihr Glaube wurde infrage gestellt. Sie wurden bedroht. Ihr Patriotismus wurde angezweifelt.

Aber was könnte amerikanischer sein als das, was hier an diesem Ort geschah? Wer könnte die Idee von Amerika besser verkörpern als einfache und demütige Menschen – Unbesungene, Geknechtete, Träumer niedrigen Standes, die nicht in Reichtum und Privilegien geboren wurden, die nicht einer, sondern vielen religiösen Traditionen angehören und zusammenkommen, um den Weg ihres Landes zu gestalten?

Was könnte ein größeres Bekenntnis zum Glauben an das amerikanische Experiment sein als dieses? Gibt es eine größere Form des Patriotismus als den Glauben daran, dass Amerika noch nicht fertig ist, dass wir stark genug sind, um selbstkritisch zu sein, dass jede weitere Generation auf unsere Unvollkommenheit blicken und entscheiden kann, dass es in unserer Macht steht, diese Nation neu zu gestalten und unseren höchsten Idealen näherzukommen?

Deshalb ist Selma kein Einzelfall, der aus der amerikanischen Erfahrung heraussticht. Deshalb ist es kein Museum oder statisches Denkmal, das man nur aus der Ferne betrachten sollte. Vielmehr verkörpert Selma ein Bekenntnis, das wir in unseren Gründungsdokumenten niedergeschrieben haben: »Wir, das Volk ..., von der Absicht geleitet, unseren Bund zu vervollkommnen ...« »Wir halten diese Wahrheiten für selbstverständlich, dass alle Menschen gleich geschaffen worden sind.«

Das sind nicht nur Worte. Dieses Bekenntnis ist lebendig, ein Aufruf zum Handeln, eine Anleitung für das Staatsbürgertum und ein Beharren darauf, dass freie Männer und Frauen in der Lage sind, ihr Schicksal selbst zu gestalten. Für Gründerväter wie Franklin und Jefferson, für Präsidenten wie Lincoln und Franklin Delano Roosevelt hing der Erfolg unseres Experiments der Selbstverwaltung davon ab, dass alle Bürger für diese Arbeit gewonnen werden können. Und genau das feiern wir hier in Selma. Darum ging es bei dieser Bewegung, dieser einen Etappe unserer Reise in Richtung Freiheit.

Die amerikanische Mentalität, die diese jungen Männer und Frauen dazu bewegt hat, die Fackel aufzunehmen und über die Brücke zu tragen, ist dieselbe Mentalität, die die Patrioten zu einer Revolution anstatt zu Tyrannei bewegt hat. Genau diese Mentalität hat Einwanderer über die Meere und den Rio Grande hierher geführt, die gleiche Mentalität hat Frauen dazu bewegt, das Wahlrecht anzustreben, Arbeitnehmer, sich gegen einen ungerechten Status quo aufzulehnen, und diese Mentalität hat uns dazu bewegt, eine Flagge in Iwojima und auf dem Mond aufzustellen.

Diese Vorstellung hatten Generationen von Bürgerinnen und Bürgern, die daran glaubten, dass Amerika immer unfertig sein würde, die glaubten, dass sein Land zu lieben mehr erfordert, als es nur zu loben und unbequemen Wahrheiten aus dem Weg zu gehen. Es erfordert eine gelegentliche Störung sowie die Bereitschaft, sich für das auszusprechen, was richtig ist, und den Status quo zu erschüttern. Das ist Amerika.

Das macht uns einmalig. Das festigt unseren Ruf als Land der unbegrenzten Möglichkeiten. Junge Menschen hinter dem Eisernen Vorhang haben Selma gesehen und eines Tages die Mauer niedergerissen. Junge Menschen in Soweto hörten Bobby Kennedy über Wellen der Hoffnung sprechen und schafften schließlich die Geißel der Apartheid ab. Junge Menschen in Birma gingen lieber ins Gefängnis, als sich der Militärherrschaft zu unterwerfen. Sie hatten gesehen, was John Lewis getan hatte. Von den Straßen in Tunis bis zum Maidan in der Ukraine kann diese Generation junger Menschen aus diesem Ort Kraft schöpfen, wo die Machtlosen die größte Macht der Welt verändern und ihre Führung dazu bringen konnten, die Grenzen der Freiheit zu erweitern.

Sie haben gesehen, wie diese Idee hier in Selma (Alabama) Wirklichkeit wurde. Sie haben gesehen, wie sich diese Idee hier in den Vereinigten Staaten manifestierte.

Aufgrund von Bewegungen wie dieser wurde ein Wahlrechtsgesetz verabschiedet. Politische, wirtschaftliche und gesellschaftliche Barrieren wurden abgebaut. Die Veränderungen, die diese Männer und Frauen bewirkt haben, ist hier in der Präsenz von Afroamerikanern sichtbar, die Vorstandssitzungen leiten, auf dem Richterstuhl sitzen, die in kleinen und großen Städten in Ämter gewählt wurden, vom Black Caucus im Kongress bis ins Oval Office.

Aufgrund ihres Handelns haben sich nicht nur für Schwarze die Türen für Chancen geöffnet, sondern für alle Amerikaner. Frauen sind durch diese Türen gegangen. Lateiname-rikaner sind durch diese Türen gegangen. Amerikaner asia-tischer Herkunft, homosexuelle Amerikaner, Amerikaner mit Behinderungen – sie alle sind durch diese Türen gegan-gen. Ihr Unterfangen gab dem gesamten Süden die Chance, wiederaufzuerstehen, und zwar nicht indem er die Vergan-genheit wiederbelebte, sondern indem er die Vergangenheit überwand.

Was für eine wunderbare Sache, hätte Dr. King vielleicht gesagt. Welch ehrwürdige Schuld wir doch haben. Was uns dazu führt zu fragen, wie wir diese Schuld begleichen können.

Zunächst einmal müssen wir erkennen, dass eine eintägi-ge Gedenkfeier, so würdig sie auch sein mag, nicht ausreicht. Wenn Selma uns etwas gelehrt hat, dann, dass unsere Arbeit nie getan ist. Das amerikanische Experiment der Selbstver-waltung gibt jeder Generation ein Ziel vor, auf das es hinzu-arbeiten gilt.

Selma lehrt uns auch, dass wir unseren Zynismus ablegen müssen, um zu handeln. Wenn es darum geht, nach Gerech-tigkeit zu streben, können wir uns weder Selbstzufriedenheit noch Verzweiflung leisten.

Erst diese Woche wurde ich gefragt, ob ich meine, der Be-richt des Justizministeriums über Ferguson zeige, dass sich in Bezug auf Rassenfragen in diesem Land wenig geändert habe. Ich konnte die Fragen verstehen, der Tenor des Be-richts kommt einem leider nur allzu bekannt vor. Er erinnert an die Misshandlungen und die Geringschätzung von Bür-gern, die die Bürgerrechtsbewegung ausgelöst haben. Aber ich widersprach der Auffassung, es habe sich nichts geän-dert. Was in Ferguson geschehen ist, mag nicht einmalig sein, aber es ist nicht mehr endemisch. Es gibt keine Gesetze oder Gewohnheitsrechte mehr, die es zulassen. Vor der Bürger-rechtsbewegung sah das noch ganz anders aus.

Wir leisten der Sache der Gerechtigkeit keinen guten Dienst, wenn wir zu verstehen geben, Vorurteile und Diskriminierung seien unveränderlich, die Kluft zwischen den Ethnien sei ein inhärenter Bestandteil der Vereinigten Staaten. Wenn Sie der Meinung sind, in den letzten 50 Jahren habe sich nichts verändert, dann sollten Sie jemanden fragen, der Selma oder Chicago oder Los Angeles in den fünfziger Jahren erlebt hat. Fragen Sie die Geschäftsführerin, die einst dem Schreibpool zugeteilt worden wäre, ob sich nichts geändert hat. Fragen Sie Ihren schwulen Freund, ob es einfacher ist, sich heute in den Vereinigten Staaten stolz zu seiner Sexualität zu bekennen als vor 30 Jahren. Diese Fortschritte, diese hart erkämpften Fortschritte – unsere Fortschritte – zu leugnen, würde uns unserer eigenen Handlungsfähigkeit, unserer Verantwortung, unserer Fähigkeit berauben, alles zu tun, was wir können, um die Vereinigten Staaten zu verbessern.

Ein häufiger gemachter Fehler ist in der Tat, Ferguson als Einzelfall zu bezeichnen, zu behaupten, es gäbe keinen Rassismus mehr, die Arbeit, die Männer und Frauen nach Selma gebracht hat, sei nun abgeschlossen und die verbleibenden ethnischen Spannungen gingen darauf zurück, dass einige die »Rassenkarte« für ihre Zwecke einsetzten. Wir brauchen keinen Bericht über Ferguson, um zu wissen, dass das nicht stimmt. Wir müssen lediglich unsere Augen, Ohren und Herzen öffnen, um zu wissen, dass die Geschichte der ethnischen Gruppen in diesem Land ihren langen Schatten auf uns wirft.

Wir wissen, dass der Marsch noch nicht zu Ende ist. Wir wissen, dass das Rennen noch nicht gewonnen ist. Wir wissen, wenn wir dieses gesegnete Ziel, alle nach unserem Charakter beurteilt zu werden, erreichen wollen, müssen wir das einräumen, uns der Wahrheit stellen. »Wir sind fähig, eine große Last zu tragen«, schrieb James Baldwin einst, »wenn wir erst erkennen, dass die Last real ist und wir in der Realität ankommen.«

Die Vereinigten Staaten können alles schaffen, wenn sie dem Problem direkt ins Auge blicken. Es ist eine Aufgabe für alle Amerikanerinnen und Amerikaner, nicht nur für einige. Nicht nur für Weiße. Nicht nur für Schwarze. Wenn wir den Mut derer würdigen wollen, die an diesem Tag marschiert sind, dann müssen wir alle dem Ruf folgen, ihre moralische Vorstellungskraft nachzuahmen. Wie sie damals müssen wir alle jetzt die absolute Dringlichkeit spüren. Wie sie damals müssen wir alle erkennen, dass Veränderungen von unserem Handeln abhängig sind, von unserer Einstellung, von den Dingen, die wir unseren Kindern beibringen. Wenn wir diese Anstrengungen unternehmen, so schwer es auch manchmal erscheinen mag, dann können Gesetze verabschiedet und Menschen aufgerüttelt werden, dann kann ein Konsens entstehen.

Mit einer solchen Anstrengung können wir gewährleisten, dass unser Strafrechtssystem allen dient und nicht nur einigen. Gemeinsam können wir das gegenseitige Vertrauen stärken, auf dem die Polizeiarbeit beruht – den Gedanken, dass Polizeibeamte Mitglieder der Gemeinschaft sind, für deren Schutz sie ihr Leben riskieren. Die Bürger in Ferguson, New York und Cleveland wollen genau das, was auch die jungen Menschen wollten, die hier vor 50 Jahren marschiert sind – den Schutz des Gesetzes. Gemeinsam können wir gegen ungerechte Urteile und überfüllte Gefängnisse angehen und gegen die kläglichen Umstände, die zu viele Jungen der Chance berauben, Männer zu werden, und unser Land zu vieler Männer beraubt, die gute Väter, Arbeitnehmer und Nachbarn werden könnten.

Mit einiger Anstrengung können wir etwas gegen die Armut tun und Hindernisse für Chancen aus dem Weg räumen. Amerikaner akzeptieren keine Schmarotzer. Sie glauben auch nicht an Ergebnisgleichheit. Aber wir erwarten Chancengleichheit. Wenn wir es ernst meinen, wenn wir nicht nur Lippenbekenntnisse abgeben, sondern es wirklich ernst meinen und bereit sind, dafür Opfer zu bringen, dann können wir gewährleisten, dass jedes Kind eine Ausbildung erhält, die diesem neuen Jahrhundert angemessen ist, die die Vorstellungskraft erweitert, den Blick auf höhere Ziele richtet und diesen Kindern die Fähigkeiten vermittelt, die sie brauchen. Wir können sicherstellen, dass jeder, der arbeiten will, die Würde eines Arbeitsplatzes, einen gerechten Lohn, eine echte Stimme und festere Sprossen auf der Leiter in die Mittelschicht erhält.

Mit etwas Anstrengung können wir den Grundstein unserer Demokratie schützen, für den so viele über diese Brücke marschiert sind: das Wahlrecht. Heute, im Jahr 2015, 50 Jahre nach Selma, gibt es in diesem Land Gesetze, die es schwerer machen, sein Wahlrecht auszuüben. Während wir hier sprechen, werden weitere derartige Gesetzesentwürfe vorgelegt. Das Wahlrechtsgesetz, das Ergebnis von so viel Blutvergießen, so viel Schweiß und Tränen, das Produkt so vieler Opfer ungezügelter Gewalt, wird dadurch geschwächt, seine Zukunft erbitterten politischen Streitigkeiten ausgesetzt. ...

Liebe marschierende Mitbürger, in den vergangenen 50 Jahren hat sich vieles verändert. Wir haben Krieg erlebt und Frieden geschaffen. Wir haben technologische Wunder erlebt, die alle Bereiche unseres Lebens berühren. Wir halten Annehmlichkeiten für selbstverständlich, die sich unsere Eltern kaum hätten vorstellen können. Was sich allerdings nicht geändert hat, ist das Gebot der Staatsbürgerschaft, diese Bereitschaft eines 25-jährigen Diakons, eines unitarischen Pastors oder einer jungen Mutter mit fünf Kindern, zu beschließen, dass sie dieses Land so sehr lieben, dass sie alles tun würden, um sein Versprechen zu verwirklichen.

Das bedeutet es, die Vereinigten Staaten zu lieben. Das bedeutet es, an die Vereinigten Staaten zu glauben. Das bedeutet es, wenn wir sagen, dass die Vereinigten Staaten außergewöhnlich sind.

Denn wir sind aus dem Wandel geboren. Wir haben die alten Aristokratien gebrochen, indem wir erklärt haben, unsere Ansprüche ergäben sich nicht aus unserer Abstammung, sondern aus unserer Ausstattung mit unveräußerlichen Rechten durch unseren Schöpfer. Wir leiten unsere Rechte und Verpflichtungen aus einem System der Selbstverwaltung des Volkes, vom Volk und für das Volk ab. Deshalb argumentieren und kämpfen wir mit so viel Leidenschaft und Überzeugung: Weil wir wissen, dass unsere Anstrengungen etwas bewirken. Wir wissen, Amerika ist, was wir daraus machen.

Sehen Sie sich unsere Geschichte an. Wir sind Lewis und Clark und Sacajawea, Vorreiter, die sich der Herausforderung des Unbekannten gestellt haben, denen Horden von Farmern und Minenarbeitern, Unternehmern und Krämern folgten. Das ist unsere Lebenseinstellung. Das sind wir.

Wir sind Sojourner Truth und Fannie Lou Hamer, Frauen, die ebenso viel konnten wie Männer und einiges mehr. Wir sind Susan B. Anthony, die das System änderte, bis das Gesetz diese Wahrheit widerspiegelte. Das ist unser Charakter.

Wir sind die Einwanderer, die sich auf Schiffen versteckt haben, um in dieses Land zu gelangen, die niedergedrückten Massen, die sich danach sehnten, frei zu atmen – Holocaust-Überlebende, Überläufer aus der Sowjetunion, die »verlorenen Jungen« aus dem Sudan. Wir sind die hoffnungsvollen Suchenden, die den Rio Grande überqueren, weil wir ein besseres Leben für unsere Kinder wollen. So ist unsere Nation entstanden.

Wir sind die Sklaven, die das Weiße Haus und die Wirtschaft des Südens aufgebaut haben. Wir sind die Farmhelfer und Cowboys, die den Westen erschlossen haben, und die zahllosen Arbeiter, die die Eisenbahnschienen verlegt, Hochhäuser gebaut und sich für Arbeitnehmerrechte eingesetzt haben.

Wir sind die GIs mit den jungenhaften Gesichtern, die für die Befreiung eines Kontinents gekämpft haben. Und wir sind die Tuskegee Airmen, die Codesprecher der Navajo und die Amerikaner japanischer Herkunft, die sogar noch für dieses Land gekämpft haben, als man ihnen ihre eigene Freiheit verweigerte.

Wir sind die Feuerwehrleute, die am 11. September 2001 in die Gebäude rannten, die Freiwilligen, die sich für den Kampf in Afghanistan und dem Irak gemeldet haben. Wir sind die homosexuellen Amerikaner, deren Blut sich auf die Straßen von San Francisco und New York ergoss, ebenso wie das Blut auf dieser Brücke rann.

Wir sind die Geschichtenerzähler, Autoren, Dichter und Künstler, denen Ungerechtigkeit ein Graus ist, die Scheinheiligkeit verachten, die den Stimmlosen eine Stimme geben und die Wahrheiten aussprechen, die ausgesprochen werden müssen.

Wir sind die Erfinder von Gospel, Jazz und Blues, Bluegrass und Country, Hip-Hop und Rock 'n' Roll sowie unseres ganz eigenen Sounds, in dem das ganze süße Leid und die unbändige Freude der Freiheit erklingt.

Wir sind Jackie Robinson, der die Verachtung, die sich gegen ihn richtete, ebenso ertrug wie die Spikes, Stollen und Würfe, die direkt auf seinen Kopf zielten, und die Mannschaft trotzdem zum Gewinn der World Series führte.

Wir sind die Menschen, über die Langston Hughes geschrieben hat: »Wir bauen unsere Tempel für morgen, so stark und mächtig wie wir können.« Wir sind die Menschen, über die Emerson schrieb, dass wir »für Wahrheit und Ehre einstehen und lange leiden« und »nie müde sind, solange wir weit genug sehen können«.

Das sind die Vereinigten Staaten. Keine vorgefertigten Fotos, keine retuschierte Geschichte, keine lahmen Versuche, einige als amerikanischer darzustellen als andere. Wir respektieren die Vergangenheit, verzehren uns aber nicht nach ihr. Wir haben keine Angst vor der Zukunft, wir greifen danach. Amerika ist kein fragiler Gegenstand. Wir sind groß, oder in Whitmans Worten, weiträumig, Vielheiten enthaltend. Wir sind ausgelassen und vielfältig, voller Energie und ewig jung im Geiste. Deshalb konnte jemand wie John Lewis im reifen Alter von 25 Jahren einen so mächtigen Protestmarsch anführen.

Das müssen die jungen Menschen, die heute hier sind und überall im Land zuhören, von diesem Tag mitnehmen. Sie sind Amerika. Uneingeschränkt durch Gewohnheiten und Konventionen. Frei von dem, was ist, weil sie bereit sind, nach dem zu greifen, was sein sollte.

Überall in diesem Land gibt es erste Schritte zu tun, Neuland zu erkunden, weitere Brücken zu überqueren. Auf Sie, die im Herzen Jungen und Furchtlosen, die vielfältigste und gebildetste Generation unserer Geschichte, wartet unsere Nation – wir werden Ihnen folgen.

Selma hat uns gezeigt, dass Amerika nicht das Projekt einer einzelnen Person ist, denn das mächtigste Wort unserer Demokratie ist das Wort »wir«. »Wir, das Volk.« »We shall overcome.« »Yes we can.« Ja, wir schaffen das. Dieses Wort gehört niemandem allein. Es gehört allen zusammen. Oh, welch wunderbare Aufgabe uns übertragen wurde, stets zu versuchen, diese unsere großartige Nation zu verbessern.

50 Jahre nach dem blutigen Sonntag ist unser Marsch nicht beendet, aber wir nähern uns dem Ziel. 239 Jahre nach der Gründung dieser Nation ist unsere Union noch nicht vollkommen, aber wir nähern uns dem Ziel. Unsere Aufgabe ist leichter geworden, weil bereits jemand die erste Meile zurückgelegt hat. Jemand ist bereits über die Brücke gegangen. Wenn sich der Weg zu mühsam anfühlt, wenn sich die Fackel, die uns übergeben wurde, zu schwer anfühlt, erinnern wir uns an diese ersten Reisenden. Ihr Vorbild wird uns Kraft geben, und wir werden an den Worten des Propheten Jesaja festhalten: »Die auf den Herrn harren, kriegen neue Kraft, dass sie auffahren mit Flügeln wie Adler, dass sie laufen und nicht matt werden, dass sie wandeln und nicht müde werden.«

Wir ehren diejenigen, die gelaufen sind, damit wir rennen können. Wir müssen rennen, damit unsere Kinder auffahren mit Flügeln. Wir werden nicht matt werden, denn wir glauben an die Kraft eines großartigen Gottes, und wir glauben an das heilige Versprechen dieses Landes.

Möge Gott die Kämpfer für Gerechtigkeit segnen, die nicht mehr unter uns weilen, und möge er die Vereinigten Staaten von Amerika segnen. Vielen Dank Ihnen allen.

Hier habe ich Afrika getroffen, das Afrika, an das ich immer geglaubt habe

Rede vor der Afrikanischen Union
Addis Abeba, 28. Juli 2015

... Ich stehe als stolzer Amerikaner vor Ihnen. Ich stehe auch als stolzer Sohn Afrikas vor Ihnen. Afrika und seine Menschen haben Amerika mitgestaltet und die Vereinigten Staaten zu der großartigen Nation gemacht, die sie heute sind. Afrika und seine Menschen haben auch dazu beigetragen, mich zu dem zu machen, der ich heute bin, und meine Weltsicht mit geprägt. In den Dörfern Kenias, wo mein Vater geboren wurde, habe ich etwas über meine Vorfahren, über das Leben meines Großvaters und die Familienbande erfahren, die uns als Afrikaner und Amerikaner miteinander verbinden.

Als Eltern wollen Michelle und ich, dass unsere beiden Töchter ihr europäisches und afrikanisches Erbe in all seinen Stärken und Schwierigkeiten kennen. Wir sind also mit unseren Töchtern an die Küste Westafrikas gereist, zu den doors of no return, und machten uns bewusst, dass ihre Vorfahren sowohl Sklaven als auch Sklavenhalter waren. Wir standen mit ihnen in der kleinen Zelle auf Robben Island, wo Madiba der Welt gezeigt hat, dass trotz seiner Gefangenschaft er allein Herr über sein Schicksal war. Afrika lehrt uns und unsere Kinder etwas Wesentliches: dass wir die Würde, die jedem Menschen gegeben ist, achten müssen.

Würde ist der grundlegende Gedanke, dass wir aufgrund dessen, dass wir alle Menschen sind, alle gleich geboren und von der Gnade Gottes berührt sind, unabhängig davon, wo wir herkommen oder wie wir aussehen. Jeder Mensch ist wertvoll. Jeder Mensch ist wichtig. Jeder Mensch verdient es, mit Anstand und Respekt behandelt zu werden. Die längste Zeit der Geschichte haben die Menschen das nicht erkannt. Würde war etwas, das hochrangigen und privilegierten Menschen, Königen und Respektspersonen vorbehalten war. Es war eine jahrhundertelange Revolution des Geistes notwendig, um uns die Augen dafür zu öffnen, dass jeder Mensch eine Würde hat. Auf der ganzen Welt haben Generationen darum gekämpft, diesen Gedanken durch Gesetze und Institutionen in die Praxis umzusetzen.

Auch hier in Afrika. Dies ist die Wiege der Menschheit, und die alten afrikanischen Königreiche waren die Heimat großartiger Bibliotheken und Universitäten. Aber das Übel der Sklaverei fasste nicht nur im Ausland, sondern auch hier auf diesem Kontinent Fuß. Der Kolonialismus verzerrte die Wirtschaft Afrikas und beraubte die Menschen der Möglichkeit, ihr Schicksal selbst in die Hand zu nehmen. Dann entstanden Befreiungsbewegungen. Vor 50 Jahren jubelten die Afrikaner, als nach einer großen Welle der Selbstbestimmung die ausländischen Flaggen eingeholt und ihre Nationalflaggen gehisst wurden. Der Südafrikaner Albert Luthuli sagte damals: »Die Grundlage für Frieden und Bruderschaft in Afrika wird durch die Wiederauferstehung der nationalen Souveränität und Unabhängigkeit, der Gleichberechtigung und der Menschenwürde wiederhergestellt.«

Ein halbes Jahrhundert nach dem Beginn dieser Ära der Unabhängigkeit ist es längst überfällig, die alten Stereotype eines Afrikas beiseitezulegen, das auf ewig in Armut und

Konflikten feststeckt. Die Welt muss den außergewöhnlichen Fortschritt Afrikas anerkennen. Heute ist Afrika eine der am schnellsten wachsenden Regionen der Welt. Die afrikanische Mittelschicht wird Schätzungen zufolge auf über eine Milliarde Verbraucher anwachsen. Mit ihren Millionen von Mobiltelefonen und dem exponentiell wachsenden Zugang zum Internet lassen die Afrikaner alte Technologien hinter sich und bewegen sich rasend schnellen Schrittes hin zu neuem Wohlstand. Afrika ist in Bewegung, ein neues Afrika entsteht.

Angetrieben von diesem Fortschritt und als Partner der Welt hat Afrika historische Fortschritte im Bereich Gesundheit erzielt. Die Zahl der Neuinfektionen mit HIV/Aids ist stark gesunken. Afrikanische Mütter haben eine größere Chance, Geburten zu überleben und gesunde Kinder zu bekommen. Es sterben wesentlich weniger Menschen an Malaria, was Millionen afrikanischen Kindern das Leben rettet. Milliarden von Menschen sind aus extremer Armut befreit worden. Afrika hat weltweit eine Führungsrolle dabei übernommen, mehr Kinder in die Schule zu schicken. Anders ausgedrückt: Immer mehr Männer, Frauen und Kinder in Afrika leben in Würde und Hoffnung.

Der Fortschritt Afrikas kann auch an den Institutionen gemessen werden, die uns heute hier zusammenbringen. Als ich zum ersten Mal als Präsident in die Region südlich der Sahara kam, habe ich gesagt, dass Afrika keine starken Machthaber braucht, sondern starke Institutionen. Die Afrikanische Union kann eine dieser Institutionen sein. Hier können Sie zusammenkommen und sich gemeinsam zu Menschenwürde und Entwicklung bekennen. Hier verfolgen Ihre 54 Länder gemeinsam die Vision von einem »integrierten, wohlhabenden und friedlichen Afrika«.

Mit dem Wandel in Afrika muss sich auch die Haltung der

Welt gegenüber Afrika ändern, und dazu habe ich aufgerufen. Viele Afrikaner haben mir gesagt, dass sie nicht einfach nur Entwicklungshilfe wollen, vielmehr wollen sie Handel, der den Fortschritt antreibt. Wir wollen keine Schirmherren, wir wollen Partner, die uns helfen, unsere eigenen Kapazitäten auszubauen, damit unsere Wirtschaft wachsen kann. Wir wollen keine erniedrigende Abhängigkeit, wir wollen unsere eigenen Entscheidungen treffen und über unsere Zukunft bestimmen. ...

Allerdings dürfen wir trotz der beeindruckenden Fortschritte in Afrika nicht die Augen davor verschließen, dass diese Fortschritte auf einer fragilen Grundlage fußen. Neben dem neuen Reichtum leben immer noch Hunderte Millionen Afrikaner in extremer Armut. Neben Hochtechnologiezentren leben viele Afrikaner dichtgedrängt in Elendsvierteln, in denen es weder Strom noch fließend Wasser gibt, in so großer Armut, dass es einen Angriff auf die Menschenwürde darstellt.

Die Bevölkerung auf dem jüngsten und am schnellsten wachsenden Kontinent wird sich in den kommenden Jahrzehnten auf etwa zwei Milliarden Menschen verdoppeln, und darunter werden viele unter 18 Jahre alt sein. Auf der einen Seite könnte dies enorme Chancen mit sich bringen, da diese jungen Afrikaner neue Technologien nutzen und Wachstum und Reformen anstoßen. Wirtschaftswissenschaftler werden Ihnen sagen, dass Länder, Regionen und Kontinente mit einer jungen Bevölkerung schneller wachsen. Es ist ein demografischer Vorteil, aber nur dann, wenn die jungen Menschen auch ausgebildet werden. Wir müssen nur in den Nahen Osten und nach Nordafrika schauen, um zu sehen, dass es zu Instabilität und Chaos führen kann, wenn eine große Zahl junger Menschen keine Arbeit hat und ihre Meinung nicht offen äußern darf.

Daher möchte ich Sie darauf hinweisen, dass die dringendste Aufgabe für Afrika heute und in den nächsten Jahrzehnten darin besteht, Chancen für die kommende Generation zu schaffen. Das ist ein enormes Unterfangen. Afrika muss Millionen von zusätzlichen Arbeitsplätzen schaffen, weitaus mehr, als es das gegenwärtig tut. Zeit ist hierbei von entscheidender Bedeutung. Die Entscheidungen, die heute getroffen werden, werden den Verlauf beeinflussen, den die Entwicklung in Afrika und damit weltweit in den nächsten Jahrzehnten nehmen wird. Erlauben Sie mir als Ihr Partner und Freund, einige Vorschläge dazu zu unterbreiten, wie wir diese Herausforderung gemeinsam bewältigen können.

Der Fortschritt in Afrika wird davon abhängen, ob wir das Wirtschaftswachstum nicht nur für einige am oberen Rand der Gesellschaft, sondern für viele anstoßen können, denn die Möglichkeit, ein anständiges Leben führen zu können, ist ein wesentlicher Bestandteil der Menschenwürde. Es fängt mit Arbeit an. Das wiederum erfordert Handel und Investitionen. ...

Aber letztlich ist das stärkste Mittel, um nicht weiter ausgetretenen Pfaden zu folgen, diese neue Generation junger Afrikanerinnen und Afrikaner. Die Geschichte hat gezeigt, dass die Länder, denen es am besten geht, diejenigen sind, die in die Bildung ihrer Bevölkerung investieren. Wissen Sie, im Zeitalter der Information können Arbeitsplätze überall entstehen, und üblicherweise entstehen sie dort, wo die Arbeitnehmer lesen und schreiben können, gut ausgebildet sind und Zugang zum Internet haben. Und die jungen Menschen in Afrika sind konkurrenzfähig. Ich habe sie kennengelernt – sie sind begierig, sie sind eifrig. Sie sind bereit, hart zu arbeiten. Wir müssen also in sie investieren. Während Afrika in Bildung investiert, helfen unsere Programme für Existenzgründer innovativen Menschen, hier in Afrika Firmen zu gründen und Arbeitsplätze zu schaffen. Die Männer und Frauen, die heute an unserer Initiative Young African Leaders beteiligt sind, werden morgen die führenden Persönlichkeiten sein, die die Wirtschaft, die Zivilgesellschaft und die Regierungen verändern können.

Der Fortschritt Afrikas hängt davon ab, ob die Entwicklung die Länder wirklich aus der Armut und zu Wohlstand führt – denn überall auf der Welt haben Menschen ein Recht auf die Würde eines Lebens ohne Not. Ein Kind, das heute in Afrika geboren wird, ist einem Kind, das in Asien, Europa oder Amerika geboren wird, ebenbürtig und gleichberechtigt. Bei der Entwicklungskonferenz, die kürzlich hier in Addis stattfand, halfen führende afrikanische Politiker, ein neues, weltweites Abkommen zur Entwicklungsfinanzierung zu schließen. Unter der Führung der African Union wird die Stimme eines geeinten Afrika helfen, die nächsten weltweiten Entwicklungsziele festzulegen, und Sie arbeiten dabei auf eine Zukunftsvision hin, die Sie sich für Afrika wünschen. ...

Ich bin der Meinung, dass der Fortschritt Afrikas auch von der Demokratie abhängen wird, denn Afrikanern steht ebenso wie Menschen in allen anderen Teilen der Welt die Würde zu, selbst über ihr Leben entscheiden zu können. Wir alle wissen, was die Bestandteile einer echten Demokratie sind. Dazu gehören freie und faire Wahlen, aber auch Meinungs-, Presse- und Versammlungsfreiheit. Dies sind universelle Rechte. Sie sind in afrikanischen Verfassungen verankert. Die Afrikanische Charta der Menschenrechte und der Rechte der Völker erklärt, jedes Individuum solle »das Recht darauf haben, dass die Würde, die jedem Menschen innewohnt, geachtet wird«. Ausgehend von Sierra Leone, Ghana und Benin hat die Demokratie über Botswana, Namibia und Südafrika

Einzug gehalten. In Nigeria gaben mehr als 28 Millionen Wähler mutig ihre Stimme ab, und die Machtübergabe wurde so vollzogen, wie es sein sollte – friedlich.

Und doch werden in diesem Augenblick vielen Afrikanern ebendiese Freiheiten verwehrt. Und ich muss sagen, dass Demokratie nicht nur bedeutet, formelle Wahlen abzuhalten. Wenn Journalisten hinter Gitter kommen, weil sie ihre Arbeit machen, oder Aktivisten bedroht werden, weil Regierungen hart gegen die Zivilgesellschaft vorgehen, dann mag man das Demokratie nennen, aber es ist keine. Und ich bin überzeugt, dass ein Land nicht die volle Verheißung der Unabhängigkeit umsetzen kann, solange die Rechte seiner Bürger nicht vollständig gewahrt werden. ...

Jedes Land muss diesen Prozess durchlaufen. Kein Land ist vollkommen, aber wir müssen ehrlich sein und danach streben, Freiheiten zu vergrößern, die Demokratie zu erweitern. Das Fazit lautet: Wenn Bürger ihre Rechte nicht ausüben können, steht die Welt in der Pflicht, die Stimme zu erheben. Und die Vereinigten Staaten werden das tun, auch wenn es manchmal unangenehm ist und auch wenn wir uns damit manchmal gegen unsere Freunde wenden.

Ich weiß, dass es einige Länder gibt, die gar nichts sagen; vielleicht ist es für Politiker leichter, damit umzugehen. Aber Sie sitzen hier quasi mit uns fest – so sind wir nun einmal. Wir glauben an diese Dinge, und wir werden nicht aufhören, darüber zu sprechen.

Und ich möchte wiederholen, dass wir das nicht tun, weil wir denken, unsere Demokratie sei vollkommen, oder weil wir denken, dass jedes Land es uns gleichtun muss. Seit unserer Unabhängigkeit arbeiten wir nun schon mehr als 200 Jahre daran, unsere Union zu vervollkommnen. Wir sind nicht vor Kritik gefeit. Wenn wir unseren Idealen nicht gerecht werden, versuchen wir, es besser zu machen. Aber wenn wir uns für unsere Prinzipien aussprechen, im In- und Ausland, dann bleiben wir unseren Werten treu und helfen, die Leben von Menschen jenseits unserer Grenzen zu verbessern. Das finden wir wichtig. Und ich meine, es ist besonders wichtig für diejenigen unter uns, die afrikanischer Abstammung sind, denn wir wissen, wie es sich anfühlt, Ungerechtigkeit zu erfahren. Wir wissen, was es bedeutet, diskriminiert zu werden. Wir wissen, was es bedeutet, inhaftiert zu werden. Wie können wir also zusehen, wenn das jemand anderem widerfährt?

Ich werde ehrlich mit Ihnen sein – es kann nicht sein, dass man nur in den Vereinigten Staaten über diese Dinge spricht. Afrikanische Länder müssen miteinander über diese Dinge sprechen. Ebenso wie andere Länder sich für Ihren Bruch mit dem Kolonialismus eingesetzt haben, müssen all unsere Länder die Stimme erheben, wenn Menschen allgemeine Rechte verwehrt werden. Denn wenn wir wirklich der Meinung sind, dass Afrikaner die gleiche Würde haben, dann haben Afrikaner das gleiche Recht auf universelle Freiheiten. Das ist ein Prinzip, das wir alle verteidigen müssen. Und das ist nicht einfach nur ein westlicher Gedanke – es ist ein menschlicher Gedanke.

Ich möchte noch sagen, dass der demokratische Fortschritt Afrikas ebenfalls in Gefahr ist, wenn sich Staatsoberhäupter weigern, nach dem Ende ihrer Amtszeit ihr Amt zu verlassen. Ich möchte ehrlich zu Ihnen sein: Ich verstehe das nicht. Dies ist meine zweite Amtszeit. Es ist eine außerordentliche Ehre für mich, Präsident der Vereinigten Staaten zu sein. Ich kann mir keine größere Ehrung und keine interessantere Aufgabe vorstellen. Ich liebe meine Arbeit. Aber unserer Verfassung zufolge kann ich nicht noch einmal kandidieren. Ich kann kein weiteres Mal kandidieren. Ich halte mich eigentlich für einen ganz guten Präsidenten; ich glaube, wenn ich kandidieren würde, könnte ich gewinnen. Aber ich kann es nicht.

Es gibt sehr viel, das ich gerne tun würde, um die Vereinigten Staaten weiter voranzubringen, aber Gesetz ist Gesetz. Und kein Mensch steht über dem Gesetz. Nicht einmal der Präsident. Und ehrlich gesagt: Ich freue mich auf mein Leben nach der Präsidentschaft. Ich werde nicht mehr ständig so viele Personenschützer um mich haben. Ich kann also auch mal einen Spaziergang machen. Ich kann Zeit mit meiner Familie verbringen. Ich kann mich auf andere Weise engagieren. Ich kann öfter nach Afrika reisen. Was ich sagen will, ist, dass ich nicht verstehe, warum manche Menschen so lange im Amt bleiben wollen. Insbesondere wenn sie sehr viel Geld haben.

Wenn ein Politiker versucht, die Regeln während des Spiels zu ändern, nur, um im Amt bleiben zu können, dann drohen, wie in Burundi, Instabilität und Unfrieden. Das ist häufig nur ein erster Schritt auf einem gefährlichen Pfad. Manchmal hört man Politiker sagen, sie seien die Einzigen, die ein Land zusammenhalten könnten. Wenn das stimmt, haben diese Politiker es nicht geschafft, ihre Nation wirklich aufzubauen.

Sehen Sie sich Nelson Mandela an – Madiba hat, wie George Washington, ein bleibendes Vermächtnis geschaffen, nicht nur in der Amtszeit, sondern insofern, als beide bereit waren, ihr Amt zu verlassen und die Macht friedlich zu übergeben. Und ebenso wie die Afrikanische Union Staatsstreiche und illegitime Machtwechsel verurteilt hat, können die Autorität und die starke Stimme der AU auch den Menschen in Afrika helfen, sicherzustellen, dass ihre Politiker sich an Amtszeitbeschränkungen und ihre Verfassungen halten. Niemand sollte Präsident auf Lebenszeit sein.

Ihr Land ist mit Nachwuchs und neuen Ideen besser dran.

Ich bin noch ein relativ junger Mann, aber ich weiß, dass jemand mit neuer Energie und neuen Erkenntnissen gut für mein Land sein wird. Und für Ihr Land wird das in mancherlei Hinsicht auch gut sein.

Afrikas Fortschritt wird auch von Sicherheit und Frieden abhängen, denn ein Leben in Sicherheit und ohne Angst ist ein unabdingbarer Teil der Menschenwürde. In Angola, Mosambik, Liberia und Sierra Leone haben wir erlebt, wie Konflikte beigelegt und Länder wiederaufgebaut werden. Aber von Somalia und Nigeria über Mali bis Tunesien greifen Terroristen weiter unschuldige Zivilisten an. Viele dieser Gruppen behaupten, im Namen der Religion zu handeln, aber Hunderte Millionen afrikanischer Muslime wissen, dass der Islam für Frieden steht. Und wir müssen Gruppen wie Al-Qaida, die Terrormiliz Islamischer Staat, Al-Shabaab und Boko Haram beim Namen nennen: Sie sind Mörder.

Angesichts dieser Bedrohungen hat Afrika – und die Afrikanische Union – Führungsstärke gezeigt. Dank der AU-Truppen in Somalia kontrolliert Al-Shabaab dort ein kleineres Gebiet und die Regierung des Landes erstarkt. In Zentralafrika schwächt der von der Afrikanischen Union geführte Einsatz weiter die Lord's Resistance Army. Im Tschadseebecken kämpfen Streitkräfte mehrerer Nationen – mit der Unterstützung der Afrikanischen Union – dafür, der sinnlosen Gewalt Boko Harams ein Ende zu machen. ...

Zu guter Letzt wird Afrikas Fortschritt davon abhängen, ob die Menschenrechte aller geachtet werden – denn wenn jeder von uns mit Würde behandelt wird, muss auch jeder von uns anderen die gleiche Würde gewähren. Als Präsident ist es mir wichtig, viele unserer Young African Leaders zu treffen. Einer von ihnen war ein junger Mann aus dem Senegal. Er sagte etwas Wunderbares über das Zusammentreffen mit so vielen seiner afrikanischen Brüder und Schwestern. Er sagte: »Hier habe ich Afrika getroffen, das Afrika, an das ich immer geglaubt habe. Es ist wunderschön. Es ist jung. Es ist voller Talent, Motivation und Ehrgeiz.« Ich sehe das genauso. Afrika hat wunderschöne, talentierte Töchter, die genauso leistungsfähig sind wie seine Söhne. Als Vater glaube ich, dass meine beiden Töchter die gleichen Chancen wie die Söhne anderer haben müssen, ihre Träume zu verwirklichen – und das Gleiche trifft auch auf Mädchen hier in Afrika zu. Unsere Mädchen müssen gleich behandelt werden.

Wir dürfen nicht zulassen, dass Ihnen alte Traditionen im Weg stehen. Der Lauf der Geschichte zeigt, dass wir die Fähigkeit besitzen, unsere moralischen Vorstellungen zu erweitern. Wir verstehen schließlich, dass einige Traditionen gut für uns sind, uns Halt geben, aber dass uns andere Traditionen in unserer modernen Welt zurückwerfen. Wenn afrikanische Mädchen Verstümmelungen ihres Körpers über sich ergehen lassen müssen oder mit neun, zehn oder elf Jahren zur Heirat gezwungen werden, dann wirft uns das zurück. Das ist keine gute Tradition. Sie muss aufhören.

Wenn mehr als 80 Prozent der HIV-Neuinfizierten in den am schwersten betroffenen Ländern Mädchen im Teenager-Alter sind, dann ist das eine Tragödie; das wirft uns zurück. Deshalb gehen die Vereinigten Staaten eine neue Partnerschaft mit zehn afrikanischen Ländern ein – Kenia, Lesotho, Malawi, Mosambik, Südafrika, Swasiland, Tansania, Uganda, Sambia und Simbabwe –, um die Sicherheit von Mädchen in diesem Alter zu erhöhen und sie vor Aids zu schützen. Wenn Mädchen nicht zur Schule gehen können und weder lesen noch schreiben lernen – dann entgehen der Welt zukünftige Ingenieurinnen, zukünftige Ärztinnen, zukünftige Unternehmerinnen und zukünftige Präsidentinnen – und das wirft uns alle zurück. Es ist eine schlechte Tradition, unseren Töchtern die Bildung, die unsere Söhne genießen, zu verwehren.

Wie ich bereits in Kenia gesagt habe, würde man ja auch nicht mit einer halben Fußballmannschaft antreten. Dann würde man verlieren. Dasselbe gilt, wenn es um Bildung für alle geht. Man kann nicht einfach die halbe Mannschaft weglassen – unsere jungen Frauen. Im Rahmen der amerikanischen Unterstützung für Bildung und Gesundheit unserer Töchter hilft meine Frau Michelle deshalb, eine weltweite Kampagne anzuführen, zu der auch eine neue Initiative in Tansania und Malawi gehört, die eine einfache Botschaft vermittelt: Let Girls Learn – lasst Mädchen lernen, damit sie gesund aufwachsen und stark werden. Das wird für Familien gut sein, und sie werden kluge, gesunde Kinder großziehen, und das wird für jedes einzelne Ihrer Länder gut sein.

Diese Mädchen werden dann zu den schönen, starken Frauen, die Afrika ausmachen. Ob eine Nation erfolgreich sein wird, kann am besten an der Behandlung der Frauen in dem Land abgelesen werden. Wenn Frauen Zugang zu Gesundheitsversorgung und Bildung haben, sind die Familien stärker und die Gemeinden wohlhabender, die Kinder besser in der Schule und das ganze Land ist wohlhabender. Sehen Sie sich die großartigen Afrikanerinnen hier im Saal an. Wenn Sie wollen, dass Ihre Länder wachsen und erfolgreich sind, müssen Sie die Frauen stärken. Und wenn Sie mehr Frauen stärken wollen, wird Ihnen Amerika dabei als Partner zur Seite stehen.

Arbeiten wir zusammen, um sexuelle Übergriffe und häusliche Gewalt zu beenden. Stellen wir klar, dass wir Vergewaltigung nicht als Kriegswaffe tolerieren – sie ist ein Verbrechen. Und diejenigen, die dieses Verbrechen begehen, müssen bestraft werden. Unterstützen wir die nächste Generation weiblicher Führungskräfte, die Ungerechtigkeit bekämpfen, Frieden erreichen, Unternehmen gründen und Arbeitsplätze schaffen können – und manche stellen vielleicht auch einige Männer ein. Es wird uns allen besser gehen, wenn Frauen die gleichen Chancen haben.

Afrika ist wie ein wunderschöner Wandteppich, in dem all Ihre Kulturen, Ethnien und Religionen verwoben sind. Gestern Abend haben wir eine großartige Tanztruppe von Straßenkindern gesehen, die für den Ministerpräsidenten und mich auftraten. Dort waren 80 verschiedene Sprachen und unzählige ethnische Gruppen vertreten. Es wurden 30 verschiedene Tänze gezeigt. Der Ministerpräsident versuchte, sie zu erkennen – und sie tanzten ziemlich schnell. Diese Vielfalt hier in Äthiopien ist charakteristisch für die Vielfalt ganz Afrikas. Und das ist eine Stärke.

Gestern hatte ich dann das Privileg, Lucy zu sehen. Sie kennen sie vielleicht – Lucy ist unsere Urahnin und über drei Millionen Jahre alt. Im Stammbaum der Menschheit gehen wir mit all unseren Verzweigungen und unserer Vielfalt doch auf eine gemeinsame Wurzel zurück. Wir sind alle eine Familie – ein Stamm. Und trotzdem kommt so viel Leid auf der Welt daher, dass wir das vergessen haben, dass wir uns selbst nicht in einander erkennen.

Wir denken, dass eine etwas andere Hautfarbe, etwas andere Haare, ein anderer Ausdruck des Glaubens oder eine andere Sprache es irgendwie rechtfertigen, dass wir jemanden weniger mit Würde behandeln. Da wurzeln sehr viele unserer Probleme. Irgendwie glauben wir, uns zu etwas Besserem zu machen, wenn wir andere herabsetzen. Da wurzeln sehr viele unserer Probleme. Wenn wir anfangen, andere als irgendwie minderwertig anzusehen, wenn wir uns den künstlichen

Einteilungen nach Glauben, Sekte, Stamm oder Ethnie hingeben – in den Augen jener, die so denken, sind selbst die grausamsten Misshandlungen gerechtfertigt. Und am Ende verlieren diejenigen, die solche Misshandlungen begehen, ihre eigene Menschlichkeit.

Nelson Mandela hat uns gelehrt: »Frei zu sein, bedeutet nicht nur, seine Ketten abzuwerfen, sondern auch, so zu leben, dass die Freiheit anderer geachtet wird und wächst.«

Jeder Einzelne von uns ist gleichberechtigt. Jeder Einzelne von uns ist wertvoll. Jeder Einzelne von uns ist wichtig. Und wenn wir die Freiheit anderer respektieren – unabhängig von ihrer Hautfarbe, ihrer Art zu beten oder davon, wer sie sind oder wen sie lieben –, dann sind wir alle freier. Ihre Würde hängt von meiner Würde ab und meine Würde von ihrer. Stellen Sie sich vor, jeder trüge diesen Gedanken in sich. Stellen Sie sich vor, Regierungen handelten danach. Stellen Sie sich nur einmal vor, wie die Welt aussehen könnte – und welche Zukunft wir diesen jungen Menschen vermachen könnten.

Ja, in unserer Welt können alte Denkweisen hartnäckig sein. Das ist einer der Gründe dafür, dass wir die Begrenzung von Amtszeiten brauchen – alte Leute denken in alten Bahnen. Und Sie können meine grauen Haare sehen, ich werde alt. Altes kann sich hartnäckig halten. Aber ich glaube, dass das menschliche Herz stärker ist. Ich glaube, dass Herzen sich ändern können. Ich glaube, dass sich Geisteshaltungen öffnen können. So entsteht Wandel. So kommen Gesellschaften voran. Das ist nicht immer eine gerade Linie – es geht Schritt für Schritt voran, manchmal geht man auch einen Schritt vor und dann wieder ein bisschen zurück. Aber ich glaube, dass wir voranschreiten, dass wir Kurs auf die Ideale der Gerechtigkeit und der Gleichberechtigung genommen haben.

So haben Ihre Nationen die Unabhängigkeit erlangt – nicht nur mit Gewehren, sondern mit Prinzipien und Idealen. So haben Afroamerikaner unsere Bürgerrechte erkämpft. So haben Südafrikaner – schwarze und weiße – die Apartheid abgeschafft. Deshalb kann ich heute hier als der erste afroamerikanische Präsident der Vereinigten Staaten von Amerika vor Ihnen stehen.

Neues Denken. Wachstum freisetzen, das Chancen schafft. Entwicklung fördern, die alle Menschen aus der Armut befreit. Demokratie unterstützen, die den Bürgern eine Stimme verleiht. Sicherheit und Gerechtigkeit voranbringen, die Frieden schaffen. Die Menschenrechte aller Menschen achten. Das sind die Schlüssel zum Erfolg – nicht nur in Afrika, sondern weltweit. Das ist die Arbeit, die wir gemeinsam leisten können.

Ich bin voller Hoffnung. Wenn ich mich auf die Heimreise begebe, werde ich an den jungen Mann aus dem Senegal denken, der sagte: »Hier habe ich Afrika getroffen, das Afrika, an das ich immer geglaubt habe. Es ist wunderschön und jung, voller Talent, Motivation und Ehrgeiz.« Dem würde ich nur noch hinzufügen, dass Sie auf dem Weg zu dem Afrika, an das Sie glauben, keinen besseren Partner und keinen besseren Freund haben werden als die Vereinigten Staaten von Amerika.

Möge Gott Afrika segnen. Möge Gott die Vereinigten Staaten von Amerika segnen. Herzlichen Dank Ihnen allen. Danke.

Die Kritiker haben sich geirrt

Rede zum Atomabkommen mit dem Iran
Washington, 5. August 2015

... Vor 52 Jahren hat Präsident Kennedy auf dem Höhepunkt des Kalten Krieges hier an dieser Universität ebenfalls eine Rede über den Frieden gehalten. Die Berliner Mauer war gerade erst errichtet worden. Die Sowjetunion hatte die stärksten Waffen getestet, die je entwickelt wurden. China stand kurz davor, in den Besitz einer Atomwaffe zu gelangen. Weniger als 20 Jahre nach dem Ende des Zweiten Weltkriegs war die Möglichkeit eines Atomkriegs nur allzu real. Bei all den Bedrohungen, denen wir uns heute gegenübersehen, ist es schwer, ein Gefühl dafür zu entwickeln, wie viel gefährlicher die Welt damals war.

Angesichts dieser wachsenden Bedrohungen führten eine Reihe von Strategen hier in den Vereinigten Staaten Argumente dafür an, dass wir militärische Maßnahmen gegen die Sowjetunion ergreifen müssten, um die in ihren Augen unvermeidliche Konfrontation schnellstmöglich herbeizuführen. Aber der junge Präsident hatte eine andere Vorstellung. Zu Stärke gehörten seiner Meinung nach starke Streitkräfte und die Bereitschaft, sich auf der ganzen Welt für seine Werte einzusetzen. Aber er wies die vorherrschende Meinung einiger außenpolitischer Experten zurück, für die Sicherheit ständige Kriegsbereitschaft bedeutete. Stattdessen versprach er prinzipientreue amerikanische Führungsstärke im

Sinne eines, wie er sagte, »praktischen« und »erreichbaren Friedens«, der »nicht auf einer plötzlichen Revolution der menschlichen Natur, sondern auf einer allmählichen Evolution der menschlichen Institutionen basiert – auf einer Reihe konkreter Maßnahmen und effektiver Abkommen«.

Diese Weisheit hat uns geholfen, unser Staatsschiff durch einige der gefährlichsten Zeiten der Menschheitsgeschichte zu navigieren. Mit Kennedy am Steuer wurde die Kubakrise friedlich beigelegt. Unter demokratischen und republikanischen Präsidenten wurden neue Abkommen geschlossen – ein Nichtverbreitungsvertrag, der Staaten den Erwerb von Atomwaffen verbietet, gleichzeitig aber die friedliche Nutzung von Atomkraft ermöglicht; die SALT- und START-Verträge, die die Vereinigten Staaten und die Sowjetunion dazu anhielten, bei der Abrüstung zusammenzuarbeiten. Nicht jeder Konflikt wurde verhindert, aber die Welt hat eine Nuklearkatastrophe abgewendet, und wir haben die Zeit und den Raum gewonnen, um den Kalten Krieg zu gewinnen, ohne einen Schuss auf die Sowjets abzugeben.

Das Abkommen, das jetzt zwischen der internationalen Gemeinschaft und der Islamischen Republik Iran ausgehandelt wurde, baut auf dieser Tradition starker, prinzipientreuer Diplomatie auf. Nach zwei Jahren Verhandlungen haben wir eine detaillierte Vereinbarung getroffen, die Iran dauerhaft davon abhalten wird, in den Besitz einer Atomwaffe zu gelangen. Damit wird Iran jeder Weg zu einer Atombombe abgeschnitten. Das Abkommen beinhaltet das umfassendste Inspektions- und Überprüfungssystem, das je zur Überwachung eines Nuklearprogramms ausgehandelt wurde. Wie vorherige Abkommen löst auch dieser Vertrag nicht alle Probleme, und er löst ganz sicher nicht alle unsere Probleme mit Iran. Er garantiert nicht, dass unsere beiden Länder sich füreinander erwärmen werden. Aber mit dem Abkommen erreichen wir eines unserer entscheidendsten Sicherheitsziele. Das macht es zu einem sehr guten Abkommen. ...

Als ich mich vor acht Jahren als Kandidat, der gegen den Irakkrieg war, um das Präsidentschaftsamt beworben habe, habe ich gesagt, dass die Vereinigten Staaten diesen Krieg nicht nur beenden, sondern auch die Denkweise ändern müssten, die uns überhaupt erst so weit gebracht hatte. Diese Denkweise war durch eine Bevorzugung militärischer Gewalt gegenüber Diplomatie geprägt, sie legte größeren Wert auf unilaterale Maßnahmen der Vereinigten Staaten als die mühsame Arbeit zum Aufbau eines internationalen Konsenses, sie bauschte Bedrohungen über das Maß hinaus auf, das von nachrichtendienstlichen Erkenntnissen gestützt wurde. Die führenden Politiker haben den Amerikanerinnen und Amerikanern die Kosten eines Krieges nicht ehrlich dargelegt und beharrlich behauptet, es wäre ein Leichtes, einem Teil der Welt mit einer grundsätzlich anderen Kultur und Geschichte ihren Willen aufzuzwingen. Und natürlich bezeichneten sich diejenigen, die zum Krieg aufriefen, als stark und entscheidungsfreudig, während sie Andersdenkende als schwach und sogar als Beschwichtiger eines bösartigen Gegners abtaten.

Mehr als zehn Jahre danach leben wir immer noch mit den Folgen dieser Entscheidung zur Invasion des Irak. Unsere Soldaten haben jede Aufgabe erfüllt, die ihnen zugewiesen wurde. Aber Tausende starben und Zehntausende wurden verwundet. Und das berücksichtigt nicht die Zahl der Toten unter den Irakern. Fast eine Billion US-Dollar wurden ausgegeben. Heute wird der Irak immer noch von religiös motivierten Konflikten heimgesucht, und Al-Qaida, die aus dem Irak hervorging, hat sich jetzt zur IS-Terrormiliz entwickelt.

Ironischerweise war die Islamischen Republik Iran das Land, das am meisten von diesem Krieg in der Region profitiert hat. Durch die Beseitigung seines langjährigen Feindes, Saddam Hussein, wurde die strategische Position des Landes gestärkt.

Ich erwähne diese jüngere Geschichte, weil wir jetzt mehr denn je Klarheit in unserer Außenpolitik brauchen. Ich erwähne diese jüngere Geschichte aber auch, weil sie bei unserer Reaktion auf das iranische Atomprogramm unmittelbar zum Tragen kommt.

Dieses Atomprogramm besteht seit Jahrzehnten. Es geht auf die Bemühungen des Schahs in den sechziger und siebziger Jahren zurück, der – mit Unterstützung der Vereinigten Staaten – die Atomkraft voranbringen wollte. Nach dem Ersten Golfkrieg in den achtziger Jahren beschleunigte die Theokratie, die den Schah stürzte, das Programm. In diesem Krieg setzte Saddam Hussein mit brutaler Wirkung chemische Waffen ein und das Atomprogramm Irans wurde trotz unilateraler amerikanischer Sanktionen auch in den neunziger Jahren stetig vorangetrieben. Als die Regierung Bush ins Amt kam, besaß Iran keine Zentrifugen, die für die Herstellung von atomwaffenfähigem Material benötigt werden und durch ihre Rotation Uran anreichern. Aber trotz wiederholter Warnungen der US-Regierung hatte Iran zur Zeit meines Amtsantritts mehrere Tausend Zentrifugen aufgebaut und war wenig geneigt, sein Programm zu verlangsamen, und noch weniger, es zu beenden.

In der US-Regierung bestand immer Einigkeit über die Gefahr, die von einer iranischen Atomwaffe ausgehen würde. Demokraten und Republikaner sind gleichermaßen der Auffassung, dass diese in der instabilsten Region der Welt ein Wettrüsten auslösen und aus jeder Krise ein nukleares Kräftemessen machen würde. Sie würde Terrorgruppen wie die Hisbollah stärken und ein inakzeptables Risiko für Israel darstellen, mit dessen Zerstörung iranische Regierungen immer wieder gedroht haben. Darüber hinaus könnte eine solche Waffe die globalen Bemühungen zur Nichtverbreitung untergraben, die die Welt mit so viel Einsatz verteidigt hat.

Die Frage ist dann nicht, ob Iran an der Beschaffung einer Atomwaffe gehindert werden kann, sondern wie. Schon bevor ich Präsident wurde, habe ich deutlich gemacht, dass ich es Iran als US-Präsident nicht gestatten würde, in den Besitz einer Atomwaffe zu gelangen, und während meiner gesamten Präsidentschaft wollte ich alle Optionen offenhalten, um dieses Ziel zu erreichen – auch mögliche militärische Optionen. Aber ich habe auch sehr deutlich gemacht, dass ich eine friedliche, diplomatische Lösung dieses Problems anstrebe – nicht nur wegen der Kosten eines Krieges, sondern auch, weil ein Abkommen eine effektivere, überprüfbarere und dauerhaftere Lösung darstellt.

Deshalb haben wir den Iranern 2009 mitgeteilt, dass ihnen der diplomatische Weg offensteht. Iran ist diesen Weg nicht gegangen, und unsere Nachrichtendienste entdeckten die geheime Atomanlage in Fordow.

Manche sagten, die Unnachgiebigkeit Irans belege die Sinnlosigkeit dieser Verhandlungen. Tatsächlich war es der Verhandlungswille, der den Vereinigten Staaten geholfen hat, die ganze Welt für ihr Vorhaben zu gewinnen, und der die internationale Unterstützung der beispiellosen wirtschaftlichen und finanziellen Sanktionen sicherte. Bedenken Sie, dass die Vereinigten Staaten Iran seit Jahrzehnten unilaterale Sanktionen auferlegt hatten, mit denen wir es aber nicht vermochten, Iran an den Verhandlungstisch zu bringen. Unsere neue Herangehensweise war effektiver, weil wir auf neuen Resolutionen des UN-Sicherheitsrats aufbauen konnten.

Diese verbanden eine strenge Durchsetzung mit freiwilligen Zusagen von Ländern wie China, Indien, Japan und Südkorea, weniger iranisches Öl zu kaufen, sowie der Zusage unserer europäischen Bündnispartner zu einem vollständigen Ölembargo.

Ich weiß, dass es nicht leicht war, sich global zu einigen. Ich war dabei. In einigen Fällen haben unsere Partner viele Milliarden US-Dollar an Handelseinnahmen eingebüßt, weil sie sich uns anschlossen. Aber wir konnten sie davon überzeugen, dass es ohne eine diplomatische Lösung zu einem Krieg kommen könnte, der die Weltwirtschaft stark belasten und zu noch mehr Instabilität im Nahen Osten führen könnte. Mit anderen Worten, es war Diplomatie – schwierige, mühsame Diplomatie – und nicht das Säbelrasseln, nicht harte Worte, die den Druck auf Iran erhöhten.

Heute steht die Welt geeint an unserer Seite und die Volkswirtschaft Irans ist stark geschrumpft, sie ist heute um 20 Prozent kleiner, als sie ansonsten hätte sein können. Das spielte bei den Wahlen im Jahr 2013 sicher eine Rolle, als das iranische Volk eine neue Regierung wählte, die versprochen hatte, sich der Welt zu öffnen und so die wirtschaftliche Situation zu verbessern. Ein Fenster hatte sich einen Spalt breit geöffnet. Iran kehrte an den Verhandlungstisch zurück. Und nach einer Reihe von Gesprächen einigte sich Iran mit der internationalen Gemeinschaft auf ein Übergangsabkommen – ein Abkommen, das Irans Vorräte an fast auf 20 Prozent angereichertes Uran reduzierte und keinen weiteren Fortschritt des Programms zuließ, so dass die P5+1 – die Vereinigten Staaten, China, Russland, Großbritannien, Deutschland, Frankreich – und die Europäische Union ein umfassendes Abkommen aushandeln konnten, ohne befürchten zu müssen, dass Iran nur auf Zeit spielt.

An dieser Stelle möchte ich Sie daran erinnern, dass Kritiker – die gleichen Kritiker, die sich auch jetzt äußern – dieses Übergangsabkommen bei seiner Bekanntgabe als »historischen Fehler« bezeichneten. Sie beharrten darauf, dass Iran die Auflagen ignorieren würde. Sie warnten davor, dass die Sanktionen aufgeweicht werden könnten. Sie warnten davor, dass das ein unerwartetes Geschenk für Iran wäre, um so Terrorismus zu finanzieren.

Die Kritiker haben sich geirrt. Das Fortschreiten des iranischen Atomprogramms wurde zum ersten Mal in zehn Jahren aufgehalten. Der Bestand an gefährlichen Materialien wurde verringert. Der Einsatz moderner Zentrifugen wurde gestoppt. Die Zahl der Inspektionen wurde erhöht. Es gab keine Finanzströme nach Iran und die Architektur der internationalen Sanktionen blieb bestehen. Tatsächlich funktionierte das Übergangsabkommen so gut, dass diejenigen, die es so scharf kritisierten, es jetzt als Grund dafür anführen, das umfassendere Abkommen nicht zu unterstützen. Stellen Sie sich das einmal vor. Was einst als historischer Fehler galt, wird jetzt als Erfolg angesehen und als Grund dafür, das umfassende Abkommen nicht zu unterzeichnen. Vergessen Sie das nicht, wenn Sie die Glaubwürdigkeit aktueller Argumente gegen die Diplomatie bewerten.

Trotz der Kritik haben wir weiterhin ein dauerhafteres und umfassenderes Abkommen ausgehandelt. Unter der Führung von US-Außenminister John Kerry hielten unsere Diplomaten die Koalition zusammen. Unsere Atomexperten – darunter einer der besten der Welt, US-Energieminister Ernie Moniz – arbeiteten unermüdlich an den technischen Details. Im Juli erreichten wir einen umfassenden Aktionsplan, der unseren Zielen entsprach. Darin ist festgehalten, dass Iran niemals eine Atomwaffe bauen darf. Und während Iran, wie alle Unterzeichner des Nichtverbreitungsvertrags von Kernwaffen, Atomkraft für zivile Zwecke nutzen darf, definiert das Abkommen ganz genau, in welcher Form das Atomprogramm fortgesetzt werden kann, um alle Wege zu einer Atomwaffe zu verbauen. ...

Dieses Abkommen ist also nicht nur die beste Alternative – es ist das stärkste Nichtverbreitungsabkommen, das je ausgehandelt wurde. Und weil es so stark ist, haben mit Ausnahme Israels alle Länder der Welt, die sich öffentlich dazu geäußert haben, ihre Unterstützung für das Abkommen ausgedrückt. Der UN-Sicherheitsrat hat es einstimmig unterstützt. Die Mehrheit der Experten für Rüstungskontrolle und Nichtverbreitung unterstützen es. Mehr als 100 ehemalige Botschafter, die unter republikanischen und demokratischen Präsidenten gedient haben, unterstützen es. Als Präsident musste ich einige schwierige Entscheidungen treffen, aber die Frage, ob dieses Abkommen gut oder schlecht für die Sicherheit der Vereinigten Staaten ist, gehörte nicht dazu. Nicht einmal annähernd. ...

Ich will damit nicht provozieren. Ich nenne die Dinge beim Namen. Ohne dieses Abkommen wird Iran – unabhängig davon, wie scharf unser Ton ist – in der Lage sein, seine Fähigkeiten stetig auszuweiten. Die breakout time [die Zeit, die zwischen dem Entschluss, Kernwaffen zu bauen, und ihrer Einsatzfähigkeit, vergeht] ist bereits jetzt sehr gering und könnte auf fast null sinken. Hat auch nur irgendjemand den geringsten Zweifel daran, dass genau diejenigen, die sich jetzt gegen das Abkommen aussprechen, denjenigen, der dann Präsident ist, dazu aufrufen werden, diese Atomanlagen zu bombardieren?

Da ich der festen Überzeugung bin, dass Iran nicht in den Besitz einer Kernwaffe gelangen darf, und mich seit Beginn meiner Präsidentschaft mit dem Thema befasst habe, kann ich Ihnen sagen, dass die Alternativen zu einem militärischen Einsatz dann erschöpft sein werden, sobald wir diese schwer errungene diplomatische Lösung, die die Welt einstimmig unterstützt, ablehnen.

Also nehmen wir kein Blatt vor den Mund. Wir haben letztendlich nur die Wahl zwischen Diplomatie und irgendeiner Form des Krieges – vielleicht nicht morgen, vielleicht nicht in drei Monaten, aber bald. Und hierin liegt die Ironie. Wie ich zuvor bereits gesagt habe, wären militärische Maßnahmen wesentlich weniger effektiv als dieses Abkommen, wenn es darum geht, Iran davon abzuhalten, in den Besitz einer Atomwaffe zu gelangen. Das ist nicht nur meine Ansicht. Alle Vorhersagen, auch die der israelischen Analysten, legen nahe, dass militärische Maßnahmen das iranische Programm bestenfalls um einige Jahre zurückwerfen würden, was nur ein Bruchteil dessen ist, was in diesem Abkommen festgelegt wurde. Wahrscheinlich würden dann auch die Inspektoren aus dem Land geworfen. Wahrscheinlich würde das iranische Programm dadurch verstärkt im Geheimen durchgeführt. Derartige Maßnahmen würden mit Sicherheit auch die internationale Einigung zerstören, die wir über so viele Jahre aufgebaut haben. ...

Das ist der Grund dafür, dass dieses Abkommen letztlich danach beurteilt werden muss, was es mit Blick auf das wichtigste Ziel erreicht, nämlich zu verhindern, dass Iran in den Besitz einer Atomwaffe kommt. Und genau das ist es, was wir mit diesem Abkommen erreichen. Ich sage das als ein Präsident, der mehr als jeder andere Präsident getan hat, um die Sicherheit Israels zu stärken. Ich habe der israelischen Regierung deutlich gesagt, dass wir bereit sind, darüber zu sprechen, wie wir die Zusammenarbeit sogar noch weiter vertiefen können. Wir führen bereits Gespräche mit Israel über einen weiteren 10-Jahres-Plan über US-Unterstützung für die Sicherheit Israels. Wir können die Unterstützung in Bereichen wie Raketenabwehr, Informationsaustausch, Abfangen [von Waffenlieferungen] verbessern – all dies, um dem Sicherheitsbedürfnis Israels Rechnung zu tragen und um allen weiteren Aktivitäten vorzubeugen, denen Iran als Konsequenz aus der Aufhebung von Sanktionen vielleicht nachgehen will.

Ich habe aber auch dem sicherheitspolitischen Establishment Israels zugehört, das vor der Gefahr gewarnt hat, die ein atomar bewaffneter Iran über Jahrzehnte darstellen würde. Tatsächlich hat dieses Establishment dabei geholfen, viele Ideen zu formulieren, die letztlich zu diesem Abkommen geführt haben.

Den Freunden Israels und der israelischen Bevölkerung möchte ich Folgendes sagen: Ein atomar bewaffneter Iran ist weitaus gefährlicher für Israel, die Vereinigten Staaten und die übrige Welt als ein Iran, der von der Aufhebung von Sanktionen profitiert.

Ich bin mir bewusst, dass Ministerpräsident Netanjahu dem nicht zustimmt, dies sogar vehement ablehnt. Ich zweifele auch nicht an seiner Ernsthaftigkeit. Aber ich bin davon überzeugt, dass er sich täuscht. Ich denke, die Tatsachen sprechen für dieses Abkommen. Ich denke, es ist im Interesse der Vereinigten Staaten und im Interesse Israels. Als Präsident der Vereinigten Staaten würde ich die verfassungsmäßigen Pflichten meines Amtes verletzen, wenn ich entgegen bestem Wissen und Gewissen handeln würde, nur, um vorübergehende Spannungen mit einem engen Freund und Verbündeten zu vermeiden. Ich denke, es wäre nicht richtig, wenn die Vereinigten Staaten so handelten. Ich denke, es wäre nicht richtig, wenn Israel so handelte.

... Ich weiß, dass es leicht ist, mit den Ängsten der Menschen zu spielen, Bedrohungen als größer darzustellen und jeglichen diplomatischen Versuch mit München zu vergleichen. Aber keines dieser Argumente hält stand. Das gilt für 2002 und 2003 und das gilt auch für heute. Die gleiche Denkweise, die häufig von den gleichen Personen ausgeht, die anscheinend keine Gewissensbisse haben, obwohl sie sich wiederholt geirrt haben, hat zu einem Krieg geführt, der Iran viel mehr gestärkt und die Vereinigten Staaten viel mehr isoliert hat als alles, was wir in den Jahrzehnten davor und danach getan haben. Es ist eine Denkweise, die nicht den Traditionen der Außenpolitik der Vereinigten Staaten entspricht, gemäß deren wir zunächst alle diplomatischen Mittel ausschöpfen, bevor wir einen Krieg führen und Fragen von Krieg und Frieden im nüchternen Licht der Wahrheit erörtern.

»Frieden bedeutet nicht die Abwesenheit von Konflikten«, wie Präsident Reagan einmal sagte. Es ist vielmehr »die Fähigkeit, Konflikte auf friedliche Weise zu lösen«. Präsident Kennedy warnte die Amerikanerinnen und Amerikaner davor, »Konflikte ... als unvermeidlich, eine Einigung als unmöglich und Kommunikation als nichts weiter als den Austausch von Drohungen zu betrachten«. Es ist an der Zeit, diese Weisheit auch umzusetzen. Dieses Abkommen setzt nicht darauf, dass sich Iran ändert. Es erfordert kein Vertrauen. Durch das Abkommen wird vielmehr gefordert und überprüft, dass Iran nicht mehr nach dem Besitz einer Atomwaffe strebt, so wie wir auch schon ein Abkommen mit der Sowjetunion geschlossen haben, als diese unsere Verbündeten bedrohte, Stellvertreter gegen uns aufrüstete und erklärte, sie würde unseren Lebensstil vernichten wollen, und Atomwaffen auf all unsere großen Städte gerichtet hatte – eine wirklich existenzielle Bedrohung.

Wir leben in einer komplexen Welt, einer Welt, in der die Kräfte, die durch menschliche Innovationen freigesetzt werden, Chancen für unsere Kinder schaffen, die in der Menschheitsgeschichte zum großen Teil unvorstellbar waren. Es ist aber auch eine Welt anhaltender Bedrohungen, eine Welt, in der massenhafte Gewalt und Grausamkeit nur zu gut bekannt sind und in der die Innovationen der Menschen alles zu zerstören drohen, was uns lieb und teuer ist. In dieser Welt bleiben die Vereinigten Staaten weiterhin die stärkste Macht auf diesem Planeten, und ich glaube, dass wir das auch über Jahrzehnte bleiben werden. Wir sind aber nur eine Nation unter vielen.

Was uns von den alten Weltreichen unterscheidet, was uns außergewöhnlich macht, ist nicht einfach unsere militärische Stärke. Seit dem Zweiten Weltkrieg, dem tödlichsten Krieg in der Menschheitsgeschichte, haben wir unsere Macht eingesetzt, um Nationen in einem völkerrechtlichen Rahmen zusammenzubringen. Wir haben die Institutionen der Menschen weiterentwickelt, von denen Präsident Kennedy sprach, um die Weiterverbreitung tödlicher Waffen zu verhindern, Frieden und Sicherheit aufrechtzuerhalten und den menschlichen Fortschritt zu fördern.

Wir haben nun die Gelegenheit, auf diesem Fortschritt aufzubauen. ...

Hier können wir zeigen, was möglich ist

Rede zur Eröffnungssitzung der Weltklimakonferenz COP21
Paris, 30. November 2015

... Beinahe 200 Länder haben sich diese Woche hier versammelt. Das zeigt, dass die Bedrohung durch den Klimawandel trotz der vielen Herausforderungen, vor denen wir stehen, dieses Jahrhundert stärker prägen könnte als jedes andere Problem. Was uns Hoffnung machen sollte, ist, dass dies ein Wendepunkt ist, der Moment, in dem wir endlich beschlossen haben, dass wir diesen Planeten retten können, die Tatsache, dass unsere Länder wissen, wie dringend wir uns mit dieser Herausforderung befassen müssen, und sich immer stärker bewusst werden, dass es in unserer Macht steht, etwas zu unternehmen.

Wir verstehen jeden Tag besser, wie sich menschliches Handeln auf das Klima auswirkt. Seit dem Jahr 2000 haben wir 14 der 15 wärmsten Jahre seit Beginn der Aufzeichnungen erlebt, und 2015 ist auf dem Weg, das wärmste von allen zu werden. Kein Land – egal ob klein oder groß, arm oder reich – kann sich den Folgen entziehen.

In diesem Sommer habe ich die Folgen des Klimawandels in unserem nördlichsten Bundesstaat Alaska selbst erlebt. Das Meer verschlingt dort bereits Dörfer, Küsten werden durch Erosion zerstört, der Permafrostboden taut, die Tundra brennt und Gletscher schmelzen in einer in der Neuzeit einmaligen Geschwindigkeit. Das war nur ein Ausblick auf eine mögliche Zukunft, ein Blick auf das Schicksal unserer Kinder, sollte sich das Klima weiterhin schneller verändern als unsere Bemühungen, dagegen anzugehen. Überschwemmte Länder. Verlassene Städte. Felder, auf denen nichts mehr wächst. Politische Unruhen, die zu neuen Konflikten führen, und sogar noch mehr verzweifelte Flüchtlinge, die in anderen Ländern Zuflucht suchen.

Das ist keine Zukunft, in der es starke Volkswirtschaften gibt oder schwache Staaten sich entwickeln können. Aber es liegt in unserer Macht, diese Zukunft zu ändern. Hier und jetzt. Aber nur, wenn wir den Anforderungen dieses Augenblicks gerecht werden. Wie ein US-Gouverneur sagte: »Wir sind die erste Generation, die die Auswirkungen des Klimawandels zu spüren bekommt, und die letzte, die etwas dagegen unternehmen kann.«

Ich bin heute als führender Politiker der größten Volkswirtschaft der Welt und des zweitgrößten Schadstoffemittenten hierhergekommen, um zu sagen, dass die Vereinigten Staaten ihre Rolle bei der Entstehung dieses Problems nicht nur anerkennen, sondern auch ihren Teil der Verantwortung dafür übernehmen, es zu lösen.

In den vergangenen sieben Jahren haben wir ehrgeizige Investitionen in saubere Energie und ehrgeizige Reduktionen unserer Kohlendioxidemissionen vorgenommen. Wir haben die Erzeugung von Strom aus Windkraft um mehr als das Dreifache und von Strom aus Solarenergie um mehr als das 20-Fache erhöht. Dadurch ist die Stromerzeugung aus saubereren Energiequellen in einigen Gegenden in den Vereinigten Staaten letztlich günstiger geworden als die aus schmutzigen, konventionellen Energiequellen. Wir haben auf jede nur erdenkliche Art und Weise in Energieeffizienz investiert. Wir haben Infrastruktur abgelehnt, mit der emissionsintensive fossile Brennstoffe aus dem Boden gefördert würden, und Ja zu den ersten nationalen Standards zur Begrenzung der Kohlendioxidemissionen unserer Kraftwerke gesagt.

Die Fortschritte, die wir gemacht haben, haben uns geholfen, unsere Wirtschaftsleistung auf ein Rekordhoch zu steigern und die Luftverschmutzung durch Kohlendioxid auf den niedrigsten Wert in beinahe 20 Jahren zu senken.

Die gute Nachricht lautet: Diese Tendenz gibt es nicht nur in den Vereinigten Staaten. Im vergangenen Jahr wuchs die Weltwirtschaft, während die weltweiten Kohlendioxidemissionen aus der Verbrennung fossiler Brennstoffe auf gleichem Niveau blieben. Was das bedeutet, kann nicht zu hoch eingeschätzt werden. Wir haben das alte Argument für Untätigkeit widerlegt. Wir haben bewiesen, dass sich starkes Wirtschaftswachstum und Umweltschutz nicht widersprechen, sie können Hand in Hand gehen.

Das sollte uns Mut machen. Unter anderem müssen wir auf dieser Konferenz gegen den Zynismus kämpfen, gegen die Auffassung, dass wir nichts gegen den Klimawandel unternehmen können. Während dieser zwei Wochen sollten uns unsere Fortschritte Hoffnung machen – Hoffnung, die aus gemeinsamem Handeln entsteht. ...

Hier in Paris sollten wir eine Vereinbarung schließen, die ehrgeizig ist und in der Fortschritte den Weg für regelmäßig aktualisierte Zielwerte ebnen, die nicht für uns alle, sondern unter Berücksichtigung länderspezifischer Unterschiede von uns allen festgelegt werden.

Hier in Paris sollten wir uns auf ein starkes, transparentes System einigen, das uns allen die Zuversicht gibt, dass wir alle unseren Verpflichtungen nachkommen. Außerdem sollten wir sicherstellen, dass die Länder, die bisher noch nicht umfassend über ihre Ziele berichten konnten, die notwendige Unterstützung erhalten.

Hier in Paris sollten wir uns dazu verpflichten, Ressourcen für die Länder zur Verfügung zu stellen, die ihren Beitrag dazu leisten wollen, die schmutzige Phase der Entwicklung zu überspringen. Ich weiß, das wird nicht einfach werden. Es erfordert Engagement für Innovationen und das Kapital, um die Kosten für saubere Energie weiter zu senken. Deshalb werde ich heute Nachmittag gemeinsam mit vielen von Ihnen eine historische Anstrengung verkünden, Innovationen im öffentlichen und privaten Raum im Bereich saubere Energie auf weltweiter Ebene zu beschleunigen.

Hier in Paris sollten wir auch sicherstellen, dass diese Ressourcen in die Länder fließen, die bei der Vorbereitung auf die nicht mehr abzuwendenden Folgen des Klimawandels Hilfe benötigen. Wir kennen die Wahrheit: Viele Länder haben wenig zum Klimawandel beigetragen, werden aber unter den ersten sein, die seine zerstörerischsten Auswirkungen zu spüren bekommen. Für einige Länder, insbesondere Inselnationen – mit deren Regierungsvertretern ich mich im Übrigen morgen treffen werde –, stellt der Klimawandel eine existenzielle Bedrohung dar. Deshalb erneuern die Vereinigten Staaten heute gemeinsam mit anderen Staaten ihr starkes und dauerhaftes Bekenntnis zum Fonds für die am wenigsten entwickelten Länder [Least Developed Countries Fund]. Morgen werden wir weitere Zusagen zu Initiativen für Risikoversicherungen machen, die den am stärksten betroffenen Bevölkerungsgruppen beim Wiederaufbau nach durch den Klimawandel verursachten Katastrophen helfen werden.

Und letztlich sollten wir hier in Paris den Unternehmen und Investoren zeigen, dass die Weltwirtschaft sich auf gutem Weg in eine Zukunft mit geringem Kohlendioxidausstoß befindet. Wenn wir die richtigen Regeln und Anreize bieten, werden wir die kreative Kraft unserer besten Wissenschaftler, Ingenieure und Unternehmer freisetzen, um die sauberen Energietechnologien einzusetzen, die neuen Arbeitsplätze und Chancen zu verwirklichen, die sie auf der ganzen Welt schaffen. Es stehen Milliarden von US-Dollar für Länder auf der ganzen Welt bereit, wenn sie das Signal bekommen, dass wir es diesmal wirklich ernst meinen. Lassen Sie uns dieses Signal aussenden.

Daran wollen wir hier in den nächsten beiden Wochen arbeiten. Es soll nicht nur einfach ein Abkommen werden, mit dem wir die Verschmutzung unserer Luft verringern, sondern ein Abkommen, mit dem wir Menschen aus der Armut helfen, ohne die nächste Generation zum Leben auf einem Planeten zu verdammen, der nicht mehr zu reparieren ist. Hier in Paris können wir der Welt zeigen, was möglich ist, wenn wir zusammenarbeiten, geeint in einer gemeinsamen Anstrengung und einem gemeinsamen Ziel.

Und täuschen Sie sich nicht: Die nächste Generation beobachtet, was wir tun. Vor etwas mehr als einer Woche war ich in Malaysia. Ich traf dort mit jungen Menschen zusammen, und die erste Frage kam von einer jungen Indonesierin. Es ging weder um Terrorismus noch um die Wirtschaft noch um Menschenrechte. Sie stellte eine Frage zum Klimawandel. Sie fragte, ob ich dem, was wir hier in Paris erreichen können, optimistisch gegenüberstünde und was junge Menschen wie sie tun könnten, um zu helfen.

Ich will, dass unser Handeln zeigt, dass wir zuhören. Ich will, dass unsere Maßnahmen so umfangreich sind, dass sie die Fertigkeiten all unserer Bürgerinnen und Bürger mit einbeziehen – Männer und Frauen, Arme und Reiche. Ich will der leidenschaftlichen, idealistischen jungen Generation zeigen, dass uns ihre Zukunft am Herzen liegt.

Denn ich glaube an das, was Dr. Martin Luther King jr. gesagt hat: dass man zu spät kommen kann. Wenn es um den Klimawandel geht, ist diese Stunde fast gekommen. Wenn wir aber hier und jetzt handeln, wenn wir unsere eigenen kurzfristigen Interessen hinter die Luft zurückstellen, die unsere jungen Menschen atmen, die Lebensmittel, die sie essen, das Wasser, das sie trinken, und die Hoffnungen und Träume, die ihr Leben lebenswert machen, dann wird es für sie nicht zu spät sein.

Meine sehr verehrten Amtskollegen, wenn wir diese Herausforderung annehmen, werden wir nicht mit einem schnellen und eindeutigen Sieg belohnt werden. Unser Fortschritt wird anders gemessen werden: anhand des Leids, das wir abgewendet haben, und anhand des Planeten, den wir erhalten haben. Ebendies hat es immer so schwer gemacht. Unsere Generation wird das Ergebnis dessen, was wir hier tun, vielleicht nicht einmal mehr erleben. Aber kann es für das, was wir hier tun, eine wertvollere Belohnung geben, können wir uns eine bessere Belohnung vorstellen als dies? Dies an unsere Kinder und Enkelkinder weiterzugeben, so dass sie stolz sein können, wenn sie auf das zurückblicken, was wir hier in Paris getan haben.

Das sollte hier in Paris unser gemeinsames Ziel sein. Eine Welt, die unserer Kinder würdig ist. Eine Welt, die nicht von Konflikten geprägt ist, sondern von Zusammenarbeit, nicht von menschlichem Leid, sondern vom Fortschritt der Menschen. Eine Welt mit mehr Sicherheit, Wohlstand und Freiheit als die, die uns hinterlassen wurde.

Lassen Sie uns an die Arbeit gehen.

Es ist Zeit,
das Embargo aufzuheben

Rede beim Besuch auf Kuba
Havanna, 22. März 2016

... Havanna ist weniger als 150 Kilometer von Florida entfernt, aber wir mussten einen weiten Weg zurücklegen, um über geschichtliche und ideologische Hindernisse, Schmerz und Trennung hinweg hier anzukommen. Das blaue Wasser unter der Air Force One brachte einst amerikanische Kriegsschiffe zu dieser Insel, um zu befreien, aber auch um Kontrolle über Kuba auszuüben. Auf diesen Gewässern reisten auch Generationen von kubanischen Revolutionären in die Vereinigten Staaten, wo sie Unterstützung für ihre Sache suchten. Diese kurze Entfernung wurde – in Flugzeugen und notdürftig gefertigten Flößen – von Hunderttausenden Exilkubanern überwunden, die auf der Suche nach Freiheit und Chancen in die Vereinigten Staaten kamen und dabei manchmal alles zurückließen, was sie besaßen und liebten.

Unsere beiden Länder waren zeit meines Lebens voneinander abgeschottet, und das können viele Menschen in unseren beiden Ländern von sich sagen. Die kubanische Revolution fand im gleichen Jahr statt, in dem mein Vater aus Kenia in die Vereinigten Staaten kam. Die Invasion in der Schweinebucht fand in dem Jahr statt, in dem ich geboren wurde. Im Jahr darauf beobachtete die Welt unsere beiden Länder mit angehaltenem Atem, als die Menschheit dem Schrecken eines Atomkriegs näher kam als je zuvor. Im Verlauf der Jahrzehnte begaben sich unsere Regierungen in eine scheinbar endlose Konfrontation und trugen Kämpfe über Stellvertreter aus. In einer Welt, die sich immer wieder neu erfand, gab es eine Konstante: den Konflikt zwischen den Vereinigten Staaten und Kuba.

Ich bin hierhergekommen, um die letzten Überreste des Kalten Kriegs auf dem amerikanischen Kontinent zu begraben. Ich bin gekommen, um den Kubanerinnen und Kubanern die Hand der Freundschaft zu reichen.

Dabei möchte ich ganz deutlich sagen: Die Differenzen zwischen unseren Regierungen, die es im Laufe dieser vielen Jahre gab, sind echt, und sie sind bedeutend. Ich bin sicher, Präsident Castro würde mir zustimmen, ich weiß es sogar, denn ich habe ihn ausführlich über diese Differenzen sprechen hören. Bevor ich aber über diese Meinungsverschiedenheiten spreche, müssen wir uns auch bewusstmachen, wie viel wir gemeinsam haben. Denn in vielerlei Hinsicht sind die Vereinigten Staaten und Kuba wie zwei Brüder, die sich über die Jahre entfremdet haben, obwohl das gleiche Blut durch ihre Adern fließt.

Wir leben beide in einer neuen Welt, die von Europäern kolonisiert wurde. Kuba wurde wie die Vereinigten Staaten zum Teil von Sklaven erbaut, die aus Afrika hierhergebracht wurden. Wie die Vereinigten Staaten können auch die Kubaner ihre Abstammung sowohl zu Sklaven als auch zu Sklavenhaltern zurückverfolgen. Wir und auch Sie haben Einwanderer willkommen geheißen, die weit gereist sind, um auf dem amerikanischen Kontinent ein neues Leben zu beginnen.

Im Laufe der Jahre haben sich unsere Kulturen vermischt. Die Arbeit von Dr. Carlos Finlay in Kuba ebnete Generationen von Ärzten den Weg, darunter Walter Reed, der die Erkenntnisse von Dr. Finlay nutzte, um das Gelbfieber zu bekämpfen. Ebenso wie Martí einige seiner berühmtesten Worte in New York schrieb, fand Ernest Hemingway ein Zuhause in Kuba, wo er sich vom Meer inspirieren ließ. Wir haben eine gemeinsame Lieblingsfreizeitbeschäftigung – la pelota –, und unsere Spieler werden heute auf dem gleichen Spielfeld in Havanna zusammentreffen, auf dem schon Jackie Robinson vor seinem Debüt in der Major League gespielt hat. Es heißt, dass unser größter Boxer, Muhammad Ali, einmal einem Kubaner Tribut zollte, gegen den er nie antreten konnte, indem er sagte, ein Kampf gegen den großartigen Kubaner Teófilo Stevenson würde höchstens unentschieden enden.

Auch wenn unsere Regierungen zu Gegnern wurden, begeisterten Kubaner und Amerikaner sich weiter für die gleichen Dinge, insbesondere da so viele Kubaner in die Vereinigten Staaten kamen. In Miami und Havanna findet man Orte, an denen man Cha-Cha-Cha oder Salsa tanzen oder ropa vieja essen kann. In unseren beiden Ländern singt man mit Celia Cruz oder Gloria Estefan mit und hört jetzt Reggaeton und Pitbull. Millionen von Menschen in unseren beiden Ländern haben die gleiche Religion, einen Glauben, dem ich am Marienschrein Our Lady of Charity in Miami die Ehre erwies. Kubaner finden diesen Frieden am Schrein La Cachita.

Trotz aller Unterschiede teilen Kubaner und Amerikaner in ihrem täglichen Leben gemeinsame Werte. Patriotismus und Stolz – jede Menge Stolz. Eine tiefe Liebe zur Familie. Begeisterung für ihre Kinder, Engagement für deren Bildung. Deshalb glaube ich, dass unsere Enkelkinder auf diese Zeit der Abschottung als Irrweg zurückblicken werden, als ein Kapitel in einer langen Geschichte von Familie und Freundschaft.

Dennoch können und sollten wir die sehr realen Differenzen nicht ignorieren, die es in Bezug auf die Organisation unserer Regierung, Wirtschaft und Gesellschaft zwischen uns gibt. Kuba hat ein Einparteiensystem, die Vereinigten Staaten sind eine Mehrparteiendemokratie. Kuba hat ein sozialistisches Wirtschaftsmodell, die Vereinigten Staaten einen offenen Markt. Kuba betont die Rolle und Rechte des Staates, die Vereinigten Staaten gründen auf den Rechten des Einzelnen.

Trotz dieser Unterschiede haben Präsident Castro und ich am 17. Dezember 2014 angekündigt, dass die Vereinigten Staaten und Kuba den Prozess der Normalisierung der Beziehungen zwischen unseren Ländern einleiten werden. Seitdem haben wir diplomatische Beziehungen aufgenommen und Botschaften eröffnet. Wir haben Initiativen zur Zusammenarbeit in den Bereichen Gesundheit, Landwirtschaft und Strafverfolgung ergriffen. Wir haben Abkommen über die Wiederherstellung einer direkten Flugverbindung und die Postzustellung unterzeichnet. Wir haben die Wirtschaftsbeziehungen ausgeweitet und mehr Möglichkeiten für Amerikaner geschaffen, nach Kuba zu reisen und dort Geschäfte zu machen.

Diese Veränderungen wurden positiv aufgenommen, auch wenn es immer noch Gegner dieser Politik gibt. Auf beiden Seiten haben sich viele gefragt: Warum jetzt? Warum jetzt?

Darauf gibt es eine ganz einfache Antwort: Das, was die Vereinigten Staaten gemacht haben, hat nicht funktioniert. Wir müssen den Mut haben, diese Wahrheit anzuerkennen. Eine Isolationspolitik aus dem Kalten Krieg passt nicht ins 21. Jahrhundert. Statt den Kubanern zu helfen, schadete das Embargo ihnen. Ich war außerdem schon immer von dem überzeugt, was Martin Luther King jr. »die unerbittliche

Dringlichkeit des Moments« nannte. Wir sollten Wandel nicht fürchten, sondern ihn annehmen.

Das führt mich direkt zu einem edleren und bedeutenderen Grund für diese Veränderungen: Creo en el pueblo cubano. Ich glaube an die Kubanerinnen und Kubaner. Es geht nicht nur um die Normalisierung der Beziehungen zur kubanischen Regierung. Die Vereinigten Staaten von Amerika normalisieren die Beziehungen zur kubanischen Bevölkerung.

Und heute möchte ich Ihnen mitteilen, wie diese Zukunft aussehen kann. Ich möchte, dass die Kubaner und insbesondere die jungen Kubaner verstehen, warum ich meine, Sie sollten hoffnungsvoll in die Zukunft blicken, und zwar nicht mit falscher Hoffnung, die so tut, als seien die Dinge besser, als sie wirklich sind, oder mit blindem Optimismus, der vorgibt, alle Probleme könnten morgen gelöst sein. Es geht um in der Zukunft verwurzelte Hoffnung, die man wählen und gestalten kann, die man für sein Land aufbauen kann.

Ich habe diese Hoffnung, weil ich überzeugt bin, dass die Kubaner ebenso innovativ sind wie andere Völker auch.

In einer von Ideen und Informationen angetriebenen Weltwirtschaft sind die Menschen der größte Trumpf eines Landes. In den Vereinigten Staaten gibt es einen eindeutigen Beweis für das, was die Kubaner aufbauen können, und das ist Miami. Hier in Havanna sehen wir ebendiese Fähigkeiten bei den cuentapropistas, den Kooperativen und den alten Autos, die immer noch fahren. El Cubano inventa del aire.

Kuba verfügt über eine außergewöhnliche Ressource, ein Bildungssystem, das den Wert jedes Jungen und jedes Mädchens erkennt. In den letzten Jahren hat die Regierung Kubas begonnen, sich der Welt zu öffnen und diesen begabten jungen Menschen mehr Raum zu geben, ihr Talent zu ent-

falten. In nur wenigen Jahren haben die cuentapropistas gezeigt, wie man Erfolg haben und sich gleichzeitig das typisch
Kubanische bewahren kann. Selbständig zu sein heißt nicht,
amerikanischer zu werden, es bedeutet, man selbst zu sein.

Nehmen wir Sandra Lidice Aldama, die sich entschieden
hat, ein kleines Unternehmen zu gründen. Kubaner können
»innovativ sein und sich anpassen, ohne ihre eigene Identität
aufzugeben«, erklärte sie, »unser Geheimnis besteht nicht
darin, zu kopieren oder zu imitieren, sondern darin, wir
selbst zu sein«.

Oder Papito Valladeres. Der Barbiere nutzte seinen Erfolg,
um die Situation in seiner Nachbarschaft zu verbessern. »Ich
weiß, dass ich nicht alle Probleme der Welt lösen kann«, sagte
er. »Aber wenn ich die Probleme in dem kleinen Teil der Welt
lösen kann, in dem ich wohne, dann kann sich das auf ganz
Havanna übertragen.«

Damit fängt Hoffnung an – mit der Fähigkeit, seinen Le-
bensunterhalt selbst zu verdienen und etwas aufzubauen,
auf das man stolz sein kann. Deshalb konzentrieren wir uns
in unserer Politik darauf, die Kubaner zu unterstützen, statt
ihnen zu schaden. Deshalb haben wir auch die Obergrenzen
für Überweisungen abgeschafft, denn so stehen dem Durch-
schnittskubaner mehr Ressourcen zur Verfügung. Deshalb
ermutigen wir dazu zu reisen, denn so entstehen Brücken
zwischen den Menschen in unseren Ländern, und die kleinen kubanischen Unternehmen werden mehr einnehmen.
Deshalb haben wir Raum für Handel und Austausch geschaffen, denn so können Amerikaner und Kubaner zusammenarbeiten, um gemeinsam Krankheiten zu heilen, Arbeitsplätze
zu schaffen und den Kubanern die Türen zu mehr Chancen
zu öffnen.

Ich habe als Präsident der Vereinigten Staaten den Kongress aufgefordert, das Embargo aufzuheben. Es ist eine Belastung für die kubanische Bevölkerung, die nicht mehr zeitgemäß ist. Es ist eine Belastung für die Amerikaner, die in Kuba arbeiten, Geschäfte machen oder investieren wollen. Es ist Zeit, das Embargo aufzuheben. Aber auch wenn wir das Embargo morgen aufheben würden, wären die Kubaner ohne stetigen Wandel hier in Kuba nicht in der Lage, ihr volles Potenzial zu entfalten. Es sollte einfacher sein, in Kuba ein Unternehmen zu gründen. Man sollte sich als Arbeitnehmer direkt um Stellen bei Unternehmen bewerben können, die hier in Kuba investieren. Es sollte nicht zwei Währungen geben, die bestimmen, welche Art von Gehalt Kubaner erhalten. Es sollte auf der ganzen Insel Internet geben, damit die Kubaner mit der Welt Kontakt aufnehmen und sich eines der wichtigsten Motoren des Wandels bedienen können.

Seitens der Vereinigten Staaten gibt es keine Beschränkung der Möglichkeiten Kubas, diese Schritte zu unternehmen. Es ist an Ihnen. Als Ihr Freund kann ich Ihnen sagen, dass nachhaltiger Wohlstand im 21. Jahrhundert von Bildung, Gesundheitswesen und Umweltschutz abhängt. Aber er ist auch von einem freien und offenen Gedankenaustausch abhängig. Wenn Sie keinen Zugang zu Informationen im Internet haben, wenn Sie keine anderen Ansichten kennenlernen können, werden Sie Ihr Potenzial nicht voll ausschöpfen können. Mit der Zeit wird die Jugend die Hoffnung verlieren.

Ich weiß, dies sind heikle Themen, insbesondere, wenn sie von einem amerikanischen Präsidenten angesprochen werden. Vor 1959 sahen einige Amerikaner in Kuba ein Land, das man ausbeuten kann, sie ignorierten die Armut und leisteten der Korruption Vorschub. Seit 1959 sind wir Schattenboxer in diesem Kampf der Geopolitik und Persönlichkeiten. Ich kenne die Geschichte, aber ich weigere mich, mich von ihr gefangen nehmen zu lassen.

Ich habe deutlich gesagt, dass die Vereinigten Staaten weder die Fähigkeit noch die Absicht haben, Kuba zu Veränderungen zu zwingen. Welche Art von Wandel es geben wird, hängt von den Kubanern ab. Wir werden Ihnen weder unser politisches noch unser wirtschaftliches System aufzwingen. Wir wissen, dass jedes Land und jedes Volk seinen eigenen Weg finden und sein eigenes Modell entwerfen muss. Da wir aber nun den Schatten der Geschichte von unseren Beziehungen genommen haben, muss ich ehrlich über die Dinge sprechen, an die ich glaube, an die wir als Amerikaner glauben. Martí sagte: »Freiheit ist das Recht eines jeden Menschen, ehrlich zu sein und sich ohne Heuchelei zu äußern und zu denken.«

Ich möchte Ihnen sagen, woran ich glaube. Ich kann Sie nicht zwingen, mir zuzustimmen, aber Sie sollten wissen, wie ich denke. Ich glaube an die Gleichheit jedes Menschen vor dem Gesetz. Jedes Kind verdient die Würde, die Bildung mit sich bringt, Gesundheitsversorgung, Essen auf dem Tisch und ein Dach über dem Kopf. Ich glaube daran, dass man seine Meinung ohne Angst frei äußern, sich organisieren, die Regierung kritisieren und friedlich demonstrieren können sollte und dass Menschen, die diese Rechte ausüben, in einem Rechtsstaat nicht willkürlich inhaftiert werden sollten. Ich glaube daran, dass jeder Mensch die Freiheit haben sollte, seinen Glauben friedlich und offen zu praktizieren. Und ja, ich glaube daran, dass Wähler ihre Regierung in freien und demokratischen Wahlen wählen können sollten.

Nicht alle sind darüber derselben Ansicht wie ich. Nicht alle sind darüber derselben Ansicht wie das amerikanische Volk. Aber ich glaube daran, dass diese Menschenrechte allgemeingültig sind. Ich glaube daran, dass dies die Rechte der Amerikaner, der Kubaner und der Menschen auf der ganzen Welt sind.

Es ist kein Geheimnis, dass unsere Regierungen über viele dieser Themen unterschiedlicher Meinung sind. Ich habe offene Gespräche mit Präsident Castro geführt. Er weist seit vielen Jahren auf die Mängel des amerikanischen Systems hin: wirtschaftliche Ungleichheit, die Todesstrafe, ethnische Diskriminierung, Kriege im Ausland. Das sind nur Beispiele. Seine Liste ist noch sehr viel länger. Aber die Kubanerinnen und Kubaner sollten Folgendes wissen: Ich begrüße diese offene Debatte und den Dialog. Sie sind gut. Sie sind gesund. Ich fürchte mich nicht davor.

In der US-Politik fließt tatsächlich zu viel Geld. Andererseits ist es in den Vereinigten Staaten jemandem wie mir – einem Kind gemischter Abstammung, das von einer alleinerziehenden Mutter großgezogen wurde und mit wenig Geld auskommen musste – noch immer möglich, ein Ziel zu verfolgen und letztlich das höchste Amt des Landes zu übernehmen. Das ist in den Vereinigten Staaten möglich.

Rassistische Vorurteile sind tatsächlich eine Herausforderung für die Vereinigten Staaten – für unsere Gemeinden, unser Strafrecht, unsere Gesellschaft; sie ist das Erbe von Sklaverei und Rassentrennung. Aber die Tatsache, dass wir offene Debatten innerhalb der amerikanischen Demokratie führen, erlaubt uns, besser zu werden. 1959, als mein Vater in die Vereinigten Staaten zog, war es für ihn in vielen US-Bundesstaaten noch illegal, meine Mutter zu heiraten, die weiß war. Als ich in die Schule kam, kämpfte man in den Südstaaten mit der Aufhebung der Rassentrennung in den Schulen. Aber die Menschen organisierten sich, sie demonstrierten, sie diskutierten über diese Themen, sie wehrten sich gegen

Regierungsbeamte. Aufgrund dieser Proteste und Debatten und aufgrund der Mobilisierung der Öffentlichkeit kann ich heute als Afroamerikaner und als Präsident der Vereinigten Staaten hier vor Ihnen stehen. Dank der Freiheiten, die man in den Vereinigten Staaten hat, waren wir in der Lage, Wandel herbeizuführen.

Ich sage nicht, dass es einfach ist. Es gibt in unserer Gesellschaft immer noch schwerwiegende Probleme. Aber wir lösen sie auf demokratischem Wege. So haben wir mehr Menschen in unserem Land eine Gesundheitsversorgung ermöglicht. So haben wir gewaltige Fortschritte bei den Rechten von Frauen und Homosexuellen gemacht. So haben wir gegen die Ungleichheit angekämpft, die dazu führt, dass sich so viel Wohlstand an der Spitze unserer Gesellschaft bündelt. Dadurch, dass Arbeitnehmer sich organisieren können und auch ganz normale Bürger ihre Meinung äußern können, hat die amerikanische Demokratie unserer Bevölkerung die Möglichkeit gegeben, ihre Träume zu verfolgen und einen hohen Lebensstandard zu erreichen.

Es sind noch immer einige harte Kämpfe auszutragen. Der demokratische Prozess ist nicht immer schön. Häufig ist er frustrierend. Das zeigen auch die Wahlen in den Vereinigten Staaten. Aber denken Sie einmal über diesen amerikanischen Wahlkampf nach, der gerade stattfindet. Für die Republikaner sind zwei kubanische Amerikaner gegen das Erbe eines schwarzen Mannes angetreten, der Präsident ist, und beide behaupteten, die besten Aussichten gegen den Nominierten der Demokraten zu haben, der entweder eine Frau oder ein demokratischer Sozialist sein wird. Wer hätte das 1959 gedacht? Daran lassen sich die Fortschritte unserer Demokratie messen.

Meine Botschaft an die kubanische Regierung und die

kubanische Bevölkerung lautet also: Die Ideale, die der Anfangspunkt jeder Revolution sind – des amerikanischen Unabhängigkeitskrieges, der kubanischen Revolution, der Befreiungsbewegungen in aller Welt –, diese Ideale finden ihren wahrhaftigsten Ausdruck in der Demokratie. Daran glaube ich. Nicht, weil die amerikanische Demokratie makellos ist, sondern eben weil sie das nicht ist. Wie jedes andere Land auch brauchen wir den Raum, den die Demokratie uns gibt, um uns zu verändern. Sie befähigt die Menschen, schneller und auf neuen Wegen zu denken, zu hinterfragen, wie unsere Gesellschaft sein sollte, und sie besser zu machen.

In Kuba findet bereits eine Entwicklung statt, ein Generationenwechsel. Mir wurde mehrfach vorgeschlagen, herzukommen und die Kubanerinnen und Kubaner dazu aufzurufen, etwas niederzureißen – aber ich rufe die jungen Menschen in Kuba auf, etwas Neues aufzubauen. El futuro de Cuba tiene que estar en las manos del pueblo cubano.

Präsident Castro – Ihre Anwesenheit hier weiß ich sehr zu schätzen, und ich denke, mein Besuch zeigt, dass Sie keine Bedrohung durch die Vereinigten Staaten zu befürchten haben. Angesichts Ihres Engagements für die Souveränität und Selbstbestimmung Kubas bin ich auch zuversichtlich, dass Sie die unterschiedlichen Stimmen der kubanischen Bevölkerung – und ihre Fähigkeit zu sprechen, sich zu versammeln und ihre Politiker zu wählen – nicht fürchten müssen. Ich bin vielmehr voller Hoffnung für die Zukunft, weil ich darauf vertraue, dass die Kubanerinnen und Kubaner die richtigen Entscheidungen fällen werden.

Ich bin auch zuversichtlich, dass Kuba währenddessen weiterhin eine wichtige Rolle in dieser Region und auf der ganzen Welt spielen kann – hoffentlich als Partner der Vereinigten Staaten.

Wir haben auf der Welt sehr unterschiedliche Rollen gespielt. Aber niemand sollte abstreiten, welche Dienste Tausende kubanische Ärzte den Armen und Leidenden geleistet
haben. Im vergangenen Jahr haben amerikanische Pflege-
kräfte und das US-Militär Seite an Seite mit den Kubanern
daran gearbeitet, in Westafrika Leben zu retten und Ebola
auszumerzen. Ich meine, dass wir diese Form der Kooperation in anderen Ländern fortsetzen sollten.

Wir standen in sehr vielen Konflikten auf dem amerikanischen Kontinent auf verschiedenen Seiten. Aber heute sitzen
Amerikaner und Kubaner gemeinsam am Verhandlungtisch.
Wir helfen der kolumbianischen Bevölkerung, einen Bürgerkrieg zu beenden, der schon seit Jahrzehnten andauert.
Diese Art der Zusammenarbeit ist für alle Seiten gut. Sie gibt
allen Menschen in dieser Region Hoffnung.

Wir haben die Menschen in Südafrika auf unterschiedliche Weise bei der Abschaffung der Apartheid unterstützt.
Aber Präsident Castro und ich konnten dem großen Nelson
Mandela und seinem Erbe in Johannesburg beide die letzte
Ehre erweisen. Und ich bin sicher, wenn wir uns sein Leben
und seine Worte ansehen, sind wir uns beide darüber im Kla-
ren, dass wir noch sehr viel mehr Arbeit leisten müssen, um
die Gleichberechtigung in unseren beiden Ländern zu fördern und die ethnische Diskriminierung zu reduzieren. In
Kuba wollen wir mit unserem Engagement den Kubanern
afrikanischer Abstammung helfen, die bewiesen haben, dass
es nichts gibt, was sie nicht schaffen können, wenn man ihnen nur eine Chance gibt.

Wir waren Teil unterschiedlicher Staatenblocks in dieser
Hemisphäre und werden weiterhin grundlegend verschie-
dene Ansichten darüber haben, wie man Frieden, Sicherheit,
Chancen und Menschenrechte fördert. Aber die Normali-

sierung unserer Beziehungen kann meiner Meinung nach helfen, das Zusammengehörigkeitsgefühl auf dem gesamten amerikanischen Kontinent zu fördern – todos somos Americanos.

Seit Beginn meiner Amtszeit habe ich die Menschen in ganz Amerika gedrängt, die ideologischen Kämpfe der Vergangenheit hinter sich zu lassen. Wir befinden uns in einem neuen Zeitalter. Ich weiß, dass viele der Themen, über die ich gesprochen habe, an Dramatik verloren haben. Und ich weiß, dass zur kubanischen Identität der Stolz darauf gehört, sich als kleiner Inselstaat für seine Rechte stark zu machen und die ganze Welt aufrütteln zu können. Aber ich weiß auch, dass Talent, harte Arbeit und der Stolz der kubanischen Bevölkerung Kuba stets zu etwas Besonderem machen werden. Das ist Ihre Stärke. Kuba sollte ebenso wenig als Gegner der Vereinigten Staaten definiert werden wie die Vereinigten Staaten als Gegner Kubas. Die Versöhnung der kubanischen Bevölkerung erfüllt mich mit Hoffnung für die Zukunft.

Ich weiß, dass einige Kubanerinnen und Kubaner auf der Insel das Gefühl haben, dass diejenigen, die weggegangen sind, damit irgendwie die alte Ordnung in Kuba unterstützt haben. Ich bin sicher, hierzulande gibt es noch die Meinung, die Exilkubaner hätten die Probleme des vorrevolutionären Kuba ignoriert und sich dem Kampf für den Aufbau einer neuen Zukunft verweigert. Aber ich sage Ihnen, dass sich sehr viele Exilkubaner an eine schmerzvolle – und teilweise auch gewalttätige – Trennung erinnern. Sie lieben Kuba. Einige von ihnen betrachten es immer noch als ihre wahre Heimat. Darum ist ihre Leidenschaft so groß. Darum schmerzt ihr Herz so sehr. Für die kubanisch-amerikanische Gemeinschaft, die ich kennen- und achten gelernt habe, geht es hier nicht nur um Politik. Hier geht es um Familie – die Erinnerung an eine verlorene Heimat, den Wunsch, eine gekappte Verbindung wiederzubeleben, die Hoffnung auf eine bessere Zukunft und die Hoffnung auf Rückkehr und Versöhnung.

Denn unabhängig von aller Politik bleiben Menschen Menschen, und Kubaner bleiben Kubaner. Ich habe diese Entfernung überwunden und bin über eine Brücke hierher gereist, die Kubaner auf beiden Seiten der Floridastraße gebaut haben. Ich habe die Fähigkeiten und die Leidenschaft der Kubaner in den Vereinigten Staaten kennengelernt. Und ich weiß, dass sie mehr erlitten haben als nur den Schmerz darüber, im Exil zu leben. Sie wissen auch, was es bedeutet, Außenseiter zu sein, sich abzukämpfen und härter zu arbeiten als andere, damit die eigenen Kinder es in den Vereinigten Staaten zu etwas bringen können.

Die Versöhnung der kubanischen Bevölkerung – der Kinder und Enkelkinder der Revolution und der Kinder und Enkelkinder im Exil – ist also von grundlegender Bedeutung für Kubas Zukunft.

Nehmen Sie Gloria Gonzalez, die 2013 nach 61 Jahren Trennung zum ersten Mal hierher reiste und ihre Schwester Llorca traf. Nachdem sie ihre Schwester umarmt hatte, sagte sie: »Du hast mich erkannt, ich dich aber nicht.« Stellen Sie sich das vor, nach 61 Jahren.

Nehmen Sie Melinda Lopez, die das alte Haus ihrer Familie besuchte. Als sie die Straße entlanglief, erkannte sie eine ältere Frau, die ihre Mutter noch kannte, und begann zu weinen. Sie lud sie zu sich nach Hause ein und zeigte ihr viele Fotos, darunter auch ein Foto von Melinda als Baby, das ihre Mutter vor 50 Jahren geschickt hatte. Melinda sagte später: »So viele von uns bekommen jetzt so viel zurück.«

Nehmen Sie Cristian Miguel Soler, einen jungen Mann, der nach 50 Jahren als erstes Mitglied seiner Familie nach Kuba gereist ist. Als er zum ersten Mal auf seine Verwandten traf, sagte er: »Mir ist klar geworden, dass Familie Familie bleibt, egal, welche Entfernung zwischen uns liegt.«

Manchmal beginnen die wichtigsten Veränderungen an unscheinbaren Orten. Im Verlauf der Geschichte können Menschen in Konflikte, Exil und Armut geraten. Damit sich diese Umstände ändern, braucht es Zeit. Aber die Anerkennung einer gemeinsamen Menschlichkeit, die Versöhnung von Menschen, die durch Blutsbande und den Glauben aneinander miteinander verbunden sind – sie sind der erste Schritt einer Entwicklung. Verständnis, Zuhören und Vergebung. Und wenn sich die Kubanerinnen und Kubaner gemeinsam der Zukunft stellen, ist die Wahrscheinlichkeit größer, dass die Menschen, die heute jung sind, in Würde leben und ihre Träume hier in Kuba verwirklichen können.

Zur Geschichte der Vereinigten Staaten und Kubas gehören Revolution und Konflikt, Kampf und Opfer, Vergeltung und jetzt auch Versöhnung. Es ist nun an der Zeit, dass wir die Vergangenheit hinter uns lassen. Es ist an der Zeit, gemeinsam in die Zukunft zu blicken – un future de esperanza. Es wird nicht immer einfach sein, und es wird Rückschläge geben. Es wird seine Zeit dauern. Aber mein Aufenthalt hier in Kuba gibt mir neue Hoffnung und Vertrauen in das, was die Kubanerinnen und Kubaner erreichen werden. Wir können uns als Freunde, als Nachbarn und als Familie auf diese Reise begeben – gemeinsam. Si se puede. Muchas gracias.

In Hiroshima veränderte sich die Welt für immer

Rede zum Gedenken an die Opfer des Abwurfs der
Atombombe 1945
Hiroshima, 27. Mai 2016

Vor 71 Jahren fiel an einem sonnigen, wolkenlosen Tag der Tod vom Himmel, und die Welt veränderte sich. Ein Lichtblitz und eine Wand aus Feuer zerstörten eine Stadt und demonstrierten, dass die Menschheit über die Mittel verfügte, sich selbst zu vernichten.

Warum kommen wir an diesen Ort, nach Hiroshima? Wir kommen, um über die grausamen Kräfte nachzudenken, die in der nicht so fernen Vergangenheit entfesselt wurden. Wir kommen nach Hiroshima, um die Toten zu betrauern, zu denen auch über 100 000 japanische Männer, Frauen und Kinder, Tausende Koreanerinnen und Koreaner und ein Dutzend amerikanischer Gefangener gehören. Ihre Seelen sprechen zu uns. Sie fordern uns zur Introspektion und zur Bestandsaufnahme darüber auf, wer wir sind und was wir werden könnten.

Hiroshima setzt sich nicht durch die Tatsache ab, dass es hier einen Krieg gab. Gewaltsame Konflikte gibt es, wie prähistorische Werkzeuge zeigen, seit es die ersten Menschen gibt. Unsere frühen Vorfahren hatten gelernt, Klingen aus Feuerstein und Speere aus Holz herzustellen, und setzten diese Werkzeuge nicht nur für die Jagd, sondern auch gegen andere Menschen ein. Kriege sind Teil der Geschichte der Zivilisation auf jedem Kontinent, ob sie nun von Getreideknappheit oder der Gier nach Gold ausgelöst oder durch nationalistischen Eifer oder religiöse Leidenschaft verursacht wurden. Imperien sind aufgestiegen und untergegangen. Völker wurden unterjocht und befreit. Jedes Mal mussten unzählige Unschuldige leiden und sterben, deren Namen mit der Zeit in Vergessenheit gerieten.

Der Weltkrieg, der in Hiroshima und Nagasaki sein brutales Ende fand, wurde zwischen den reichsten und mächtigsten Nationen ausgetragen. Ihre Kulturen hatten die Welt um großartige Städte und grandiose Kunstwerke bereichert. Ihre Dichter und Denker hatten die Konzepte von Gerechtigkeit, Harmonie und Wahrheit weiterentwickelt. Dennoch erwuchs der Krieg aus ebendiesem Urinstinkt für Herrschaft oder Eroberung, der schon Konflikte unter den einfachsten Stammesvölkern ausgelöst hatte, ein altes Muster, verstärkt durch neue Fähigkeiten, die noch nicht durch neue Auflagen eingeschränkt worden waren. In einer Zeitspanne von nur wenigen Jahren sollten 60 Millionen Menschen sterben – Männer, Frauen, Kinder, Menschen wie wir, erschossen, erschlagen, zu Tode marschiert und inhaftiert, durch Bomben getötet, verhungert, vergast.

An vielen Orten auf der Welt sind die Ereignisse dieses Krieges dokumentiert. Denkmäler erzählen Geschichten von Mut und Heldentaten, Gräber und leere Lager zeugen von unaussprechlicher Verderbtheit. Dennoch ist es das Bild des in den Himmel aufsteigenden Atompilzes, das uns den inhärenten Widerspruch des menschlichen Wesens am deutlichsten vor Augen führt und zeigt, wie ebender Funke, der uns zu Menschen macht – unsere Gedanken, unsere Vorstellungskraft, unsere Sprache, unsere Fähigkeit, Werkzeuge herzustellen, uns von der Natur abzusetzen und sie uns zu Willen zu machen –, dass ebendiese Dinge uns auch die Fähigkeit zu beispielloser Zerstörung verleihen.

Wie oft machen uns materieller Fortschritt oder soziale Innovation blind für diese Wahrheit. Wie leicht lernen wir Gewalt im Namen irgendeiner höheren Macht zu rechtfertigen. Jede große Religion verspricht einen Weg zu Liebe, Frieden und Rechtschaffenheit, und doch ist noch keine Religion von den Gläubigen verschont geblieben, die ihren Glauben als Lizenz zum Töten geltend machen. Nationen entstehen und erzählen eine Geschichte, die die Menschen durch ihre Opfer und ihre Zusammenarbeit verbindet und erstaunliche Leistungen ermöglicht, aber die gleichen Geschichten wurden auch schon sehr oft benutzt, um diejenigen zu unterdrücken und zu entmenschlichen, die anders sind.

Die Wissenschaft ermöglicht es uns, über Ozeane hinweg zu kommunizieren und über die Wolken hinweg zu fliegen, Krankheiten zu heilen und das Weltall zu begreifen. Aber mithilfe dieser Erkenntnisse lassen sich auch immer effizientere Tötungsmaschinen erschaffen.

Das lehren uns die Kriege der Moderne. Das lehrt uns Hiroshima. Technischer Fortschritt ohne den entsprechenden institutionellen Fortschritt kann uns ins Verderben stürzen. Die wissenschaftliche Revolution, die zur Spaltung eines Atoms geführt hat, erfordert eine entsprechende moralische Revolution.

Deshalb kommen wir an diesen Ort. Wir stehen hier, mitten in dieser Stadt, und zwingen uns, uns den Augenblick vorzustellen, in dem die Bombe fiel. Wir zwingen uns, die Furcht der Kinder zu spüren, die verwirrt sind von dem, was sie sehen. Wir hören einen stummen Schrei. Wir erinnern uns all der Unschuldigen, die im Verlaufe dieses schrecklichen Krieges sowie in den vorangegangenen Kriegen und den Kriegen, die noch folgen sollten, getötet wurden.

Worte allein können dieses Leid nicht ausdrücken, aber wir tragen gemeinsam die Verantwortung dafür, der Geschichte ins Angesicht zu blicken und zu fragen, was wir anders machen müssen, um solchem Leid in Zukunft Einhalt zu gebieten. Eines Tages werden uns die Hibakusha [Überlebende der beiden Atombombenabwürfe] nicht mehr als Zeugen zur Verfügung stehen. Aber die Erinnerung an den Morgen des 6. August 1945 darf nie verblassen. Diese Erinnerung ermöglicht es uns, gegen die Selbstzufriedenheit anzugehen. Sie nährt unsere moralische Vorstellungskraft. Sie macht Veränderung möglich. ...

Dennoch zeigt jeder Akt der Aggression zwischen Nationen, jeder Terroranschlag und jede Form von Korruption, Grausamkeit und Unterdrückung, die wir auf der Welt erleben, dass unsere Arbeit nie getan ist. Wir mögen die menschliche Fähigkeit, Böses zu tun, nicht ausmerzen können, daher benötigen die Länder und die Bündnisse, die sie eingegangen sind, die Mittel, um sich zu verteidigen. Aber die Länder, die Atomwaffenarsenale besitzen, zu denen auch mein eigenes gehört, müssen den Mut finden, sich aus der Logik der Angst zu befreien und nach einer Welt ohne Atomwaffen zu streben.

Womöglich werden wir dieses Ziel nicht zu meinen Lebzeiten erreichen. Aber konsequente Bemühungen können die Möglichkeit einer Katastrophe verringern. Wir können einen Kurs einschlagen, der zur Zerstörung dieser Arsenale führt. Wir können die Ausbreitung auf neue Länder verhindern und tödliche Materialien vor fanatisch denkenden Menschen in Sicherheit bringen.

Doch das ist noch nicht genug. Denn wir sehen heute weltweit, wie selbst die primitivsten Waffen und Fassbomben ein grausames Ausmaß an Gewalt verursachen können. Wir müssen unsere Einstellung zum Krieg ändern, damit wir Konflikten durch Diplomatie vorbeugen und danach streben, sie zu beenden, wenn sie bereits ausgebrochen sind, unsere wachsende gegenseitige Abhängigkeit als Grund für friedliche Zusammenarbeit und nicht für brutalen Wettbewerb begreifen und unsere Länder nicht über unsere Fähigkeit definieren, zu zerstören, sondern über das, was wir aufbauen.

Und wir müssen uns vor allem neu bewusstmachen, dass wir alle Menschen sind und dass uns genau das miteinander verbindet. Denn auch das macht unsere Spezies einzigartig. Wir sind nicht genetisch darauf programmiert, die Fehler der Vergangenheit zu wiederholen. Wir können lernen. Wir können wählen. Wir können unseren Kindern eine andere Geschichte erzählen – die Geschichte unserer gemeinsamen Menschlichkeit, in der Krieg weniger wahrscheinlich ist und Grausamkeit weniger leicht akzeptiert wird.

Die Hibakusha machen diese Geschichten sichtbar: die Frau, die dem Piloten vergab, der das Flugzeug steuerte, von dem aus die Atombombe abgeworfen wurde, weil sie erkannte, dass ihr Hass in Wirklichkeit dem Krieg selbst galt; der Mann, der Familien von Amerikanern aufsuchte, die hier getötet wurden, weil er der Ansicht war, ihr Verlust wiege ebenso schwer wie seiner.

... Hier veränderte sich die Welt für immer. Doch heute herrscht im Alltag der Kinder dieser Stadt Frieden. Welch kostbares Gut. Es ist schützenswert und sollte allen Kindern dieser Welt zuteilwerden. Das ist die Zukunft, für die wir uns entscheiden können – eine Zukunft, in der Hiroshima und Nagasaki nicht für den Beginn eines Atomkriegs stehen, sondern für den Beginn unseres moralischen Erwachens.

Dies ist eine ernüchternde Mahnung

Rede anlässlich des Attentats auf einen
Nachtclub in Orlando, Florida
Washington, 12. Juni 2016

Wir Amerikanerinnen und Amerikaner trauern heute um Dutzende unschuldiger Menschen, die bei diesem brutalen Massaker getötet wurden. Wir beten für ihre Familien, die mit gebrochenem Herzen nach Antworten suchen. Wir stehen an der Seite der Menschen in Orlando, die einen schrecklichen Anschlag auf ihre Stadt erlebt haben. Auch wenn wir noch am Anfang unserer Ermittlungen stehen, wissen wir genug, um feststellen zu können, dass es sich um einen Akt des Terrors und einen Akt des Hasses handelt. Als Amerikanerinnen und Amerikaner sind wir geeint in Trauer, Wut und in der Entschlossenheit, unsere Bürger zu verteidigen.

Ich komme gerade von einem Treffen mit FBI-Direktor Comey sowie meinen nationalen Sicherheitsberatern und meinen Beratern für innere Sicherheit. Das FBI ist vor Ort und leitet die Ermittlungen zusammen mit den örtlichen Strafverfolgungsbehörden. Ich habe angewiesen, dass alle verfügbaren Ressourcen des Bundes für diese Ermittlungen bereitgestellt werden.

Wir kennen noch immer nicht alle Fakten. Die Ermittlungen dauern an. Bisher gibt es kein abschließendes Ergebnis, was die genauen Motive des Täters angeht. Das FBI geht in seinen Ermittlungen gegenwärtig von einem terroristischen Anschlag aus. Ich habe angeordnet, dass alles unternommen wird, um herauszufinden, welche Verbindungen der Täter zu terroristischen Gruppen hatte oder wie er gegebenenfalls von diesen beeinflusst wurde. Klar ist jedoch, dass der Täter von Hass getrieben war. In den kommenden Tagen werden wir herausfinden, warum und wie das geschehen konnte, und wir werden allen Hinweisen nachgehen, wo auch immer sie uns hinführen.

Ich habe heute Morgen mit meinem guten Freund Buddy Dyer, dem Bürgermeister von Orlando, gesprochen und ihm im Namen aller Amerikanerinnen und Amerikaner mein Beileid ausgesprochen. Dieses Attentat hätte überall in den Vereinigten Staaten stattfinden können. Daher habe ich Bürgermeister Dyer zugesagt, dass er und die Menschen in Orlando jede Hilfe erhalten werden, die sie benötigen. Das ganze Land steht den Menschen in Orlando zur Seite – heute, morgen und in den Tagen darauf.

Unsere tiefe Dankbarkeit gilt allen Polizeibeamten und Ersthelfern, die sich in Gefahr begeben haben. Ihr Mut und ihr professionelles Verhalten haben Menschenleben gerettet und verhindert, dass bei diesem Blutbad noch mehr Menschen zu Schaden kommen. Es ist diese Opferbereitschaft, die unsere Strafverfolgungsbeamten täglich für uns alle zeigen, und wir können ihnen niemals genug dafür danken.

Für alle unsere Freunde und Mitbürger, die schwul, lesbisch, bisexuell oder transgender sind, ist das ein besonders trauriger Tag. Der Schütze ging in einen Nachtclub, in dem Menschen zusammenkommen, um gemeinsam mit Freunden zu tanzen, zu singen und zu leben. Der Ort an dem sie angegriffen wurden, ist aber mehr als nur ein Nachtclub, es ist auch ein Ort der Solidarität und der Bestärkung, an dem Menschen zusammenkommen, um das öffentliche Bewusstsein für ihre Situation zu schärfen, ihre Meinung frei zu äußern und für ihre Bürgerrechte einzutreten.

Dies ist daher eine ernüchternde Mahnung, dass ein Angriff auf eine Amerikanerin oder einen Amerikaner, ganz gleich welcher Hautfarbe, Religion oder sexuellen Orientierung, ein Angriff auf uns alle und auf unsere grundlegenden Werte der Gleichberechtigung und Menschenwürde darstellt, die unsere Nation ausmachen. Kein Verbrechen aus Hass und kein Terroranschlag können jemals etwas daran ändern, wer wir sind und welche Werte uns zu Amerikanern machen.

Am heutigen Tag hat die verheerendste Schießerei in der Geschichte der Vereinigten Staaten stattgefunden. Der Schütze war offensichtlich mit einer Handfeuerwaffe und einem Sturmgewehr bewaffnet. Dieses Massaker führt uns ein weiteres Mal vor Augen, wie einfach es ist, Waffen zu erwerben, mit denen man in einer Schule, einer Kirche, einem Kino oder einem Nachtclub Menschen erschießen kann. Wir müssen uns entscheiden, ob dies das Land ist, das wir sein wollen. Bewusst nichts zu tun, ist auch eine Entscheidung.

In den kommenden Stunden und Tagen werden wir mehr über die Opfer dieser Tragödie erfahren. Ihre Namen. Ihre Gesichter. Wer sie waren. Die Freude, die sie Familien und Freunden gemacht haben, und was sie für diese Welt bedeuteten. Beten Sie für sie, und beten Sie für ihre Familien, dass Gott ihnen die Stärke geben möge, das Unerträgliche zu ertragen. Und dass er uns allen die Stärke geben möge, für sie da zu sein, und die Stärke und den Mut zur Veränderung. Wir müssen zeigen, dass die Art und Weise, wie sie ihr Leben geführt haben, uns als Land stärker definiert als der Hass des Mannes, der sie von uns genommen hat.

Während wir zusammenstehen, inspiriert uns das heldenhafte und selbstlose Handeln derer, die sich umeinander gekümmert haben und Leben retteten – Freunde, die Freunden halfen. Im Angesicht von Hass und Gewalt bringen wir einander Liebe entgegen. Wir werden uns weder von Angst beherrschen lassen, noch werden wir uns voneinander abwenden. Wir stehen vielmehr geeint, als Amerikanerinnen und Amerikaner, um unsere Bürger zu schützen, unser Land zu verteidigen und gegen jene vorzugehen, die uns bedrohen.

Möge Gott die Amerikanerinnen und Amerikaner segnen, die heute Morgen getötet wurden. Möge er ihren Familien Trost spenden. Möge Gott weiterhin über dieses Land wachen, das wir lieben. Vielen Dank.

Ich habe schon zu viele Familien umarmt

Rede bei der Gedenkfeier im
Morton H. Meyerson Symphony Center für die
fünf in Dallas ermordeten Polizisten
Dallas, 12. Juli 2016

... Die Heilige Schrift lehrt uns, dass wir durch unser Leiden zu Herrlichkeit gelangen, denn wir wissen, dass Bedrängnis Geduld bringt, Geduld aber Charakter, Charakter aber Hoffnung. Manchmal ist es schwierig, die Wahrheit in diesen Worten zu erkennen. Gerade jetzt stellen uns diese Worte auf die Probe. Denn die Menschen in Dallas leiden, ebenso wie die Menschen im ganzen Land.

Wir sind hier, um fünf amerikanische Mitbürger zu würdigen und zu betrauern, den Schmerz mit ihren Angehörigen zu teilen, diese Gemeinde zu unterstützen, für die Verwundeten zu beten und zu versuchen, einen Sinn in unserem Leid zu finden.

Für die Männer und Frauen, die den Bürgerinnen und Bürgern von Dallas dienen und sie schützen, fing der vergangene Donnerstag an wie jeder andere Tag. Wie die meisten Amerikaner wohl auch sind sie an diesem Tag aufgestanden, haben, wahrscheinlich in Eile, gefrühstückt, sich von ihrer Familie verabschiedet und sind dann zur Arbeit gegangen. Aber Ihre Arbeit, die Arbeit von Polizisten im ganzen Land, ist keine Arbeit wie jede andere. Von dem Moment an, in dem Sie diese Uniform anziehen, sind Sie einem Ruf nachgekommen, der jederzeit, sogar bei der kürzesten Interaktion, Ihr Leben gefährden kann.

Lorne Ahrens folgte diesem Ruf. Ebenso wie seine Frau Katrina – nicht nur, weil sie die Frau eines Polizeibeamten war, sondern, weil sie Kriminalbeamtin ist. Sie haben zwei Kinder. Lorne ging mit ihnen angeln und holte sie oft stolz in Uniform von der Schule ab. Am Abend bevor er starb, kaufte er einem Obdachlosen etwas zum Abendessen. Am folgenden Abend musste Katrina ihren Kindern erklären, dass ihr Vater nicht mehr nach Hause kommen würde. »Sie haben es noch nicht richtig begriffen«, sagte ihre Großmutter. »Sie wissen noch nicht so richtig, was sie machen sollen.«

Auch Michael Krol folgte diesem Ruf. Seine Mutter sagte: »Er war sich der Gefahren des Berufs bewusst, erfüllte aber immer seine Pflicht.« Er zog über tausend Kilometer weit aus seinem Heimatstaat Michigan weg, um in Dallas Polizist zu werden. Seiner Familie erklärte er: »Das ist etwas, das ich schon lange machen wollte.« Voriges Jahr brachte er zu Thanksgiving seine Freundin mit nach Detroit. Es sollte das letzte Mal sein, dass er seine Familie sah.

Michael Smith folgte diesem Ruf – in die Army und dann zu einem fast 30-jährigen Dienst in der Dallas Police Association, die ihm die so passend bezeichnete Auszeichnung ›Cop's Cop‹ verlieh. Er war ein sehr gläubiger Mann, und wenn er nach der Arbeit nicht in der Kirche war, spielte er Softball mit seinen beiden Töchtern. Nun haben seine Töchter ihren Vater verloren, denn Gott hat Michael zu sich gerufen.

Patrick Zamarripa folgte diesem Ruf. Der ehemalige Ministrant war erst 32, diente in der Marine und träumte davon, Polizist zu werden. Er stellte gerne Videos von sich und seinen Kindern ins Netz. Am Donnerstagabend, als Patrick zur Arbeit ging, lud seine Freundin Kristy ein Foto von sich und ihrer gemeinsamen Tochter bei einem Spiel der Texas Rangers hoch und taggte ihren Partner, so dass er es im Dienst sehen konnte.

Brent Thompson folgte diesem Ruf. Er diente seinem Land als Marineinfanterist. Jahre später war er in einigen der gefährlichsten Regionen des Iraks und Afghanistans im Einsatz. Vor einigen Jahren ließ er sich dann hier in Dallas nieder, um zur Bahnpolizei zu gehen. Vor fast genau zwei Wochen heiratete er eine Kollegin. Sie hatten ihr ganzes Leben noch vor sich.

Wie alle Polizisten in unserem Land verpflichteten sich auch diese Männer und Frauen zu etwas, das größer war, als sie selbst. Sie wollten nicht im Scheinwerferlicht stehen. Sie hätten Ihnen gesagt, die Bezahlung ist in Ordnung, aber man wird davon nicht reich. Sie hätten Ihnen von dem Stress und den langen Schichten erzählen können, und sie hätten wahrscheinlich Chief Brown zugestimmt, als er sagte, dass Polizisten nicht erwarten, oft das Wort »danke« zu hören, besonders nicht von denjenigen, die sie am meisten brauchen.

Nein, ihr Lohn besteht darin zu wissen, dass unsere gesamte Lebensweise in den Vereinigten Staaten auf Rechtstaatlichkeit beruht, dass die Wahrung der Gesetze täglich harte Arbeit erfordert, dass wir in diesem Land keine Soldaten auf der Straße oder Milizen haben, die die Regeln festlegen. Stattdessen haben wir Beamte – Polizisten – wie diese Männer, die uns genommen wurden.

Diese fünf Männer waren letzten Donnerstag dazu eingeteilt, eine friedliche Demonstration zu schützen und dort die Ordnung zu wahren, nachdem Alton Sterling aus Baton Rouge und Philando Castile aus Minnesota getötet worden waren. Sie wahrten die verfassungsmäßigen Rechte dieses Landes.

Eine Zeitlang verlief die Demonstration ohne Zwischenfälle. Obwohl es bei der Demonstration um das Verhalten der Polizei ging, obwohl es Schilder, Sprüche oder Parolen gegeben haben muss, mit denen sie ganz und gar nicht einverstanden waren, verrichteten diese Männer und diese Dienststelle ihre Arbeit absolut professionell. Die Polizei war im Übrigen in die Planung der Demonstration einbezogen worden. Sie veröffentlichte auf Twitter sogar Fotos von ihren Beamten inmitten der Demonstranten. Zwei Polizisten, einer schwarz, einer weiß, lächelnd neben einem Mann mit einen Schild mit der Aufschrift: »Keine Gerechtigkeit, kein Frieden«.

Dann, gegen 21 Uhr, fielen die Schüsse. Wieder eine Gemeinde, die zerrissen wurde. Noch mehr gebrochene Herzen. Wieder die Frage, wie es zu einer solchen Tragödie kommen konnte und wie man sie hätte verhindern können.

Ich weiß, dass die Amerikanerinnen und Amerikaner mit den Ereignissen der letzten Woche zu kämpfen haben. Erst die tödlichen Schüsse in Minnesota und Baton Rouge und die Demonstrationen dagegen, dann die Schüsse auf die Polizei hier – was nicht nur ein irrsinniger Gewaltakt, sondern auch ein Akt des rassistischen Hasses war. All das hat uns verwundet, wütend und verletzt zurückgelassen. Es ist, als seien die tiefsten Verwerfungen in unserer Demokratie plötzlich offengelegt und vielleicht sogar vertieft worden. Wir wissen zwar, dass diese Gräben nicht neu sind und in der jüngsten Vergangenheit mit Sicherheit schon tiefer waren, aber das ist ein schwacher Trost.

Angesichts dieser Gewalt fragen wir uns, ob die Kluft zwischen den Ethnien in den Vereinigten Staaten je überwunden werden kann. Wir fragen uns, ob eine afroamerikanische

Gemeinschaft, die sich von der Polizei ungerecht behandelt fühlt, und Polizisten, die das Gefühl haben, ungerechtfertigt verteufelt zu werden, weil sie ihre Arbeit tun, sich überhaupt ineinander hineinversetzen können. Wir machen den Fernseher an oder surfen im Internet und sehen, wie sich die Positionen verhärten und Linien gezogen werden, wie Menschen sich in ihre jeweilige Ecke zurückziehen und Politiker kalkulieren, wie sie die Aufmerksamkeit auf sich ziehen oder die negativen Konsequenzen vermeiden können. All das sehen wir, und es ist manchmal schwer, nicht dem Gedanken zu verfallen, dass die Mitte nicht standhalten und alles noch schlimmer werden könne.

Ich verstehe das. Ich weiß, wie sich die Amerikanerinnen und Amerikaner fühlen. Aber, Dallas, ich bin hier, um zu sagen, dass wir dieser Verzweiflung widerstehen müssen. Ich bin hier, um zu betonen, dass wir nicht so gespalten sind, wie es scheint. Ich weiß das, weil ich Amerika kenne. Ich weiß, wie weit wir allen Widrigkeiten zum Trotz gekommen sind. Ich weiß das aufgrund meiner persönlichen Erfahrungen, aufgrund dessen, was ich in diesem Land als Präsident der Vereinigten Staaten erlebt habe, aufgrund der Güte und des Anstands der Amerikanerinnen und Amerikaner. Und ich weiß es, weil wir hier in Dallas erlebt haben, dass Sie alle uns in Ihrem großen Leid die Bedeutung von Durchhaltevermögen, Charakter und Hoffnung gezeigt haben.

Als die Schüsse fielen, zuckten die Polizistinnen und Polizisten aus Dallas nicht zusammen, und sie handelten nicht leichtsinnig. Sie bewiesen unglaubliche Beherrschung. Zum Teil unterstützt von den Demonstranten brachten sie die Verletzten in Sicherheit, isolierten den Täter und retteten mehr Menschen, als wir je erfahren werden. Weil Sie so großen Mut bewiesen haben, trauern wir heute um weniger

Menschen. »Alle haben sich gegenseitig geholfen«, sagte ein Augenzeuge. »Es ging nicht um Schwarz oder Weiß. Alle haben sich gegenseitig aufgeholfen und die Verletzten weggetragen.« Sehen Sie, das ist das Amerika, das ich kenne.

Die Polizei half Shetamia Taylor, die angeschossen wurde, als sie sich schützend über ihre vier Söhne legte. Sie sagte, sie habe gewollt, dass ihre vier Jungs sie zur Demonstration gegen das Töten schwarzer Männer begleiten. Der Polizei von Dallas sagte sie: »Ich danke Ihnen, dass Sie Helden waren.« Und jetzt will ihr zwölfjähriger Sohn Polizist werden, wenn er erwachsen ist. Das ist das Amerika, das ich kenne.

Nach den Schüssen haben Bürgermeister Rawlings und Chief Brown, ein weißer und ein schwarzer Mann unterschiedlicher Herkunft, zusammengearbeitet, nicht nur, um in einer erschütterten Stadt und bei einer erschütterten Polizei wieder Ordnung herzustellen, sondern auch, um mit Stärke, Güte und Weisheit eine Stadt zu einen. Dabei wurden wir daran erinnert, dass die Polizei in Dallas sich führend für die Verbesserung der Beziehungen zwischen Polizei und Gemeinde eingesetzt hat. Hier ist die Mordrate gesunken. Beschwerden über die exzessive Anwendung von Gewalt sind um 64 Prozent zurückgegangen. Die Polizei in Dallas hat es richtig gemacht. Deshalb möchte ich Bürgermeister Rawlings und Chief Brown im Namen aller Amerikanerinnen und Amerikaner für ihre beständige Führungsstärke danken. Vielen Dank für Ihr starkes Vorbild. Wir sind außerordentlich stolz auf Sie.

Diese Männer, diese Polizei – das ist das Amerika, das ich kenne. Heute sehe ich unter Ihnen Menschen, die für eine Reform des Strafrechts demonstriert haben, an der Seite von Polizeibeamten trauern. Ich sehe Menschen, die um die fünf Beamten trauern, die wir verloren haben, aber auch den

Schmerz der Familien von Alton Sterling und Philando Castile teilen. In Ihnen allen sehe ich, was möglich ist, wenn wir erkennen, dass wir eine amerikanische Familie sind, in der jeder die gleiche Behandlung verdient, in der jeder den gleichen Respekt verdient, in der alle Kinder Gottes sind. Das ist das Amerika, das ich kenne.

Ich bin nicht naiv. Ich habe in meiner Amtszeit schon bei zu vielen Gedenkveranstaltungen gesprochen. Ich habe schon zu viele Familien umarmt, die Angehörige durch sinnlose Gewalt verloren haben. Und ich habe erlebt, wie eine durch tragische Ereignisse ausgelöste Verbundenheit nach und nach wieder verschwinden kann und alle wieder zur Tagesordnung übergehen, zu Trägheit, alten und zweckmäßigen Gewohnheiten. Ich weiß, warum wir so leicht in alte Muster verfallen – sie sind bequem, und wir sind an sie gewöhnt. Ich weiß, wie unzulänglich Worte sein können, wenn es darum geht, dauerhafte Veränderungen herbeizuführen. Ich weiß, wie unzulänglich meine eigenen Worte sind. Das erinnert mich an einen Abschnitt aus dem ersten Johannesbrief: »Wir wollen nicht mit Wort und Zunge lieben, sondern in Tat und Wahrheit.« Wenn wir die Verbundenheit erhalten wollen, die wir brauchen, um diese schwierigen Zeiten durchzustehen, wenn wir diesen fünf herausragenden Polizisten, die wir verloren haben, Ehre erweisen wollen, dann müssen wir den uns bekannten Wahrheiten entsprechend handeln. Das ist nicht leicht. Es ist unangenehm. Aber wir werden ehrlich zueinander und zu uns selbst sein müssen.

Wir wissen, dass die überwältigende Mehrheit der Polizistinnen und Polizisten auf faire und professionelle Weise ungeheuer schwierige und gefährliche Arbeit leistet. Sie verdienen unseren Respekt und nicht unsere Verachtung. Und wenn irgendjemand, so gut seine Absichten auch sein mögen, alle Polizisten als voreingenommen oder engstirnig darstellt, dann stellt er damit die Beamten infrage, die unsere Sicherheit gewährleisten. Und zu denjenigen, die in ihren Äußerungen Gewalt gegen Polizistinnen und Polizisten nahelegen, auch wenn sie diese nicht selbst verüben: Wer das tut, macht die Arbeit der Polizei nicht nur noch gefährlicher, sondern schadet auch dem Anliegen der Gerechtigkeit, das er zu fördern behauptet.

Wir wissen auch, dass Jahrhunderte der Rassendiskriminierung, der Sklaverei, Unterwerfung und der Jim-Crow-Gesetze [Gesetze zur Rassentrennung] mit dem Ende der gesetzlich erlaubten Rassentrennung nicht einfach verschwunden sind. Sie waren nicht vorbei, nur weil Martin Luther King eine Rede gehalten hat oder das Wahlrechtsgesetz und das Bürgerrechtsgesetz verabschiedet wurden. Die Beziehungen zwischen den Ethnien haben sich in meiner Lebenszeit deutlich verbessert. Wer das leugnet, erkennt nicht an, welche Anstrengungen unternommen wurden, damit wir diesen Fortschritt erzielen konnten.

Aber wir wissen – Amerika, wir wissen, dass weiter Vorurteile bestehen. Wir wissen das. Ob Sie schwarz oder weiß sind, Hispanic, Asiate oder amerikanischer Ureinwohner sind oder aus dem Nahen Osten stammen, wir alle haben diese Engstirnigkeit irgendwann schon einmal erlebt. Manchmal sogar bei uns zu Hause. Wenn wir ehrlich sind, haben wir in Gedanken oder im Herzen vielleicht schon selbst Vorurteile gehegt. Wir wissen das. Und während einige weit mehr unter der Last des Rassismus leiden, spüren andere den Stachel der Diskriminierung weitaus stärker. Obwohl die meisten von uns alles in ihrer Macht Stehende tun, um sich dagegen zu wehren und ihre Kinder eines Besseren zu belehren, ist keiner von uns völlig unschuldig. Keine Institution ist vollkommen dagegen gefeit. Das schließt auch die Polizei ein. Das wissen wir.

Wenn also Afroamerikaner aus allen gesellschaftlichen Schichten ihre wachsende Verzweiflung über die von ihnen empfundene Ungleichbehandlung ausdrücken, wenn eine Studie nach der anderen zeigt, dass Weiße und Menschen mit anderer Hautfarbe unterschiedliche Erfahrungen mit unserer Strafjustiz machen und man als Schwarzer mit größerer Wahrscheinlichkeit Verkehrskontrollen unterzogen, durchsucht oder festgenommen wird, eine längere Strafe erhält und für das gleiche Verbrechen eher mit der Todesstrafe bestraft wird, wenn Mütter und Väter ihre Kinder im Rahmen der Erziehung darüber aufklären, wie sie antworten müssen, wenn sie von einem Polizeibeamten angehalten werden – ja, Sir, nein, Sir –, und dennoch fürchten müssen, dass vielleicht etwas Schreckliches passiert, wenn ihr Kind unterwegs ist, trotzdem Angst haben, dass Kinder, die nicht nachdenken und vielleicht nicht alles richtig machen, einer Tragödie zum Opfer fallen könnten – wenn all das über 50 Jahre nach der Verabschiedung des Bürgerrechtsgesetzes immer noch geschieht, dann können wir das nicht einfach ignorieren und diejenigen, die friedlich dagegen demonstrieren, als Querulanten oder als paranoid abtun. Wir können das nicht einfach als Anzeichen für politische Korrektheit oder umgekehrten Rassismus abtun. Wenn solche Erfahrungen bestritten und von denen, die etwas zu sagen haben, vielleicht sogar von Freunden, Kollegen und Gemeindemitgliedern immer und immer wieder abgetan werden, schmerzt das. Das können wir sicher alle verstehen.

Wir wissen auch, dass es stimmt, was Chief Brown gesagt hat: Dass so viele Spannungen zwischen Polizei und den Minderheiten entstehen, denen sie dienen, liegt daran, dass wir der Polizei zu viel und uns selbst zu wenig abverlangen. Wir entscheiden als Gesellschaft, zu wenig in gute Schulen zu investieren. Wir lassen das Geschwür der Armut wachsen, so dass es in ganzen Vierteln keine Aussicht auf eine Erwerbstätigkeit gibt. Wir weigern uns, Drogenbehandlungen und Programme für psychische Gesundheit zu finanzieren. Wir überschwemmen Gemeinden mit so vielen Waffen, dass Jugendliche leichter an eine Pistole als an einen Computer oder sogar ein Buch kommen, und dann erwarten wir von der Polizei, die Aufgaben von Sozialarbeitern, Eltern, Lehrern oder Drogenberatern zu übernehmen. Wir sagen ihr, dass diese Viertel um jeden Preis unter Kontrolle gehalten werden müssen, und zwar ohne politische Auswirkungen und Unannehmlichkeiten. Macht bloß keinen Fehler, der unseren Seelenfrieden stören könnte. Und dann heucheln wir Verwunderung, wenn die Spannungen regelmäßig eskalieren.

Wir wissen, dass das stimmt. So ist es schon sehr lange. Wir wissen das. Sie, die Polizisten, wissen es. Sie, die Demonstranten, wissen es. Sie wissen, wie gefährlich einige Orte sind, an denen diese Polizisten arbeiten, und Sie tun, als gäbe es keinen Zusammenhang. Wir wissen, dass das stimmt. Und wenn wir nicht einmal darüber sprechen können, wenn wir nicht offen und ehrlich darüber sprechen können, und zwar nicht nur in der Geborgenheit unseres eigenen kleinen Kreises, sondern auch mit denen, die anders aussehen als wir oder einen anderen Blickwinkel haben, dann werden wir diesen gefährlichen Kreislauf nie durchbrechen.

Letztendlich geht es hier nicht um das Einführen wirksamer politischer Maßnahmen; es geht darum, einen Konsens zu schaffen, Zynismus zu bekämpfen und den Willen aufzubringen, etwas zu verändern.

Können wir das schaffen? Können wir als Amerikanerinnen und Amerikaner die Charakterstärke zeigen, die wir brauchen, um unsere Herzen füreinander zu öffnen? Sehen wir unsere gemeinsame Menschlichkeit und Würde im jeweils anderen und erkennen, wie unsere unterschiedlichen Erfahrungen uns geprägt haben? Das macht niemanden vollkommen gut oder vollkommen schlecht – es macht uns einfach zu Menschen. Ich weiß es nicht. Ich gebe zu, dass auch ich manchmal Zweifel verspüre. Ich war schon bei zu vielen dieser Veranstaltungen. Ich habe schon zu viele Familien erlebt, die das durchmachen mussten. Aber dann denke ich daran, was Gott zu Ezechiel sagte: »Ich will euch ein neues Herz und einen neuen Geist in euch geben. Ich will das steinerne Herz aus eurem Fleische wegnehmen und euch ein fleischernes Herz geben.«

Dafür müssen wir beten, jeder Einzelne von uns: ein neues Herz. Kein Herz aus Stein, sondern ein Herz, das offen ist für die Ängste und Hoffnungen und Probleme unserer Mitbürger. Das haben wir in den letzten Tagen in Dallas erlebt. Das müssen wir beibehalten.

Denn wenn wir unsere Herzen öffnen, können wir lernen, andere zu verstehen und die Welt durch ihre Augen zu betrachten, so dass ein Polizist vielleicht in dem Teenager mit dem Kapuzenpulli seinen eigenen Sohn erkennen kann, der irgendeinen Unsinn macht, aber nicht gefährlich ist, und der Teenager vielleicht in dem, was der Polizist sagt, die Worte, Werte und Autorität seiner Eltern wiedererkennt.

Wenn wir unsere Herzen öffnen, können wir die aufgeheizten Phrasen und die allzu starke Vereinfachung, die ganze Gruppen unserer amerikanischen Mitbürgerinnen und Mitbürger nicht nur zu Gegnern, sondern zu Feinden machen, ad acta legen.

Wenn wir unsere Herzen öffnen, werden sich diejenigen, die für Veränderungen demonstrieren, künftig vorsichtiger äußern, sich das Vorbildhafte der fünf Polizisten ansehen, um die wir heute trauern, die Fortschritte anerkennen, die durch die aufrichtigen Bemühungen der Polizei wie hier in Dallas erreicht wurden, und sich auf den schwierigen, aber notwendigen Weg der Verhandlungen, der Versöhnung begeben.

Wenn wir unsere Herzen öffnen, wird die Polizei eingestehen, dass sie ebenso wie wir nicht vollkommen ist und dass es kein Angriff auf Polizisten ist, wenn wir darauf bestehen, mehr zu tun, um rassistische Vorurteile abzubauen, sondern der Versuch, unseren höchsten Idealen gerecht zu werden. Und ich weiß, dass diese Demonstrationen manchmal chaotisch sind. Manchmal werden sie von einigen wenigen Verantwortungslosen missbraucht. Polizisten werden verletzt. Demonstranten werden verletzt. Sie können frustrierend sein.

Aber selbst diejenigen, denen der Slogan Black Lives Matter missfällt, sollten in der Lage sein sich anzuhören, welchen Schmerz die Familie von Alton Sterling empfindet. Wenn wir hören, wie ein Freund über ihn sagt: »Was auch immer er gekocht hat – er hat genug für alle gekocht«, dann sollte uns das bekannt vorkommen – vielleicht war er uns gar nicht so unähnlich, so dass wir sagen können, ja, sein Leben war sehr wohl von Bedeutung. Ebenso sollten wir zuhören, wenn die Schüler und Mitarbeiter ihre Zuneigung zu dem sanften Philando Castile beschreiben, den sie »Mister Rogers mit Dreadlocks« nannten, und uns bewusstmachen, dass sein Leben für sehr viele Menschen aller Ethnien und Altersgruppen Bedeutung hatte und dass wir, ohne das Leben von Polizisten zu gefährden, alles in unserer Macht Stehende tun müssen, um den Verlust weiterer Leben wie des seinen zu verhindern.

Wenn wir unsere Herzen öffnen, können wir uns weniger Gedanken darüber machen, welcher Seite Unrecht getan wurde, und mehr Gedanken darüber, wie wir Seite an Seite das Richtige tun. Denn der grausame Mörder dieser Polizisten wird nicht der Letzte gewesen sein, der versucht, uns gegeneinander aufzuhetzen. Der Mörder in Orlando war nicht der Letzte, der das versuchte, ebenso wenig wie der Mörder in Charleston. Wir wissen, dass es Böses gibt auf dieser Welt. Deswegen brauchen wir die Polizei. Aber als Amerikanerinnen und Amerikaner können wir dafür sorgen, dass Menschen wie dieser Mörder letztlich scheitern werden. Sie werden uns nicht spalten. Wir können uns dafür entscheiden, gemeinsam das Gute in unserem Land zum Vorschein zu bringen, die Hoffnungen und einfachen Träume, die wir teilen.

»Wir danken Gott auch für unsere Bedrängnisse, denn wir wissen, dass Bedrängnis Geduld bringt, Geduld aber Charakter, Charakter aber Hoffnung.«

Für uns alle gibt es im Leben Herausforderungen und Leid – Unfälle, Krankheiten, den Verlust geliebter Angehöriger. Manchmal werden wir von plötzlichen Katastrophen überwältigt, die von der Natur oder von Menschenhand verursacht wurden. Wir machen alle Fehler. Manchmal wissen wir nicht weiter. Und wenn wir älter werden, lernen wir, dass wir nicht alles kontrollieren können – nicht einmal als Präsident. Aber wir können kontrollieren, wie wir auf die Welt reagieren. Wir können kontrollieren, wie wir miteinander umgehen.

Amerika verlangt nicht von uns, vollkommen zu sein. Denn eben wegen unserer individuellen Unvollkommenheit haben unsere Gründerväter uns Institutionen gegeben, die uns gegen Tyrannei schützen und sicherstellen, dass niemand über dem Gesetz steht, eine Demokratie, die uns den Raum gibt, unsere Differenzen beizulegen und friedlich darüber zu sprechen und Dinge besser zu machen, auch wenn das nicht immer so schnell geht, wie wir es uns wünschen würden. Die Vereinigten Staaten geben uns die Fähigkeit zum Wandel.

Aber die Männer, deren Verlust wir heute betrauern – diese fünf Helden –, wussten besser als die meisten anderen, dass wir das Gute, das wir in diesem Land haben, nicht als gegeben betrachten sollten. Nur durch Zusammenarbeit können wir die Institutionen, die diese Nation ausmachen, aufrechterhalten: Familie und Gemeinschaft, Rechte und Aufgaben, Gesetze und Selbstverwaltung. Denn es zeigt sich, dass wir es allein nicht schaffen können. Unser Charakter bildet sich nicht in Isolation heraus. Hoffnung entsteht nicht, wenn man seine Mitbürger schlechtmacht; sie entsteht, wenn man anderen Mut gibt.

Und das ist es, was vom Leben dieser herausragenden Männer bleibt. Der Schmerz, den wir empfinden, geht sicher nicht schnell vorüber, aber mein Glaube sagt mir, dass sie nicht umsonst gestorben sind. Ich glaube daran, dass aus unserem Leid ein besseres Land entstehen kann. Ich glaube daran, dass unsere berechtigte Wut in mehr Gerechtigkeit und Frieden umgewandelt werden kann. Möglicherweise werden wir eine ganze Nacht lang weinen, aber ich bin überzeugt, dass mit dem Morgen die Freude zurückkehrt. Wir können kein vergleichbares Opfer bringen wie die Polizisten Zamarripa und Ahrens, Krol, Smith und Thompson, aber wir können sehr wohl versuchen, ihrem Pflichtgefühl nachzueifern. Wir werden nie so mutig sein wie sie, aber wir können danach streben, ebenso viel Hingabe zu beweisen.

Eine Prüfung für unsere gemeinsame Menschlichkeit

Rede anlässlich der Flüchtlingskonferenz am Rande der
71. Generalversammlung der Vereinten Nationen
New York, 20. September 2016

... Guten Tag. Herr Generalsekretär, Exzellenzen, wir sind
hier, weil sich in diesem Augenblick in überfüllten Lagern
und Städten Familien, zum Beispiel aus Darfur in Tschad, Palästinenser im Libanon, Afghanen in Pakistan und Kolumbi-
aner in Ecuador, aufhalten, die bereits seit Jahren, teilweise
sogar seit Jahrzehnten als Flüchtlinge leben, mit rationali-
sierten Hilfsleistungen überleben müssen und davon träu-
men, es eines Tages irgendwie zu schaffen und ein eigenes
Zuhause zu haben.

Wir sind hier, weil in diesem Augenblick junge Mädchen
wie Yusra, wie meine Töchter, wie das 16-jährige Flüchtlings-
mädchen aus Myanmar, das ich in Malaysia getroffen habe,
Mädchen, die genauso liebenswert und genauso talentiert
sind wie alle anderen, durch Menschenhändler, durch moderne Sklaverei unaussprechlichem Leid ausgesetzt sind und
nachts dafür beten, jemand möge sie von ihrer Pein befreien.
Die Jungen, die vor den Kämpfen im Südsudan, vor Gewalt
in Mittelamerika, vor Kriegen in Nordafrika und im Nahen
Osten fliehen, sind völlig schutzlos Verbrechern ausgeliefert,
die sie auf Lastwagen oder nicht seetüchtige Boote verladen,

und ertrinken in den tückischen Wellen – wie der kleine Aylan Kurdi aus Syrien, der leblos auf dem Bauch liegend in seinem rotem T-Shirt und blauer Hose an einem türkischen Strand gefunden wurde.

Wir sind hier, weil in diesem Augenblick Mütter von ihren Kindern getrennt sind, wie die Frau in einem Lager in Griechenland, die ihre Familienfotos festhielt, ihre Kinder am Telefon weinen hörte und sagte: »Meine Kinder sind meine Luft zum Atmen ... Ich sterbe jeden Tag 10, 20, 30 Mal.« Wir sind hier, weil da draußen Väter sind, die einfach nur ein neues Leben für ihre Familien aufbauen und für sie sorgen wollen – wie Refaai Hamo aus Syrien, der seine Frau und seine Tochter im Krieg verloren hat, den wir in den Vereinigten Staaten willkommen geheißen haben und der sagt: »Ich denke immer noch, dass ich eine Chance habe, etwas zu bewegen.«

... Mehr als 65 Millionen Menschen wurden bisher aus ihrer Heimat vertrieben – so viele wie zuletzt im Zweiten Weltkrieg. Unter ihnen sind mehr als 21 Millionen Flüchtlinge, die ihr Land verlassen und alles und jeden, das oder den sie kannten, zurücklassen mussten und die außer einem Koffer und der Kleidung, die sie am Leibe tragen, nichts haben.

Ich bin heute hier, ich habe diesen Gipfel einberufen, weil diese Krise eine der dringlichsten unserer Zeit ist und unsere Fähigkeit zum kollektiven Handeln auf den Prüfstand stellt. Sie fordert insbesondere unsere Fähigkeit heraus, Konflikte zu beenden, denn sehr viele der Flüchtlinge weltweit kommen aus nur drei vom Krieg geschundenen Ländern: Syrien, Afghanistan und Somalia.

Ich habe heute vor der Generalversammlung gesagt, dass es keine Entschuldigung für die Haltung geben darf, dass Gewalt straffrei bleiben kann. Und doch lassen wir gemeinschaftlich immer wieder solche Entschuldigungen zu. Das ist nicht das Thema dieses Gipfels, aber wir alle wissen, dass das, was beispielsweise in Syrien geschieht, inakzeptabel ist. Aber wir sind nicht so geeint, wie wir es sein sollten, wenn es darum geht, diesen Krieg zu beenden.

Dies ist eine Prüfung für unser internationales System, in dem alle Länder ihre kollektive Verantwortung teilen sollten, denn die große Mehrheit der Geflüchteten lebt in nur zehn Ländern, die eine sehr schwere Last zu tragen haben, darunter die Türkei, Pakistan, der Libanon, Iran und Äthiopien. Einige dieser Länder haben weniger Ressourcen als viele, die nur sehr wenig oder gar nichts tun.

Dies ist eine Krise unserer gemeinsamen Sicherheit. Nicht, weil Flüchtlinge eine Bedrohung darstellen. Flüchtlinge, die meist Frauen und Kinder sind, fliehen oft vor Krieg und Terrorismus. Sie sind Opfer. Sie sind Familien, die in Sicherheit leben und arbeiten wollen, die gute Bürger sein und in ihrem Land einen Beitrag leisten wollen. ... In den vergangenen Jahren haben wir in den Vereinigten Staaten intensive Überprüfungen und Sicherheitskontrollen eingeführt, damit wir Flüchtlinge aufnehmen und gleichzeitig unsere Sicherheit wahren können. Tatsächlich werden Flüchtlinge noch gründlicher überprüft als die meisten Touristen. In den Vereinigten Staaten dienen tüchtige, patriotische Flüchtlinge in unseren Streitkräften, gründen neue Unternehmen und tragen dazu bei, Gemeinden wiederzubeleben. Ich glaube daran, dass Flüchtlinge uns stärker machen können.

Die Herausforderung an unsere Sicherheit besteht darin, dass verzweifelte Flüchtlinge kaltherzige Schmuggler für die Überfahrt bezahlen und damit dieselben Verbrecher finanzieren, die mit Waffen, Drogen und Kindern handeln. Wenn Länder, die eigene Schwierigkeiten zu meistern haben, jahrelang große Flüchtlingspopulationen beherbergen müssen, kann das zu noch mehr Instabilität führen. Oft treten unterschwellige gesellschaftliche Spannungen an die Oberfläche, wenn eine unregulierte und unverhältnismäßige Migration in einige Länder stattfindet, die unsere Politik verzerrt und Demagogen auf den Plan ruft.

Und wenn wir Flüchtlinge nur aufgrund ihres Hintergrundes oder ihrer Religion, beispielsweise weil sie Muslime sind, abweisen würden, würden wir damit die Propaganda der Terroristen stützen, dass Länder wie meines dem Islam feindlich gegenüberstehen, was eine hässliche Lüge ist, die all unsere Länder zurückweisen müssen, indem wir die Werte des Pluralismus und der Vielfalt hervorheben.

Schließlich ist diese Krise auch eine Prüfung für unsere gemeinsame Menschlichkeit: Geben wir uns Verdächtigungen und Angst hin und bauen Mauern oder können wir uns selbst in einem anderen Menschen wiedererkennen? Diese Mädchen, die verschleppt und gefoltert werden, könnten unsere Töchter sein. Der kleine Junge, der am Strand angespült wurde, könnte unser Sohn oder Enkel sein. Wir können nicht einfach wegsehen und uns abwenden. Diesen Familien die Tür vor der Nase zuzuschlagen wäre ein Verrat an unseren innersten Werten. Es wäre eine Verleugnung des Erbes unserer Nationen, die – wie die Vereinigten Staaten von Amerika – von Einwanderern und Flüchtlingen aufgebaut wurden. Und wir würden damit die Lehre außer Acht lassen, die so vielen Religionen zugrunde liegt: dass man andere so behandeln soll, wie man selbst behandelt werden möchte, und dass wir den Fremden in unserer Mitte willkommen heißen. Und genauso wie unsere Untätigkeit der Vergangenheit, beispielsweise als wir aus Nazideutschland fliehende Juden abgewiesen haben, auf unserem kollektiven Gewissen lastet, wird die Geschichte scharf über uns urteilen, wenn wir in dieser Krise versagen.

Wir müssen insbesondere anerkennen, dass Flüchtlinge ein Symptom größerer Verfehlungen sind, seien es Kriege, ethnische Spannungen oder Verfolgung. Wenn wir diese Krise wirklich bewältigen wollen, müssen Konflikte wie der grausame Krieg in Syrien beendet werden – und er wird durch eine politische Lösung und durch Diplomatie beendet werden und nicht einfach durch Bombardierungen.

Wir müssen auf größeren Investitionen in Entwicklung, Bildung und demokratische Institutionen bestehen – deren Fehlen ist die Ursache eines großen Teils der Instabilität, die wir weltweit beobachten können. Wir müssen uns weiter für Gerechtigkeit und Gleichberechtigung einsetzen und darauf drängen, dass die allgemeinen Menschenrechte jedes Einzelnen geachtet werden, und zwar überall.

In diesen Krisenzeiten und angesichts der oft düsteren Nachrichten sind wir besonders dankbar für den heldenhaften Einsatz so vieler Helfer weltweit. Staats- und Regierungschefs, die Flüchtlinge auch unter schwierigen politischen Bedingungen im eigenen Land als neue Nachbarn aufnehmen. Unternehmen wie die, mit denen ich direkt vor dieser Veranstaltung gesprochen habe, die mehr als 650 Millionen Dollar zugesagt haben, um Flüchtlingen zu helfen. Internationale Institutionen, Glaubensgruppen und Nichtregierungsorganisationen setzen sich für Flüchtlinge ein – darunter auch InterAction, der Dachverband amerikanischer NGOs, dessen Mitglieder in den kommenden drei Jahren insgesamt mehr als 1,2 Milliarden US-Dollar investieren werden, um den Vertriebenen und Flüchtlingen dieser Welt zu helfen.

Als Amerikaner sind wir entschlossen, unseren Teil dazu beizutragen. Die Vereinigten Staaten sind der größte Geldgeber für humanitäre Hilfe weltweit, auch für Flüchtlinge aus Syrien und die Menschen im Land. Wir nehmen mehr

Flüchtlinge auf als jedes andere Land. In meiner Präsidentschaft habe ich die Anzahl der Flüchtlinge, die wir dieses Jahr
aufnehmen, auf 85 000 erhöht, darunter sind 10 000 syrische
Flüchtlinge. Wir sind sogar über dieses Ziel hinausgegangen
und haben dabei trotzdem unsere strengen Überprüfungen
aufrechterhalten. Ich habe diesen Gipfel einberufen, weil wir
alle mehr tun müssen. ...

Ich fühle mich daher ermutigt von den Zusagen, die heute hier gemacht wurden. Sie werden helfen, Leben zu retten.
Aber wir werden ehrlich sein müssen – sie sind noch immer
nicht genug, nicht ausreichend für eine Krise dieses Ausma-
ßes. Und deshalb glaube ich, dass dieser Gipfel der Anfang
einer neuen, weltweiten Bewegung sein muss, bei der alle
mehr leisten: Mehr Länder müssen mehr spenden und mehr
Flüchtlinge aufnehmen. Mehr Institutionen und Nichtregierungsorganisationen müssen neue Wege finden, um zu
helfen. Mehr Unternehmen müssen Fachwissen beisteuern.
Mehr Glaubensgruppen müssen sich diese Arbeit zu eigen
machen. Mehr junge Menschen müssen Taten fordern. Mehr
Staaten, Städte und Kommunen müssen sich melden und
erklären: Ja, wir werden uns für unsere notleidenden Mit-
menschen öffnen. Und es muss mehr Druck auf die Staaten
ausgeübt werden, die bereit sind, Gewalt gegen ihre eigenen
Bürger anzuwenden, die sehr viele Menschenleben fordert,
um an der Macht zu bleiben.

Wir können viel von einem kleinen Jungen namens Alex
lernen, der nicht weit von hier in Scarsdale lebt. Wie wir alle
hat auch Alex im vergangenen Monat das herzzerreißende
Bild des fünfjährigen Omran Daqneesh gesehen, der im sy-
rischen Aleppo in einem Notarztwagen saß, stumm, unter
Schock, und versuchte, sich das Blut von den Händen zu wi-
schen.

Hier im Bundesstaat New York machte sich Alex, der gerade einmal sechs Jahre alt ist, daran, mir einen Brief zu schreiben. Alex schrieb, er möchte, dass Omran herkommt, um bei ihm und seiner Familie zu leben. »Da er keine Spielsachen mitbringen wird, kann er mein Fahrrad mitbenutzen, und ich werde ihm beibringen, wie man darauf fährt. Ich werde ihm Plus- und Minusrechnen beibringen. Meine kleine Schwester wird Schmetterlinge und Glühwürmchen für ihn sammeln ... Wir können alle zusammen spielen. Wir werden seine Familie und er wird unser Bruder sein.«

Das sind die Worte eines Sechsjährigen. Wir können viel von ihm lernen.

Die Menschlichkeit eines Kindes, das nicht gelernt hat, anderen Menschen aufgrund ihrer Herkunft, ihres Aussehens oder der Art, wie sie beten, zynisch, misstrauisch oder ängstlich zu begegnen, und das einfach weiß, dass man andere Menschen mit Mitgefühl und Güte behandelt – das können wir alle von Alex lernen. Denken Sie nur daran, wie viel Leid wir lindern, wie viele Leben wir retten könnten und wie unsere Welt aussehen würde, wenn wir beim Anblick eines leidenden Kindes irgendwo auf der Welt sagen würden: »Wir werden ihm eine Familie geben und er wird unser Bruder sein.«

Wir, sehr viele von uns in der Politik und in leitenden Positionen, verwenden sehr viel Zeit darauf, die Leiter der Macht zu erklimmen. Wir verwenden Zeit darauf, diese Macht zu erhalten, und darauf, die Öffentlichkeit auf unsere Seite zu ziehen. Dabei vergessen wir wohl gelegentlich, dass wir das eigentlich tun, um diesem kleinen Jungen zu helfen. Ich hoffe und bete, dass wir uns daran erinnern werden.

Ich danke Ihnen allen für Ihre Unterstützung.

Michelle Obama

Wenn die anderen ihre schlechteste Seite zeigen, zeigen wir unsere beste

Rede während des Wahlkampfs von Hillary Clinton
New Hampshire, 13. Oktober 2016

... Heute muss ich etwas ernster werden. Ich glaube, wir können uns darauf einigen, dass es in einem bisher schon rauen Wahlkampf eine raue Woche war.

Für mich persönlich hätte diese Woche nicht gegensätzlicher sein können. Am Dienstag haben wir im Weißen Haus den »Internationalen Mädchentag« und »Let Girls Learn« gefeiert. Es war eine wunderbare Feier und die letzte Veranstaltung, die ich als First Lady für »Let Girls Learn« ausgerichtet habe. Ich hatte das Vergnügen, lange mit den fantastischsten jungen Frauen zu sprechen, die man sich vorstellen kann – junge Mädchen aus den USA und von überall auf der Welt. Wir haben über ihre Wünsche und Träume gesprochen. Wir sprachen über ihre Hoffnungen.

Allein um zur Schule gehen zu können, haben viele dieser Mädchen unvorstellbare Hindernisse überwunden, sie haben ihre persönliche Sicherheit und Freiheit aufs Spiel gesetzt, haben die Zurückweisung ihrer Familien und Gemeinden in Kauf genommen. Deshalb war es mir wichtig, diese jungen

Frauen daran zu erinnern, wie wertvoll und kostbar sie sind. Sie sollten verstehen, dass jede Gesellschaft sich daran messen lassen muss, wie sie ihre Frauen und Mädchen behandelt. Ich sagte ihnen, dass sie es verdient hätten, mit Würde und Respekt behandelt zu werden; dass sie all jene ignorieren sollten, die sie demütigen und erniedrigen, und dass sie ihren Stimmen überall auf der Welt Gehör verschaffen sollten. Inspiriert und erfüllt von diesen Mädchen ... verließ ich die Feier. Das war Dienstag.

Nun bin ich hier zurück im Wahlkampf, wo ununterbrochen verletzend und hasserfüllt über Frauen gesprochen wurde – in einer Sprache, die für viele von uns schmerzhaft war, nicht nur für uns Frauen, auch für Eltern, die versuchen ihre Kinder zu schützen und sie zu mitfühlenden und respektvollen Erwachsenen zu erziehen; auch für Bürger, die glauben, dass sich die Führer der Nation an die grundsätzlichen Standards des menschlichen Anstands halten sollten.

Tatsache ist, dass wir bei dieser Wahl einen Präsidentschaftskandidaten haben, der sein ganzes Leben lang und während des gesamten Wahlkampfs, Dinge über Frauen gesagt hat, die so schockierend waren, so erniedrigend, dass ich nichts davon heute wiederholen möchte. Und letzte Woche konnten wir zuschauen, wie dieser Kandidat mit sexuellen Übergriffen auf Frauen prahlte. Und ich kann immer noch nicht glauben, dass ich sage, dass ein Kandidat im Rennen um das Amt des Präsidenten der Vereinigten Staaten damit prahlt, Frauen sexuell belästigt zu haben.

Ich kann nicht aufhören, daran zu denken. Ich bin im tiefsten Inneren erschüttert, in einer Weise, die ich nicht für möglich gehalten hätte. Auch wenn ich am liebsten so tun würde, als wäre es nicht passiert, und ich hier meine normale Wahlkampfrede halten könnte. Es wäre einfach unaufrichtig und unangemessen, einfach weiterzumachen wie bisher, als sei all das nur ein schlechter Traum. Wir können das nicht ignorieren. Wir können das nicht einfach unter den Teppich kehren, als wäre es nur eine weitere verstörende Fußnote in einem traurigen Wahlkampf. Das war nicht nur eine »vulgäre Unterhaltung«. Das war nicht nur »Umkleidekabinengeschwätz«. Da sprach ein mächtiger Mann frei und offen über sexuell aggressives Verhalten, prahlte tatsächlich damit, Frauen anzugrapschen und zu küssen, in einer Sprache so obszön, dass viele von uns Angst hatten, die Kinder könnten all das hören, wenn wir den Fernseher einschalten.

Und was es noch schlimmer macht, es scheint kein Einzelfall zu sein, sondern nur eines von zahllosen Beispielen dafür, wie er Frauen sein ganzes Leben lang behandelt hat. Wenn ich all das höre, trifft es mich persönlich. Ich glaube, das geht vielen von euch so, vor allem den Frauen. Diese beschämenden Bemerkungen über unsere Körper. Die Verachtung für unsere Ambitionen und unseren Verstand. Der Glaube, dass man mit Frauen machen kann, was man will.

Das ist grausam und beängstigend. Und die Wahrheit ist: Es tut weh. Es tut weh. Das ist wie dieses kranke, bedrückende Gefühl, wenn du in Gedanken die Straße runtergehst und irgendein Typ ruft dir Obszönitäten über deinen Körper hinterher. Oder wenn dir ein Typ auf der Arbeit ein bisschen zu nahe kommt oder ein bisschen zu lange hinstarrt, und du beginnst, dich in deiner eigenen Haut unwohl zu fühlen.

Es sind Gefühle von Angst und Gewalt, die zu viele Frauen erlebt haben, wenn jemand sie angetatscht hat, sich ihnen aufgedrängt hat, während sie Nein sagten, und er einfach nicht darauf hörte. Wie wir alle wissen, passiert das jeden einzelnen Tag an Colleges und zahllosen anderen Orten. Das erinnert an die Erzählungen unserer Mütter und Großmütter, deren Chef alles zu den Frauen im Büro sagen durfte und alles mit ihnen machen konnte. Und selbst wenn sie hart arbeiten und jedes Hindernis überwunden haben, sich bewiesen haben, war es doch nie genug.

Wir dachten, all das wäre längst Geschichte, oder? Unzählige Frauen haben über Jahre hinweg dafür gekämpft, dass diese Gewalt, dieser Missbrauch aufhört, dass diese Respektlosigkeiten ein Ende finden. Aber nun schreiben wir das Jahr 2016 und hören genau diese Sachen Tag für Tag im Wahlkampf. Wir ertrinken darin. Also tun wir, was wir Frauen schon immer getan haben: Wir versuchen, den Kopf über Wasser zu halten, es durchzustehen, uns nicht anmerken zu lassen, wie sehr es uns quält. Und das, weil wir nicht zugeben wollen, wie verletzt wir sind, um als Frau nicht schwach zu erscheinen. Vielleicht haben wir sogar Angst, so verletzlich zu sein. Vielleicht haben wir uns einfach daran gewöhnt, diese Gefühle herunterzuschlucken, stillzuhalten, weil wir gesehen haben, dass die Leute mehr seinen Worten Glauben schenken als unseren. Vielleicht wollen wir es aber auch einfach nicht wahrhaben, dass es heute noch Leute gibt, die Frauen so geringschätzen. Viel zu viele gehen damit um, als wäre es nur eine weitere Schlagzeile, als wäre unsere Empörung übertrieben oder unberechtigt, als wäre all das normal – als wäre es einfach nur gewöhnliche Politik.

Aber, New Hampshire, lasst es mich klar und deutlich sagen: Das ist nicht normal, das gehört nicht in die Politik. Das ist eine Schande. Und es darf nicht toleriert werden. Völlig unabhängig davon, welcher Partei man angehört. Keine Frau verdient, so behandelt zu werden. Niemand von uns darf so misshandelt werden.

Obwohl gerade Wahlkampf ist, hier geht es nicht um Politik. Hier handelt es sich um die grundlegende menschliche

Anständigkeit. Es geht nicht um richtig oder falsch. Wir könnten das nicht länger ertragen oder unsere Kinder dem weiter aussetzen – nicht für eine Minute und nicht für vier Jahre beiseiteschieben. Nun ist es für uns alle an der Zeit, aufzustehen und zu sagen: Genug ist genug. Das muss jetzt sofort aufhören.

Bedenken Sie Folgendes: Wenn das alles für uns als erwachsene Frauen schmerzhaft ist, was, glaubt ihr, macht das mit unseren Kindern? Welche Botschaft ist das für unsere Mädchen, wenn sie hören, wie sie aussehen sollen und wie sie sich verhalten sollen? Welche Lektion lernen sie über ihre Wertigkeit als Berufstätige, als Mensch, über ihre Träume und Sehnsüchte. Und welchen Einfluss das auf Männer und Jungen in diesem Land hat? Ich kann Ihnen sagen, dass die Männer in meinem Leben so nicht über Frauen sprechen. Und ich weiß, dass meine Familie nicht ungewöhnlich ist. Und es als alltägliches Umkleidekabinengeschwätz abzutun, beleidigt alle anständigen Männer.

Die Männer, die Sie und ich kennen, gehen mit Frauen nicht so um. Sie sind liebende Väter, die allein beim Gedanken daran, dass jemand auf diese abscheuliche Art und Weise über ihre Töchter redet, angewidert sind. Sie sind Ehemänner, Brüder und Söhne, die nicht tolerieren, dass Frauen respektlos behandelt und erniedrigt werden. Und ebenso wie wir haben diese Männer Angst davor, welche Auswirkungen diese Präsidentschaftswahl auf unsere jungen Männer hat, die nach einem Vorbild, was es heißt, ein Mann zu sein, Ausschau halten.

Erst kürzlich hat mir jemand eine Geschichte von ihrem sechsjährigen Sohn erzählt. Sie sahen sich gemeinsam die Nachrichten an. Und der kleine Junge sagte aus dem Nichts: »Ich denke, Hillary Clinton wird Präsident werden.« Und seine Mutter fragte: »Wie kommst du darauf?« Und der Sechsjährige antwortete: »Weil der andere Kerl jemanden ein Schweinchen genannt hat, und du kannst nicht Präsident sein, wenn du jemanden Schweinchen nennst.«

Also, selbst ein Sechsjähriger weiß es besser. Ein Sechsjähriger weiß, dass sich Erwachsene nicht so benehmen sollen. Das ist nicht, wie sich anständige Menschen verhalten. Und ganz bestimmt verhält sich so niemand, der Präsident der Vereinigten Staaten werden will.

Lasst uns sehr klar sein: Starke Männer – Männer, die richtige Vorbilder sind – müssen Frauen nicht erniedrigen, nur um sich selbst mächtiger zu fühlen. Wirklich starke Menschen ziehen andere hoch. Wirklich mächtige Menschen bringen Menschen zusammen. Unser nächster Präsident sollte so jemand sein. Wir brauchen jemanden, der die Wunden heilt, die unser Land entzweien, jemanden, der sich wirklich um uns und unsere Kinder sorgt, jemanden mit Stärke und Mitgefühl, um dieses Land vorwärtszubringen. ...

Tief in unseren Herzen wissen wir alle, wenn Hillarys Gegner diese Wahl gewinnt, ist das eine klare Botschaft an unsere Kinder. Nämlich, dass es in Ordnung ist, was sie sehen und hören. Wir erklären es für rechtens. Wir stimmen dem zu. Wir sagen unseren Söhnen, dass es in Ordnung ist, Frauen zu erniedrigen. Wir sagen unseren Töchtern, dass sie es verdient haben, so behandelt zu werden. Wir sagen all unseren Kindern, dass der Führer ihres Landes Intoleranz und Schikane für vollkommen akzeptabel hält. Ist es das, was wir für unsere Kinder wollen?

Wir sollen nicht vergessen, dass wir damit nicht nur ein schlechtes Beispiel für unsere Kinder sind, sondern für die ganze Welt. Denn lange Zeit war Amerika ein Vorbild für andere Länder auf dieser Welt, das sie dazu gedrängt hat, ihren

Mädchen eine Schulbildung zu ermöglichen, und darauf bestanden hat, mehr für die Gleichberechtigung ihrer Frauen zu tun. Aber wenn wir einen Präsidenten haben, der regelmäßig Frauen herabsetzt, der mit sexuellen Übergriffen auf Frauen prahlt, wie sollen wir dann noch unsere moralische Autorität in der Welt aufrechterhalten? Wie können wir dann noch ein Leuchtturm für Freiheit und Gerechtigkeit und Menschenwürde sein? ...

Vergessen wir nicht: Wenn die anderen ihre schlechteste Seite zeigen, zeigen wir unsere beste. ...